Elias Canetti

Die Provinz des Menschen

Aufzeichnungen 1942 – 1972

Carl Hanser Verlag

ISBN 3-446-13637-1
Sonderausgabe 1982

Gesetzt aus der Times-Antiqua
Umschlagentwurf: Klaus Detjen
Gesamtherstellung: Wiener Verlag, Himberg bei Wien
Printed in Austria

für Veza Canetti

Vorbemerkung

Dieser Band enthält Aufzeichnungen der Jahre 1942–1972. Dreißig Jahre eines bewußten Lebens sind eine lange Zeit. Es lag mir daran, eine Auswahl aus dieser ganzen Periode selbst zu treffen und vorzulegen. Wie immer diese Jahre waren – und ich habe ihre Schrecken, die ich als meine eigenen empfand, nie verschwiegen –, ich habe dankbar dafür zu sein, daß ich sie *wach* erlebt habe. Wenn eine solche Rechenschaft vielleicht etwas erratisch erscheint, so ist sie in jedem Satz ihrem Augenblick nah und enthält die Wahrheit immerhin *eines* Menschen.

Wie es zu diesen Aufzeichnungen kam, möchte ich in den Worten sagen, die ich einem der früheren Bände vorangesetzt habe. Da auch ihr Inhalt, aus den Jahren 1942–1960, zum weitaus größten Teil hier aufgenommen ist, mag man mir eine kürzere Wiederholung davon erlauben.

Die Konzentration auf ein einziges Werk, »Masse und Macht«, von dem ich wußtc, daß cs mich vielleicht noch Jahrzehnte in Anspruch nehmen würde, und eine Art Verbot, mit dem ich jede andere und besonders jede rein literarische Arbeit belegt hatte, erzeugten einen Druck, der mit der Zeit gefährliche Ausmaße annahm. Es war unerläßlich, ein Ventil dagegen zu schaffen, und ich fand es, Anfang 1942, in den Aufzeichnungen. Ihre Freiheit und Spontaneität, die Überzeugung, daß sie nur für sich bestanden und keinem Zwecke dienten, die Verantwortungslosigkeit, mit der ich sie nie wieder las und nichts an ihnen änderte, retteten mich vor einer fatalen Erstarrung.

Allmählich wurden sie zu einer unentbehrlichen täglichen Übung. Ich spürte, daß ein besonderer Teil meines Lebens in sie ging. Es entstanden viele Bände davon, und was ich hier vorlege, ist eine schmale Auswahl.

Ende 1948, nach langen Vorarbeiten, begann ich mit der zusammenhängenden Niederschrift von »Masse und Macht«. Sie zog sich noch über viele Jahre hin. Es gab Zögerungen und Zweifel, und wenn die Stockungen gefährlich wurden, erlaubte ich mir, sehr selten, auch wieder einige literarische Arbeiten. Erst im Jahr 1959 brachte ich es über mich, das Manuskript des Buches, das ich als mein Lebenswerk betrachtete, abzuschließen. Es ist nicht zu verwundern, daß in die Aufzeichnungen auch dieser Jahre, die ich regelmäßig weiterführte, viel eingeflossen ist, was sich darauf bezieht.

Die Abenteuer der Begegnung mit einigen wenig bekannten Quellenwerken von enormer Tragweite sollten dem Leser nicht vorenthalten bleiben. Es wäre verfehlt, in solchen Fällen an »Lektüre« im üblichen Sinn des Wortes zu denken. Erregungen von solcher Heftigkeit, die den Menschen auf Wochen und Monate in Atem halten und auch später nicht mehr loslassen, sind in ihrer Wirkung auf ihn nur mit Forschungsreisen zu unbekannten Stämmen zu vergleichen; sie haben manchmal – ich kann es nicht zahmer oder ruhiger sagen – die Gewalt von Offenbarungen. Aber auch einige Beispiele von Begegnungen mit »Feinden«, Denkern nämlich, die man achtet, obwohl sie einem das auf den Kopf gestellte Bild der Welt vorhalten, schienen mir merkwürdig genug, um hier zu figurieren. Ich habe immer besonders nach denen gesucht, die meinen Widerspruch wach erhielten.

In einer Frage, die mir die wichtigste ist, der des Todes, habe ich unter allen Denkern nur Gegner gefunden. Das mag erklären, warum die eigene Meinung hier mit der Kraft eines Glaubens auftritt und sich nie ohne Heftigkeit und Eifer deklariert. Auch die Aufzeichnungen aus den Jahren 1961–1972, von denen eine Auswahl hier zum erstenmal vorliegt, sind davon nicht frei geblieben.

Doch den Charakter eines Ventils hatten sie nun längst verloren. Sie entstanden nicht mehr unter dem Druck einer Aufgabe, die schwer auf mir gelastet hatte. Wenn mir früher oft war, als müsse ich ohne die Aufzeichnungen ersticken, hatten sie jetzt ihr eigenes unantastbares Recht. Die Vorstellung, daß ich die eine oder die andere davon später vielleicht veröffentlichen würde, beeinträchtigte nicht ihre Freiheit, denn die Auswahl blieb unbestimmt und konnte nur den allergeringsten Teil von ihnen erfassen.

Viele haben versucht, ihr Leben in seinem geistigen Zusammenhang zu fassen, und die, denen es gelungen ist, werden schwerlich veralten. Ich würde mir wünschen, daß manche es auch in seinen Sprüngen verzeichnen. Es scheint, daß die Sprünge eher *allen* zugehören, jeder kann sich ohne Umstände holen, was ihn trifft. Der Verlust einer vordergründigen Einheitlichkeit, bei einem solchen Unternehmen unvermeidbar, ist kaum zu bedauern, denn die eigentliche Einheit eines Lebens ist eine geheime, und sie ist dort am wirksamsten, wo sie sich unabsichtlich verbirgt.

1942

Es wäre hübsch, von einem gewissen Alter ab, Jahr um Jahr wieder kleiner zu werden und dieselben Stufen, die man einst mit Stolz erklomm, rückwärts zu durchlaufen. Die Würden und Ehren des Alters müßten trotzdem dieselben bleiben, die sie heute sind; so daß ganz kleine Leute, sechs- oder achtjährigen Knaben gleich, als die weisesten und erfahrensten gelten würden. Die ältesten Könige wären die kleinsten; es gäbe überhaupt nur ganz kleine Päpste; die Bischöfe würden auf Kardinäle und die Kardinäle auf den Papst herabsehen. Kein Kind mehr könnte sich wünschen, etwas Großes zu werden. Die Geschichte würde an Bedeutung durch ihr Alter verlieren; man hätte das Gefühl, daß Ereignisse vor dreihundert Jahren sich unter insektenähnlichen Geschöpfen abgespielt hätten, und die Vergangenheit hätte das Glück, endlich übersehen zu werden.

Das Wort Freiheit dient dazu, eine wichtige, vielleicht die wichtigste Spannung auszudrücken. Immer will man *weg*, und wenn es keinen Namen hat, wohin man will, wenn es unbestimmt ist und man keine Grenzen darin sieht, so nennt man es Freiheit.

Der räumliche Ausdruck für diese Spannung ist der heftige Wunsch, eine Grenze zu überschreiten, so als ob sie nicht vorhanden wäre. Die Freiheit im Fliegen erstreckt sich für das alte, das mythische Gefühl bis hinauf zur Sonne. Die Freiheit in der Zeit ist die Überwindung des Todes, und man ist es sogar schon zufrieden, wenn man ihn weiter und weiter wegschiebt. Die Freiheit unter den *Dingen* ist die Auflösung der Preise, und der ideale Verschwender, ein sehr freier Mann, wünscht sich nichts so sehr als einen unaufhörlichen und durch keine Regel bestimmten Wechsel der Preise, ihr richtungsloses Auf und Ab, wie vom Wetter bestimmt, unbeeinflußbar und nicht einmal wirklich vorauszusehen. Es gibt keine Freiheit »zu etwas«, ihre Gnade und ihr Glück ist die Spannung des Menschen, der sich über seine Schranken hinwegsetzen will, und immer sucht er sich für diesen Wunsch die bösesten Schranken aus. Einer, der töten will, hat es mit den furchtbaren Drohungen zu tun, die das Verbot des Tötens begleiten, und hätten ihn diese

Drohungen nicht so sehr gequält, er hätte sich gewiß mit glücklicheren Spannungen geladen. – Der Ursprung der Freiheit liegt aber im *Atmen*. Aus jeder Luft konnte jeder ziehen, und die Freiheit des Atmens ist die einzige, die bis zum heutigen Tage nicht wirklich zerstört worden ist.

Nur ein Bild kann einem *ganz* gefallen, aber nie ein Mensch. Der Ursprung der Engel.

Wie rasch hat das Fliegen, dieser uralte, kostbare Traum, jeden Reiz, jeden Sinn, seine Seele verloren. So erfüllen sich die Träume, einer nach dem anderen, zu Tode. Kannst du einen *neuen* Traum haben?

Wie unfaßbar bescheiden sind die Menschen, die sich einer einzigen Religion verschreiben! Ich habe sehr viele Religionen, und die eine, die ihnen übergeordnet ist, bildet sich erst im Laufe meines Lebens.

Man sieht die Gedanken ihre Hände aus dem Wasser strecken, man glaubt, sie rufen um Hilfe; wie das täuscht, sie leben unten innig und sehr vertraut miteinander, man probiere es doch nur und ziehe einen einzeln heraus!

Von der Balance zwischen Wissen und Nichtwissen hängt es ab, wie weise einer wird. Das Nichtwissen darf am Wissen nicht verarmen. Für jede Antwort muß – in der Ferne und scheinbar gar nicht in Zusammenhang damit – eine Frage aufspringen, die früher geduckt schlief. Wer viel Antworten hat, muß noch mehr Fragen haben. Der Weise bleibt ein Kind sein Leben lang, und die Antworten allein machen Boden und Atem dürr. Das Wissen ist Waffe nur für den Mächtigen, der Weise verachtet nichts so sehr wie Waffen. Er schämt sich nicht seines Wunsches, noch mehr Menschen zu lieben, als er kennt; und nie wird er sich hochmütig absondern von denen allen, über die er nichts weiß.

In den besten Zeiten meines Lebens glaube ich immer, ich mache Platz, noch mehr Platz in mir, da schaufle ich Schnee weg, dort hebe ich ein Stück eingesunkenen Himmel hoch, es gibt überflüssige Seen, ich lasse sie abrinnen – die Fische rette ich –, zugewachsene Wälder, ich jage Scharen von neuen Affen in sie hinein, es ist alles voller Bewegung, nur Platz ist nie genug, ich frage nie: wofür, ich fühle nie: wofür; ich muß ihn nur immer wieder, und weiter, machen, und solange ich das kann, verdiene ich mein Leben.

Daß dieses Gesicht es bis zu diesem Krieg gebracht hat, und wir haben es nicht vertilgt! Und wir sind Millionen, und die Erde wimmelt von Waffen, Munition wäre da für dreitausend Jahre, und dieses Gesicht ist noch immer hier, über uns weit ausgespannt, die Fratze der Gorgo, und wir im Morden alle versteinert.

Am ehesten gleichen wir Kegeln. In Familien stellt man uns auf, es sind ungefähr neun. Kurz und hölzern stehen wir da, mit den Mitkegeln wissen wir nichts anzufangen. Der Schlag, der uns niederwerfen soll, ist lange vorgebahnt; blöde warten wir ab; im Falle reißen wir so viele Mitkegel um, als wir nur können, es ist der Schlag, den wir ihnen weitergeben, die einzige Berührung, die wir ihnen in einem raschen Dasein gönnen. Es heißt, daß man uns wieder aufstellt. Doch wenn dem so ist, so sind wir im neuen Leben genau dasselbe, nur unter den Neun, in der Familie, haben wir Platz gewechselt, selbst das nicht immer, und hölzern und blöde warten wir wieder auf den alten Schlag.

Mein größter Wunsch ist es zu sehen, wie eine Maus eine Katze bei lebendem Leibe frißt. Sie soll aber auch lange genug mit ihr spielen.

Die Tage werden unterschieden, aber die Nacht hat einen einzigen Namen.

Er hat die herzlosen Augen eines über alles Geliebten.

Über das Beten. – Das Beten als die wirksamste und gefährlichste Form der Wiederholung. Der einzige Schutz dagegen ist, daß es mechanisch wird, wie bei Priestern und Gebetsmühlen. Ich begreife nicht, wie sich Menschen vornehmen können, bei jedem ihrer zahllosen Gebete die nötige Innigkeit aufzubringen. Die Kraft aller Menschen zusammengerechnet wäre nicht groß genug für das Gebetsgeplapper eines einzigen, der diesem Laster verfallen ist.

Der Infantilismus des Betens: man betet um das, was man ohnehin bekommt, statt um das Unerreichbare.

Wenn es schon ohne das Beten nicht ginge, so wäre es besser, man hätte sich an viele und sehr verschiedene Götter zu wenden. Es käme einem dann die Übung in der Verwandlung zugute, die für das Beten unerläßlich wäre.

Wem es Ernst damit wäre, der müßte zu einem einzigen Gebet viele Wochen lang erst Mut fassen.

Ihren Gott können sie wie Brot in den Mund nehmen. Sie können ihn, sooft sie wollen, nennen, rufen und erklären. Sie zerkauen seinen Namen, sie schlucken seinen Leib. Dann sagen sie noch, es gäbe für sie nichts Höheres als Gott. Viele Beter habe ich im Verdacht, daß sie von Gott allerhand zu ergattern suchen, was sie ja nicht weitergeben wollen, und zwar bevor es ein anderer ergattert hat. Das Komische daran ist, daß sie alle dasselbe wollen, nämlich die gemeinste Notdurft des Lebens, und dann doch zusammen beten. Sie gleichen auch darin einem Haufen von Bettlern, der sich zusammen, ein lästiger, frecher Schwarm, auf einen einzigen Fremden stürzt.

Wenn ich auch glauben könnte, so könnte ich noch lange nicht beten. Das Beten würde mir immer als die unverschämteste Belästigung Gottes erscheinen, als die eigentlich ekelhafteste Sünde, und ich würde für jedes Gebet eine lange Zeit der Buße einschalten.

Manchmal glaube ich, die Sätze, die ich höre, seien dreitausend Jahre vor meinem Dasein von anderen für mich ausgehandelt worden. Höre ich genauer hin, so werden sie immer älter.

Die Ahnungen der Dichter sind die vergessenen Abenteuer Gottes.

Ihr hohen Worte, ihr Blicke zur Sonne, ihr Küsse von Stern zu Sternen, ihr eitlen Gewitter, ihr prahlerisch hüpfenden Blitze, es werden Vögel zärtlich singen, wenn die Menschen einander gänzlich ausgerottet haben. Und sie werden sich nach uns sehnen, und die Spottvögel unter ihnen werden unsere Gespräche noch lange bewahren.

Man müßte die Menschen durch ein jährliches Fest dazu erziehen, das Bestohlenwerden zu ertragen. Es dürfte nichts geben, auf das die Mysten dieses Festes nicht Hand legen könnten, keine Kostbarkeit, keinen Gegenstand der allerheiligsten Erinnerung. Es dürfte nie etwas zurückgegeben werden. Schutzmaßregeln vor dem Ausbruch des Festes müßten auf das strengste verboten sein. Es wäre auch nicht erlaubt, den weiteren Schicksalen und Verwendungen der vermißten Gegenstände nachzugehen. Menschen allein, die jüngsten wie die ältesten, wären von dem Los des Gestohlenwerdens auszunehmen. Vielleicht bekämen sie so etwas von dem Wert zurück, den die Dinge ihnen genommen haben. Den Jammer mancher Unglücklicher nach solchen Saturnalien kann man sich vorstellen; aber er wäre beinah gutzumachen, indem sie selber die Frist des Festes ausgiebig nützen. Der Besitz würde viel von seiner Gottähnlichkeit und Ewigkeit verlieren. In der verbleibenden, ehrbaren Zeit des Jahres hätte ein Mensch neben Gekauftem und Geschenktem auch Gestohlenes in seinem Haus zu dulden, und nur dieses allein wäre sakrosankt, nämlich vor weiteren Diebstählen beim nächsten Fest sicher.

Der Mensch hat die Weisheit all seiner Vorfahren zusammengenommen, und seht, welch ein Dummkopf er ist!

Der Beweis ist das Erb-Unglück des Denkens.

Das Wissen hat die Tendenz, sich zu zeigen. Geheimgehalten, muß es sich rächen.

Es steht nicht in Gottes Macht, *einen einzigen* Menschen vom Tode zu erretten. Das ist die Einigkeit und Einzigkeit Gottes.

Das äußere Gehaben von Menschen ist so vieldeutig, daß man sich nur geben muß, wie man ist, um völlig unerkannt und verborgen zu leben.

Ein Krieg spielt sich immer so ab, als wäre die Menschheit auf den Begriff der Gerechtigkeit noch überhaupt nie gekommen.

Durch die Geschichte wird etwas anderes bewahrt als durch alle früheren Formen der Überlieferung. Es ist schwer zu bestimmen, was; am ehesten kommt sie einem vor wie eine fixierte Blutrache der Massen, aber *aller* Massen, und eben das ist es auch, was sie richtet. Die Geschichte sorgt für die Verewigung aller Religionen, Nationen und Klassen. Denn selbst die Friedlichsten unter ihnen haben einmal irgendwem Blut abgezapft, und die Geschichte schreit es getreulich zum Himmel. Vieles ist gegen sie versucht worden, aber man entkommt ihr nicht. Sie ist die Riesenschlange, welche die Welt gefangen hält. Ein uralter Vampir, saugt sie jedem jungen Menschen das Blut aus dem Hirn. Es ist nicht zu ertragen, wie sie in vielen verschiedenen Sprachen genau dasselbe kommandiert. Die schändlichsten Glaubensformen, deren sich jeder schämen müßte, hält sie am Leben, indem sie ihr Alter beweist. Es war ihr noch niemand zu Dank verpflichtet, bis auf manche dünnen Priester, und die wären es ohne sie leichter geworden. Man wird einwenden, daß sie die Erde einer Vereinheitlichung sehr nahe gebracht hat, aber um welchen Preis, und ist sich denn die Erde schon einig? Mir scheint es so, als wäre die Geschichte früher einmal besser oder zumindest harmloser gewesen: damals als sie noch von Zeit zu Zeit verloren ging. Heute ist sie mit den Ketten der Schrift für immer an sich gebunden. Sie bietet den falschesten, verlogensten und niedrigsten Dokumenten die künftigen Jahrhunderte. Es kann keiner heute einen Vertrag abschließen, ohne daß man es noch in tausend Jahren weiß. Es kann keiner unbemerkt auf die Welt kommen; zumindest wird er in einer Statistik mitgezählt. Es kann keiner denken, es kann keiner atmen, die Geschichte verpestet seinen reinen Hauch und sie dreht ihm das Wort im Hirn herum. Wie mächtig müßte der Herakles sein, der sie erstickt! Leichter als sie wird sich selbst der Tod überwinden lassen, und erste und einzige Nutznießerin eines Sieges über ihn wird wieder nur sie sein.

Die Menschheit als Ganzes wird sich nie wieder *bescheiden* können.

Man braucht Jahre, um die Liebe eines Menschen zu zerstören; aber kein Leben ist lang genug, diesen Mord, was ist mehr ein Mord, zu beklagen.

Das Gesetz der Entsprechungen im psychischen Leben: man kann einem anderen nichts tun, sei es noch so heimlich, ohne daß einem das Entsprechende selbst geschieht. Es wäre möglich, daß die Vergeltung schon in der Form unserer Handlungen mit enthalten ist.

Der Gedanke an eine zukünftige Religion, von der wir jetzt gar nichts wissen, hat etwas unsagbar Quälendes.

Im Gebrauch ihrer Lieblingswendungen und -worte sind die Menschen geradezu unschuldig. Sie ahnen nicht, wie sie sich verraten, wenn sie am harmlosesten daherplappern. Sie glauben, daß sie ein Geheimnis verschweigen, wenn sie von anderen Dingen reden, doch siehe da, aus den häufigsten Wendungen baut sich plötzlich ihr Geheimnis drohend und düster auf.

Der niedrigste Mensch: der, dem alle Wünsche erfüllt worden sind.

Gott selbst hat Adam und Eva die Schlange auf den Leib gehetzt, und alles hing davon ab, daß sie ihn nicht verriet. Dieses giftige Tier hat Gott bis heute die Treue gehalten.

Molières Tod: Er kann das Spielen nicht aufgeben, die großen Rollen, in denen er auftritt, und der Beifall, den sie bei der Theatermenge finden, bedeuten ihm zu viel. Seine Freunde bitten ihn wiederholt, vom Spielen abzulassen, aber er weist ihre gutgemeinten Ratschläge zurück. Noch am Tage seines Todes erklärt er, er könne die Schauspieler nicht um ihren Verdienst bringen. In Wirklichkeit geht es ihm um den Beifall der Theatermenge, es scheint, daß er ohne diesen überhaupt nicht leben mag. Da ist es nun merkwürdig, wie am Tage seines Begräbnisses eine feindliche Menge sich vor seinem Hause ansammelt, das Negativ zu jener Menge im Theater. Sie besteht aus kirchlich Gesinnten; aber als ob sie wüßte, daß sie auf eine geheimnisvolle Weise mit jener klatschenden Menge zusammenhängt, läßt sie sich durch Geld, das man unter sie wirft, zerstreuen: es ist das zurückgezahlte Eintrittsgeld.

Die verschiedenen Sprachen, die einer haben müßte: eine für seine Mutter, die er später nie wieder spricht; eine, die er nur liest und nie zu schreiben wagt; eine, in der er betet und von der er kein Wort versteht; eine, in der er rechnet und alles Geldliche gehört ihr; eine, in der er schreibt (aber keine Briefe); eine, in der er reist, in dieser kann er auch seine Briefe schreiben.

Die Tatsache, daß es *verschiedene* Sprachen gibt, ist die unheimlichste Tatsache der Welt. Sie bedeutet, daß es für dieselben Dinge verschiedene Namen gibt; und man müßte daran zweifeln, daß es dieselben Dinge sind. Hinter aller Sprachwissenschaft verbirgt sich das Bestreben, die Sprachen auf *eine* zurückzuführen. Die Geschichte vom Turm zu Babel ist die Geschichte des zweiten Sündenfalls. Nachdem die Menschen ihre Unschuld und das ewige Leben verloren hatten, wollten sie kunstvoll bis in den Himmel wachsen. Erst hatten sie vom falschen Baum genossen, jetzt erlernten sie seine Art und Weise und wuchsen stracks hinauf. Dafür wurde ihnen das genommen, was sie nach dem ersten Sündenfall noch behalten hatten: die Einheitlichkeit der Namen. Gottes Tat war die teuflischste, die je begangen wurde. Die Verwirrung der Namen war die Verwirrung seiner eigenen Schöpfung, und es ist nicht einzusehen, wozu er überhaupt noch etwas aus der Sintflut rettete.

Wenn die Menschen vom Leben und Treiben in ihnen auch nur die leiseste und unverbindlichste Ahnung hätten, würden sie vor vielen Worten und Redensarten zurückschaudern wie vor Gift.

Immer wenn man ein Tier genau betrachtet, hat man das Gefühl, ein Mensch, der drin sitzt, macht sich über einen lustig.

Über das Drama. – Es wird mir langsam klar, daß ich im Drama etwas verwirklichen wollte, was aus der Musik stammt. Ich habe Konstellationen von Figuren wie Themen behandelt. Der Hauptwiderstand, den ich gegen die »Entwicklung« von Charakteren empfand (so als wären sie wirkliche, lebende Menschen), erinnert daran, daß auch in der Musik die Instrumente gegeben sind. Sobald man sich einmal für dieses oder jenes Instrument entschieden hat, hält man daran fest, man kann es nicht, während ein Werk abläuft, in ein anderes Instrument umbauen. Etwas von der schönen Strenge der Musik beruht auf dieser Klarheit der Instrumente.

Die Zurückführung der dramatischen Figur auf ein Tier läßt sich mit dieser Auffassung sehr wohl vereinen. Jedes Instrument ist ein ganz bestimmtes Tier oder zumindest ein eigenes und wohlabgegrenztes Geschöpf, das mit sich nur auf seine Weise spielen läßt. Im Drama hat man die göttliche und über alle anderen Künste erhabene Möglichkeit, neue Tiere, also neue Instrumente, neue Geschöpfe zu erfinden, und je nach ihrer thematischen Fügung eine immer wieder andersgeartete Form. Es gibt also unerschöpflich viele Arten von Dramen, solange es neue »Tiere« gibt. Die Schöpfung, sei es, daß sie erschöpft, sei es, daß der geschwinde Mensch sie überholt hat, wird so ganz buchstäblich ins Drama verlegt.

Man hätte nachzuweisen, wie sehr die Oper das Drama verwirrt hat. Das Musikdrama ist der unsauberste und widersinnigste Kitsch, der je ersonnen wurde. Das Drama ist eine ganz eigene Art von Musik und verträgt sie als Zusatz nur selten und spärlich. Auf keinen Fall sind Instrumente mit handelnden Figuren in Einklang zu bringen, oder die Figuren werden allegorisch, und dramatisch ganz bedeutungslos; es sind nur noch Fabeltiere, die da agieren; indem die Musik alles wird, kommt es auf das Drama gar nicht mehr an.

Es hilft nichts, man kann sich Chöre vorsingen, Kannibalen bestaunen, an einem Baumstamm zweihundert Jahre zurückklettern, man kann den Monat für einen Verrückten verriegeln, in harmlosen Kreuzheeren, eine Eisenhandlung am Leib, nach Palästina pilgern, Buddha anhören, Mohammed beschwichtigen, Christus glauben, eine Knospe bewachen, eine Blüte malen, eine Frucht verhindern, und man kann: der Sonne nachgehen, sobald sie sich verdoppelt; Hunde zum Miauen dressieren, Katzen zum Bellen, einem Hundertjährigen seine sämtlichen Zähne wiederschenken, Wälder pflücken, Glatzen wässern, Kühe kastrieren, Ochsen melken, man kann, wenn alles zu leicht ist (man ist so rasch mit allem fertig), die Sprache der Neandertaler erlernen, Schiwas Arme stutzen, Brahmas Köpfe von den veralteten Veden entleeren, die nackten Weddahs kleiden, den Chorgesang der Engel in Gottes Himmeln hindern, Laotse antreiben, Konfuzius zum Vatermord anstiften, Sokrates den Schierlingsbecher aus der Hand, die Unsterblichkeit aus dem Munde schlagen, man kann, – aber es hilft nichts, nichts hilft, es gibt keine Tat, es gibt keinen Gedanken außer einem: *Wann ist das Morden zu Ende?*

O ein Hörrohr, ein feines Hörrohr, die Generale im Mutterleib zu agnoszieren!

Nie haben die Menschen weniger von sich gewußt als in diesem »Zeitalter der Psychologie«. Sie können nicht stillhalten. Sie fahren ihren eigenen Verwandlungen davon. Sie warten sie nicht ab, sie nehmen sie vorweg, sie sind lieber alles andere, als was sie sein könnten. Im Auto fahren sie durch die Landschaften ihrer eigenen Seele, und da sie nur bei den Benzin-Stationen halten, glauben sie, daß sie daraus bestehen. Ihre Ingenieure bauen sonst nichts: was sie essen, riecht nach Benzin. Sie träumen in schwarzen Tümpeln.

Es gibt keine unheimlichere Vorstellung als die der verlassenen, von den Menschen verlassenen Erde. Man neigt dazu zu denken, daß sie auswandern, schon damit sie ihre Erinnerung an die Erde mitnehmen. Sie dürften es nie wieder so schön haben wie hier. Mit weitreichenden Instrumenten müßte es für sie möglich sein, die Erde noch zu betrachten, ohne aber zu erkennen, was auf ihr wirklich vorgeht. Sie würden begreifen, was sie verloren haben, eine unerschöpfliche Heimat, und die falsche Religion, der sie diesen Verlust zuzuschreiben haben, hätten sie dann schon, viel zu spät, gegen eine andere vertauscht. Es ist anzunehmen, daß diese neue Religion die richtige wäre; wäre sie rechtzeitig gekommen, sie hätte die Erde für die Menschen gerettet.

Es ist geraten, die Götter zu versuchen, je öfter, um so besser, und man lasse sie keinen Augenblick in Frieden. Sie schlafen zu viel und lassen den Menschen auf dem Floß seiner sterbenden Brüder allein.

Die Toten nähren sich von Urteilen, die Lebenden von Liebe.

Kein Dummkopf und kein Fanatiker wird mir je die Liebe nehmen für alle, denen die Träume beschattet und beschnitten wurden. Der Mensch wird noch alles und ganz werden. Die Sklaven werden die Herren erlösen.

Die »Erschlagenen« – wie großartig das noch klang, wie offen, wie breit und mutig: die »Erstickten«, die »Zerquetschten«, die »Verkohlten«, die »Geplatzten«, wie klingt das geizig, als hätte es nichts gekostet!

Man hat kein Maß mehr, für nichts, seit das Menschenleben nicht mehr das Maß ist.

Ein Mann macht sich daran, alle *Blätter* der Welt zu zählen. Das Wesen der Statistik.

Er stahl mir das linke Ohr. Ich nahm ihm das rechte Aug. Er versteckte mir vierzehn Zähne. Ich nähte ihm die Lippen zu. Er sott meinen Hintern gar. Ich stülpte ihm das Herz um. Er aß meine Leber. Ich trank sein Blut. – *Krieg*.

Ein Kampf, der nicht mit geistigen Waffen allein geführt wird, ekelt mich. Der tote Gegner bezeugt nichts als seinen Tod.

Ich will keine Furcht einflößen, es gibt nichts in der Welt, dessen ich mich so sehr schäme. Lieber verachtet sein als gefürchtet.

Er geht unter die Soldaten: er will nicht mehr wissen, was geschieht; er will nicht mehr wissen, was er tut.

Auf der Friedenskonferenz wird beschlossen, Europa die gerechte Chance zu geben, die es sich in einem schweren und langjährigen Kriege verdient hat. Es soll alles von gleich auf beginnen. Um das möglich zu machen, wird eine interterritoriale Flotte von Bombern gebildet, welche alle Städte, die durch Zufall noch stehen, vernichtet.

Gott ist der größte Hochmut des Menschen; und wenn er ihn gesühnt hat, wird er nie einen größeren Hochmut finden.

Die Ehrenstellen sind für die Schwachsinnigen; es ist besser, man lebt in Schande als in Ehren; nur keine Würden; Freiheit um jeden Preis, zum *Denken*. Die Ehren werden einem wie Wandteppiche um Augen und Ohren gehängt; wer sieht noch; wer hört noch; in Ehren ersticken die Träume und die guten Jahre verdorren.

Sein Geld hebt er in seinem Herzen auf, die Schläge zählen es.

Er will in die satte und wunderbare Welt wiederkehren, wenn niemand mehr stirbt und die Menschen ihre Kriege durch Ameisen, die sehr human sind, austragen lassen.

Der Dichter ist wohl der Mensch, der, was früher war, spürt, um, was sein wird, vorauszusagen. Er leidet also nicht wirklich, er erinnert sich nur; und er *tut* nichts, weil er es erst voraussagen muß.

Es hat immer etwas Anrüchiges, wenn man sich einem Glauben verschreibt, den sehr viele vor einem schon geteilt haben. Es liegt darin mehr Resignation, als sich in menschliche Worte fassen läßt. Der Glaube ist eine Fähigkeit des Menschen, die sich *erweitern* läßt, und jeder, der es vermag, sollte zu dieser Erweiterung etwas beitragen.

Die Stimmen der Menschen sind Gottes Brot.

Es ist merkwürdig, wenn ein Orientale in einem Engländer zum Vorschein kommt. Als ich einem solchen staunenswürdigen Engländer kürzlich begegnete, dachte ich, es sei ein Irrtum, und der Orientale werde wieder zergehen. Dann aber sah ich, wie er zunahm, und er wurde ganz gewichtig, beinahe ein Buddha. Einem solchen Manne bleibt nichts anderes übrig, als an die Seelenwanderung zu glauben, wie fände er sich sonst in seiner englischen Situation zurecht.

Als Orientale zeigt er sich in folgendem: er sitzt gern ruhig auf seinem Fleck, und er läßt sich diese Ruhe nicht als Faulheit beschimpfen; denn man kann durch sie zu großer Weisheit gelangen. Er läßt sich gerne von Frauen anbeten; eine neue Frau, der er begegnet, macht ihm Eindruck, obwohl er schon viele andere kennt; eine schließt die andere nicht aus; und er scheut sich gar nicht, sein Wohlgefallen zu zeigen. Sobald er spürt, daß er einen damit nicht verletzt, gibt er eigenartige und destruktive Gedanken über Gott von sich, Produkte seines Sitzens, die ihm originell erscheinen, auch wenn er sie in Indien gehört hat; für England sind sie es noch immer.

Er ist ungenau; Namen, Daten und Orte wirft er leicht durcheinander. Er weiß es, und es ist ihm gleichgültig. Beziehungen sind leer und haben nichts zu bedeuten; auf das, was er für den tieferen Sinn seines Satzes hält, kommt es allein an. Nun sind die englischen Menschen von Genauigkeit krank; Unpünktlichkeit ist die zweitgrößte Sünde und rangiert gleich hinter Mord; beim Rasieren darf kein Haar übersehen werden; die Minuten eines Besuches sind gezählt, bevor er begonnen hat; der Zaun um einen Besitz ist heilig; ein Buch besteht aus einer Anzahl von Buchstaben; niemand lügt. Es ist leicht, sich vorzustellen, wie dieser Orientale in seinem betonten Phlegma für alle Genauigkeit von seinen englischen Landsleuten absticht.

Auch seine Freundlichkeit hat eine andere Färbung. Er lobt jeden einzelnen Menschen, von dem die Rede ist, nicht so laut zwar, aber gewiß so überschwenglich wie ein Südländer. Die lächerlichste Person ist wunderbar, vorbildlich und erhaben. Er spricht Leute mit Titeln an, die ihnen erwünscht sein könnten. Aber ohne daß er eigentlich ironisch ist – es fehlt ihm jede Schärfe –, läßt er doch spüren, wie wenig wichtig Titel sind. Sein Verlangen nach ewigem Frieden ist voll von einem Bedauern darüber, daß er bald nicht mehr da sein wird, er ist herzkrank; und er schämt sich nicht, von seiner Krankheit zu sprechen; in der ausführlichen Weise, wie er es tut, verrät sich besonders jenes Bedauern. Er möchte, daß man sein krankes Herz bewundert, und staunen soll man, weil er immer noch »schöpferisch« arbeitet, er schreibt. Von den Tätigkeiten des Menschen ist das Schreiben gewiß die ruhigste, dem Orientalen also angemessen, der es mit übereinandergeschlagenen Beinen, in würdevoller Haltung, auf einer kleinen Tafel, mit kleinen runden Bewegungen vor sich gehen läßt. Wäre er noch wirklich ein Engländer, er würde sich hüten zu erwähnen, daß er ein Herz besitzt, geschweige denn ein krankes, und was er schreibt, das hätte er schamhaft verschlossen.

Wen man schlafen sah, den kann man nie mehr hassen.

Der Mensch ist in seine Waffen verliebt. Wie soll man dagegen ankommen? – Waffen müßten so sein, daß sie sich des öfteren und ganz unerwartet gegen den richten, der sie gebraucht. Ihr Schrekken ist zu einseitig. Es genügt nicht, daß der Feind mit gleichen Mitteln operiert. Die Waffe selbst müßte ein launisches und unberechenbares Leben haben, und die Menschen müßten sich vor dem Gefährlichen in ihrer Hand mehr fürchten als vor dem Feind.

Von allen Religionen des Menschen ist der Krieg die zäheste; aber auch sie läßt sich auflösen.

Wenn ihr nackt gegeneinander antreten müßtet, würde euch das Schlachten schwerer fallen. – Die mörderischen Uniformen.

Der Gottesglaube hat etwas für sich, das schwer wiegt: man glaubt an die Existenz eines Wesens, das nicht zu töten ist, auch durch die bösesten Bemühungen nicht.

In der Dunkelheit wiegen die Worte doppelt.

Es ist heute schon unwahr, daß die Affen dem Menschen näher stehen als andere Tiere. Lange Zeit mögen wir uns nicht viel von ihnen unterschieden haben; damals waren sie uns nahe verwandt; heute haben wir uns durch unzählige Verwandlungen so weit von ihnen entfernt, daß wir nicht weniger von Vögeln an uns haben als von Affen.

Um zu verstehen, wie wir zu Menschen geworden sind, wäre es gewiß am wichtigsten, die imitativen Anlagen der Affen zu untersuchen. Hier hätten Experimente einen ganz eigenen Sinn. Wir müßten sie mit Tieren lange zusammen halten, die ihnen früher nicht bekannt gewesen sein können, und sorgfältig registrieren, wie sich ihr Verhalten von dem dieser Tiere beeinflussen läßt. Wir müßten die Tiere ihrer Umgebung wechseln, in wechselnder Reihenfolge. Wir müßten sie manchmal, nach solchen starken Eindrücken, ganz sich selbst überlassen. Mit vielen Versuchen dieser Art würde sich der leere Begriff der Imitation etwas füllen lassen und man käme vielleicht darauf, daß es dabei immer schon um eine Verwandlung ging, nicht bloß um »Anpassung«, und daß die

»Anpassung« bloß das Resultat halb geglückter ungeschickter Verwandlungen war.

Bei Menschen selbst lassen sich diese Vorgänge am besten im Mythus und im Drama studieren. Der Traum, in dem sie immer schon da waren, bietet viel weniger Präzision und erlaubt zu willkürliche Deutungen. Der Mythus ist nicht nur schöner, er ist für die Zwecke einer solchen Untersuchung auch nützlicher, denn er bleibt konstant. Seine Fluidität ist eine interne, er zerrinnt einem nicht unter den Händen. Wo er gespielt wird, kehrt er immer auf dieselbe Weise wieder. Er ist das Beständigste, das Menschen überhaupt hervorzubringen vermögen; kein Gerät ist sich im Laufe der Jahrtausende so sehr gleichgeblieben wie manche Mythen. Ihre Heiligkeit schützt, ihre Darstellung verewigt sie, und wer die Menschen mit einem Mythus zu erfüllen vermag, hat mehr ausgerichtet als der kühnste Erfinder.

Das Drama ist von allen Möglichkeiten des Menschen, sich zusammenzufassen, die am wenigsten verlogene.

Wann immer es den Engländern schlecht geht, packt mich eine Bewunderung für ihr Parlament. Es ist wie eine leuchtend und tönend gemachte Seele, ein stellvertretendes Modell, in dem sich vor aller Augen abspielt, was sonst geheim bleiben würde. Zu der Freiheit, von der sie immer reden, dazu haben sich die Menschen hier eine unbekannte Freiheit erworben: die, politische Vergehen öffentlich zu beichten und eine Absolution dafür zu bekommen, die von einem irdischen Körper abhängig ist. Es gibt hier eine Möglichkeit, Machthaber anzugreifen, die in der Welt ihresgleichen sucht. Sie sind darum nicht weniger Machthaber; von ihren Entscheidungen hängt wirklich alles ab; sie haben wohl das starke Bewußtsein, das dazu gehört, aber nicht die Aufgeblasenheit, denn die wird ihnen durch das Parlament sehr gründlich verleidet. Sechshundert Ehrgeizige bewachen einander auf das genaueste; Schwächen können nicht verborgen bleiben; Stärken fallen ins Gewicht, solange sie Stärken sind. Alles spielt sich vor aller Öffentlichkeit ab; man wird unaufhörlich quotiert. Aber man kann auch, mitten im täglichen Trubel, abseits stehen und warnen. Der Prophet, wenn er nur Geduld genug hat, kann hier warten. Er lernt sich so ausdrücken, daß die Welt ihn versteht. Überhaupt ist die Klarheit aller Äußerungen, die hier vorgebracht werden, erste Voraussetzung zu ihrer Wirksamkeit. So verwickelt das wirkliche Spiel um die Macht dann ist, – nach außen hin geht es um wohlabgegrenzte Forderungen und Einsätze.

Es gibt nichts Merkwürdigeres als dieses Volk, wie es seine wichtigsten Angelegenheiten auf rituelle, sportliche Weise erledigen läßt und nicht abgeht davon, selbst wenn ihm das Wasser am Halse steht.

Der Roman soll keine Eile haben. Früher konnte auch die Eile in seine Sphäre gehören, jetzt hat sie der Film aufgenommen; an ihm gemessen muß der eilige Roman immer unzulänglich bleiben. Der Roman, als Geschöpf ruhigerer Zeiten, mag etwas von dieser alten Ruhe in unsere neue Hastigkeit tragen. Er könnte vielen Leuten als eine Zeitlupe dienen; er könnte zum Verharren reizen; er könnte die leeren Meditationen ihrer Kulte ersetzen.

Er hat den Witz seiner Schlechtigkeit, die Vergeßlichkeit seines Alters, die Beschränktheit seines Geschlechts und die Brutalität seines Berufs: ein großer General.

Ich hasse die ewige Bereitschaft zur Wahrheit, die Wahrheit aus Gewohnheit, die Wahrheit aus Pflicht. Die Wahrheit sei ein Gewitter, und wenn sie die Luft gereinigt hat, ziehe sie vorüber. Die Wahrheit soll einschlagen wie ein Blitz, anders hat sie keine Wirkung. Wer sie kennt, soll sich vor ihr fürchten. Die Wahrheit darf nie der Hund des Menschen werden, wehe dem, der ihr pfeift. Man führe sie nicht an der Leine, man führe sie nicht im Munde. Man füttere sie nicht, man messe sie nicht; man lasse sie in ihrem furchtbaren Frieden wachsen. Selbst Gott hat sich zu vertraulich mit der Wahrheit zu schaffen gemacht und *daran* ist er erstickt.

Der Mensch ist so ewig, als es ihm um das Ewige zu tun ist, – wenn er nicht darin ertrinkt.

Die Tiere ahnen es nicht, daß wir sie benennen. Oder sie ahnen es doch, und dann ist es darum, daß sie uns fürchten.

Es stirbt sich zu leicht. Man müßte viel schwerer sterben.

Ein Land der unbegrenzten Ewigkeit: Man muß tagelang gehen, bis man auf einen stößt, der den kleinen Finger leise rührt; sonst sitzen alle stumm und ägyptisch herum.

Die Engländer haben ihre Gesetze nicht niedergeschrieben, sie tragen sie an sich herum.

In England magern die Worte ab.

Es wird noch Juden geben müssen, wenn der letzte Jude ausgerottet ist.

Die größte Gefahr, vor der ein Mensch mit zunehmendem Bewußtsein sich zu hüten hat, ist der rasche Wechsel des Lichts, unter dem ihm Dinge und Überzeugungen immer mehr erscheinen. Es wird alles flüssig; das Flüssigste wird sichtbar; man ist mit nichts am Ende; jede Mauer hat ihre Pforte, es ist immer noch etwas dahinter; dieselben Blumen bieten sich in neuen Farben; die granitharte Straße erweicht sich zu Lehm. Man kann zwanzig Jahre etwas sehr Bestimmtes gewollt haben, und im größeren Bewußtsein will man es nicht mehr. Was man häßlich fand, entpuppt sich zu vielfachen, schönen Gestalten: sie zerrinnen nach einem leichten und schimmernden Tanz. Es wird alles möglich, die Mißbilligung schwach, das Urteil biegt sich wie ein Halm unterm Wind; die Knochen dehnen sich zu beliebiger Länge, ein Gedanke hat soviel Blut, als man will; und der Mensch, der alles geworden ist, ist auch zu allem fähig.

Wieviel Gegenstände mußten von Menschen erst verfertigt worden sein, damit es zu einer Philosophie des Materialismus kommen konnte.

Swifts zentrales Erlebnis ist die Macht. Er ist ein verhinderter Machthaber. Seine satirischen Angriffe stehen für Todesurteile. In seinem Leben waren sie ihm versagt, sie sind in seine Satire geraten. So ist diese im eigentlichsten Sinne des Wortes die furchtbarste, die einem Schriftsteller je zu Gebote stand.

Er bildet Königreiche nach, er bildet Königreiche um, die Höfe gehen ihm nicht aus dem Kopf. Immer stellt er höhnisch dar, wie Höfe sich ihre Reiche einrichten; und immer läßt er fühlen – es ist das einzige, was er fühlen läßt –, wie viel besser er sie einrichten könnte.

Das Tagebuch an Stella ist darum einzigartig, weil es nackt und ungeschminkt mit nur wenigen falschen Prätentionen den geistigen Menschen zeigt, der mitten im erbarmungslosen Zwei-Parteien-System seiner Zeit auf Macht aus ist, und der sie nicht haben kann, weil er dieses System zu genau durchschaut.

Diese Wurmseelen, wie sollen sie begreifen, daß es darauf ankommt, das Geld zu verachten, auch wenn man es braucht!

Man freut sich über Wünsche, die anderen in Erfüllung gehen, besonders wenn man selber nichts dazu getan hat: als gäbe es doch unsichtbar Wohlwollen und Gehör, wer weiß wo.

Handle so, wie du nie wieder handeln könntest.

Der Erfolgreiche hört nur noch Händeklatschen. Sonst ist er taub.

Alle vergangene Herrschaft der Welt, alle Verachtung, Unterdrükkung, Unterjochung hat sich im kranken Herzen eines einzigen Mannes konzentriert, ihm, dem umgekehrten Sündenbock, ist die Erde zugefallen, und er straft sie für *ihre ganze Geschichte.*

Ich habe noch nie von einem Menschen gehört, der die Macht attackiert hat, ohne sie für sich zu wollen, und die religiösen Moralisten sind darin die ärgsten.

Das monströse Leben der Hunde untereinander: der Kleinste kann an den Größten heran, und unter Umständen kommt es zu Jungen. Viel eher als wir leben die Hunde unter Ungeheuern und Zwergen, die aber noch ihresgleichen sind und dieselbe Sprache haben. Was kann ihnen alles begegnen! Welche grotesken Gegensätze suchen sich nicht zu paaren! Wie fürchten sie sich, wie fühlen sie sich vom Bösesten angezogen! Und immer ihre Götter in der Nähe, immer ein Pfiff und der Rückzug in die strengere Welt der symbolischen Lasten. Es sieht oft so aus, als sei das ganze religiöse Wesen, das wir uns ausgemalt haben, mit Teufeln, Zwergen, Geistern, Engeln und Göttern dem realen Dasein der Hunde entnommen. Sei es, daß wir unsere mannigfaltigen Gläubigkeiten an ihnen dargestellt haben, sei es, daß wir erst Menschen sind, seit wir Hunde halten, – auf jeden Fall können wir an ihnen ablesen, was wir selber eigentlich treiben, und es ist anzunehmen, daß die meisten Herren für dieses dumpfe Wissen mehr Dankbarkeit haben als für die Götter, die sie im Munde führen.

Die Musik ist schon darum der beste Trost, weil sie nicht neue Worte macht. Selbst wenn sie zu Worten gesetzt ist, überwiegt ihre eigene Magie und löscht die Gefahr der Worte. Am reinsten ist sie aber doch, wenn sie für sich spielt. Man glaubt ihr unbedingt, denn ihre Versicherung ist eine der Gefühle. Ihr Ablauf ist freier als alles, was sonst menschenmöglich scheint, und in dieser Freiheit liegt die Erlösung. Je dichter bewohnt die Erde wird und je maschinenmäßiger die Gestaltung des Lebens, um so unentbehrlicher muß die Musik werden. Es wird eine Zeit kommen, in der man nur noch durch sie den engen Maschen der Funktionen entschlüpfen wird, und sie als ein mächtiges und unbeeinflußtes Reservoir der Freiheit zu belassen, muß als die wichtigste Aufgabe des künftigen Geisteslebens gelten. Die Musik ist die wahrhafte lebende Geschichte der Menschheit, von der wir sonst nur tote Teile haben. Man braucht aus ihr nicht zu schöpfen, denn sie ist immer schon in uns da, und es genügt, schlicht zu hören, da man sonst vergeblich lernt.

Was ein Tiger ist, weiß ich wirklich erst seit dem Gedicht von Blake.

Die Wunder als kümmerliche Reste der alten kraftstrotzenden Verwandlungen.

Jeder Dummkopf kann den kompliziertesten Geist, wann immer er Lust hat, verstören.

Das Versprechen der Unsterblichkeit genügt, um eine Religion auf die Beine zu stellen. Der bloße Befehl zum Töten genügt, um dreiviertel der Menschheit auszurotten. Was wollen die Menschen? Leben oder sterben? Sie wollen leben und töten, und solange sie das wollen, werden sie sich mit den unterschiedlichen Versprechen zur Unsterblichkeit begnügen müssen.

Manche Sätze geben ihr Gift erst nach Jahren her.

Was dem Armen die Hoffnung, ist dem Reichen der Erbe.

Glaube keinem, der immer die Wahrheit spricht.

Erfolg, das Rattengift des Menschen, ganz wenige kommen davon.

Der Zweifel macht sich mehr vor als der Glaube.

Jede Sprache hat ihr eigenes Schweigen.

Auf alle Fälle haben die gesiegt, die die Welt in die seelische Struktur des Krieges zurückgezwängt haben. Sie können lange zugrunde gehen, alle, bis auf den letzten: sie hinterlassen den Krieg und die nächsten Kriege.

Die Juden sind wieder in Ägypten, aber man hat sie in drei Gruppen abgeteilt: die einen wurden fortgelassen; die anderen zum Frondienst gezwungen; die dritten werden umgebracht. So sollen sich alle ihre alten Schicksale auf einmal wiederholen.

Man kann nichts tun. Man kann klagen. Man kann besser werden.

Verflucht sei die Rache, und wenn sie mir meinen geliebtesten Bruder erschlagen, ich will keine Rache, ich will andere Menschen.

Kriege werden um ihrer selbst willen geführt. Solange man sich das nicht zugibt, werden sie nie wirklich zu bekämpfen sein.

1943

Seit es Krieg ist, sind Gedanken und Sätze kurz geworden, dem Ton der Befehle angepaßt. Man will alles, nur nicht verlängern und fortsetzen, was in dieser Zeit entstanden ist. Man möchte es wie Maschinengewehrschüsse hinter sich lassen. Niemand weiß, wer nach Hause kommt, und niemand weiß, wo er zu Hause sein wird. So läßt man sich in keinem Satze zu breit nieder und streift viele wie Blätter am Weg. Die Zeitung, »in der jeden Tag was anderes steht«, und der Funkbericht sind die Affen des Augenblicks; wenn man sie auf einem Baum bemerkt, sind sie schon auf den nächsten gesprungen. Der Methusalem des Krieges wird einen Tag alt, normale Existenzen zählen nach Stunden. Es soll vorgekommen sein, daß einer nicht mehr weiß, wofür er den Augenblick zuvor gekämpft hat; und manche sagen, daß hunderttausend Tote das klarste Ziel verstellen. Nicht überall schwimmen die Leichen auf willigen Flüssen davon; die fahrbaren Kremationsküchen sind oft verspätet. Die wohlzementierten Schädeltürme der Tataren waren empfehlenswerter; sie boten reiche Aussicht. Aber die Experimente zur Verwertung von toten Herzen und Därmen haben Fortschritte gemacht; es ist nicht ausgeschlossen, daß man eigene Leichen durch die der Feinde zum Leben zurückrufen wird, und dann hätten Kriege ihren tieferen und bis heute nur von seinen Propheten vorausgeahnten Sinn. Man hatte es in der Deutung so kolossaler Vorgänge nicht allzuweit gebracht; aber schon die Zahlen sprechen dafür, daß es sich um eminent lebenswichtige Vorgänge handeln muß, denn würden Millionen Menschen umsonst sterben? Und gerne sterben gehen und stolz darauf sein und sich um den Vorrang dabei reißen? Immer sind es die Zahlen, die den Zweifler beschämen. Der Mensch stirbt nicht gerne. Im Krieg stirbt er zu Millionen. Also müssen Kriege etwas Besonderes zu bedeuten haben, und man verstand es vielleicht nur nicht, die Leichen des Feindes gehörig auszuschroten. Es wurde die Kopfjagd verlacht und man spottete über Kannibalen. Aber in diesen Kindern der Natur steckt ein gesunder Kern, und so wie sie sich auf Heilkräuter und Gifte verstehen, werden sie gewiß wohl wissen, und jedenfalls besser als wir, warum sie gerade Feinde fressen müssen. Eines ist ihnen nicht abzusprechen: sie sind konsequent, und die lächerliche

Sentimentalität unserer Pseudokultur hat sie nicht dazu gebracht, ein Herz zu verschmähen, bloß weil es das eines Menschen ist, ganz im Gegenteil, sie ziehen es tierischen Herzen vor.

In der Geschichte ist viel zu wenig von Tieren die Rede.

Der Neandertaler denkt: es wird immer Kriege geben, auch in dreihundertmillionen Jahren; er kann schon bis zur Million zählen.

Sag dich von allen los, die den Tod hinnehmen. Wer bleibt dir übrig?

Gottes Verlassenschaft ist vergiftet.

Die Zukunft, die sich in jedem Augenblick verändert.

Eine Schar von hochschwangeren Frauen; ihnen entgegen fahren Lastwagen, Tanks, Lastwagen, Tanks, mit präzis gerüsteten Soldaten besetzt. Die Wagen sind vorüber; die Frauen, mitten auf der Straße, beginnen zu singen.

Der Krieg ist so ordentlich, daß die Leute ganz heimisch werden darin.

Seit sie auf Sesseln sitzen und an Tischen essen, führen sie längere Kriege.

Die Toten haben vor den Lebenden Angst. Die Lebenden aber, die es nicht wissen, fürchten die Toten.

Alle alten Grenzen der Erde, seit es Menschen gibt, und eine Kommission, die darüber wacht, ob sie es wirklich sind: die Grenz-Akademie. Ein Lexikon der Grenzen, das von Auflage zu Auflage verbessert wird. Eine Schätzung der Kosten dieser Grenzen. Die Helden, die dafür gestorben sind, und ihre Nachkommen, die ihnen die Grenze unterm Grab wegziehen. Mauern an falschen Stellen, und wo sie eigentlich zu errichten wären, wenn sie nicht längst schon woanders stehen müßten. Die Uniformen toter Grenzbeamter und der Unfug auf schwierigen Pässen, ewige Übertretungen, Verschiebungen und unverläßliches Gerölle. Das anmaßende Meer; unkontrollierbare Würmer; Vögel von Land zu Land, Vorschlag zu ihrer Ausrottung.

Die Wissenschaft hat sich verraten, indem sie sich zum Selbstzweck gemacht hat. Sie ist zur Religion geworden, zur Religion des Tötens, und sie will weismachen, daß von den traditionellen Religionen des Sterbens zu dieser Religion des Tötens ein Fortschritt ist. Man wird die Wissenschaft sehr bald unter die Herrschaft eines höheren Antriebs bringen müssen, der sie zur Dienerin herabdrückt, ohne sie zu zerstören. Für diese ihre Unterjochung ist nicht mehr viel Zeit übrig. Sie gefällt sich als Religion und beeilt sich, die Menschen auszurotten, bevor man den Mut hat, sie zu entthronen. So ist Wissen wirklich Macht, aber rasend gewordene und schamlos angebetete Macht; ihre Anbeter begnügen sich mit Haaren oder Schuppen von ihr; wenn sie nichts anderes ergattern können, mit den Abdrücken ihrer schweren künstlichen Füße.

Die alten Reiseberichte werden so kostbar sein wie die größten Werke der Kunst; denn heilig war die *unbekannte* Erde, und sie kann es nie wieder sein.

Der Teufel war sehr schädlich, weil er so harmlos war und die Menschen in trügerische Sicherheit gewiegt hat.

Vor dem Zusammenbruch in Deutschland hausierten Händler mit Bildern des Führers, die von selber in Flammen aufgingen, wenn man ihnen in die Augen sah.

Viele einfache Menschen fragen einen: »Glauben Sie, wird der Krieg bald zu Ende sein?«, und wenn man unbefangen antwortet: »Ja, sehr bald«, bemerkt man plötzlich, erst will man es gar nicht glauben, wie Angst und Entsetzen sich über ihre Züge ausbreiten. Sie schämen sich dessen ein wenig und wissen immer so viel, daß sie sich aus Gründen der Menschlichkeit zu freuen hätten. Aber der Krieg hat ihnen Brot und reichlichen Verdienst gebracht, manchen zum erstenmal im Leben, anderen seit Jahren endlich wieder, und so ist es, daß ein einziges Gefühl sie peinigt: wenn es nur noch eine Weile dauert, wenn es nur noch nicht zu Ende ist! Ganze Völker, bis in die untersten Schichten, sind zu Kriegsgewinnern geworden, mit allen Reaktionen zur Welt, die zu einem solchen gehören. Wenn ich sagen müßte, was mich während dieses Krieges mit der größten Verzweiflung erfüllt hat, so ist es dieses tägliche Erlebnis: der Krieg als Brotbringer und Sicherheit.

Die leidenschaftlichen Schmeichler sind die unglücklichsten aller Menschen. Es packt sie von Zeit zu Zeit ein wilder und unberechenbarer Haß gegen das Geschöpf, das sie lange beschmeichelt haben. Sie haben diesen Haß nicht in ihrer Gewalt; um keinen Preis der Welt können sie ihn bezähmen; sie geben ihm nach wie ein Tiger seinem Blutgelüste. Es ist ein erstaunlicher Anblick: der Mensch, der früher nur Worte blindester Anbetung für sein Opfer hatte, nimmt jedes von ihnen in ebenso übertriebener Beschimpfung zurück. Er vergißt nichts, was den anderen je gefreut haben könnte. Mitten in der wahnwitzigen Wut geht er die Liste seiner alten Süßigkeiten durch und übersetzt genau in die Sprache des Hasses.

Was soll einem Mut machen, von allem was man betrachtet, wenn nicht die Betrachtung selbst?

Man soll auch die schlimmsten Taten der Toten nicht verschweigen, so sehr ist es ihnen darum zu tun, auf *jede* Weise fortzuleben.

Es ist eine Zeit, die sich durch neue Dinge und gar keine neuen Gedanken auszeichnet.

Das Kühnste am Leben ist, daß es den Tod haßt, und verächtlich und verzweifelt sind die Religionen, die diesen Haß verwischen.

Wenn ein Rat, den ich zu geben hätte, ein technischer Rat, den Tod auch nur eines einzigen Menschen zur Folge hätte, könnte ich mir kein Recht mehr auf mein Leben zubilligen.

Die »Kultur« wird aus den Eitelkeiten ihrer Förderer zusammengebraut. Sie ist ein gefährlicher Liebestrank, der vom Tode ablenkt. Der reinste Ausdruck der Kultur ist ein ägyptisches Grab, wo alles vergeblich herumsteht, Geräte, Schmuck, Nahrung, Bilder, Skulptur, Gebete, und der Tote ist doch nicht am Leben.

Man kann die Bibel nicht ohne Empörung und nicht ohne Verlokkung lesen. Was macht sie nicht aus den Menschen, Schurken, Heuchler, Despoten, und was macht man nicht gegen sie! Sie ist das würdige Bild und Vorbild der Menschheit, ein großartiges Wesen, anschaulich und heimlich zugleich, sie ist der wahre Turm zu Babel, und Gott weiß es.

Die eigentliche Kunst also wäre es zu lieben, ohne den zugehörigen Haß zu speichern.

Man hat es sich im Humanismus zu leicht gemacht; man wußte noch fast nichts; die ernsthafte Bemühung galt im Grunde *einer* einzigen Tradition. Aber wenn nichts von dieser Bewegung übrig bleiben sollte als der Name, der sie bezeichnet, wäre sie heilig; und die

Wissenschaft, die sie heute viel weiter und wissender fortsetzt, ihre eigentliche Erbin, die Anthropologie, trägt einen zwar verwandten, aber um wieviel weniger zuversichtlichen Namen!

Es gibt Bücher, die man zwanzig Jahre bei sich hat, ohne sie zu lesen, die man immer in der Nähe hält, die man von Stadt zu Stadt und Land zu Land mitnimmt, sorgfältig verpackt, auch wenn sehr wenig Platz da ist, und vielleicht blättert man darin, wenn man sie aus dem Koffer hebt; doch hütet man sich sorgfältig, auch nur einen Satz vollständig zu lesen. Dann, nach zwanzig Jahren, kommt ein Augenblick, da man plötzlich, wie unter einem sehr hohen Zwang, nichts anderes tun kann, als gerade so ein Buch von Anfang zu Ende und in einem Zuge aufzunehmen: Es wirkt wie eine Offenbarung.Nun weiß man, warum man so viel Wesens damit gemacht hat. Es mußte lange bei einem liegen; es mußte reisen; es mußte Raum einnehmen; es mußte eine Last sein; und jetzt ist es ans Ziel seiner Reise gelangt, jetzt enthüllt es sich, jetzt erleuchtet es die zwanzig verflossenen Jahre, die es stumm mit einem gelebt hat. Es könnte nicht so viel sagen, wenn es nicht die ganze Zeit über stumm gewesen wäre, und welcher Idiot würde zu behaupten wagen, daß immer dasselbe drinstand.

Vielleicht verachte ich das *Tun* bloß darum so sehr, weil ich mir wünsche, daß jede kleinste Handlung ihre allgemeine Bedeutung hat, ihren Schatten auf eine ganz bestimmte Weise wirft, und Erde und Himmel zugleich bedeckt. Das wirkliche Tun des Menschen aber hat sich atomisiert, und sie müssen einander gewaltsam stoßen, damit sie merken, daß jeder von ihnen etwas tut. Welche Leere zwischen ihnen! Welche heftige Demütigung! Welch sinnloses Toben aller! Denn sie werden von außen geheizt und toben immer rascher. Ihr erstes Gebot ist: Tu, und es ist schon beinahe gleichgültig, was. Man könnte denken, es sei die rasend gewordene *Hand*, die sie von einer Tat zur anderen hetzt; und wirklich haben ihre Füße immer weniger zu bedeuten. Man könnte ihnen allen zugleich die Hände abhacken lassen; aber es ist zu befürchten, daß sie dann mit der Nase auf Knöpfe drücken würden, nicht weniger gefährliche Knöpfe. Sie tun, und was sie tun, ist nichtig; und weil es nichtig ist, ist es schlecht. Sie rechnen zwar mit einem kurzen

Leben, aber nicht einmal der Augenblick ist ihnen heilig. Für eine Tat geben sie jedes fremde Leben her, und oft das eigene. Sie sind die Papageien der Götter und beraten sich mit ihnen über Taten; irgendeine ist den Göttern immer genehm, am liebsten das Töten. Aus dem Ritual des Opferns sei eine ganze weise Literatur hervorgewachsen; und so wäre selbst die Weisheit eine Tochter der Tat. Es gibt viele von ihnen, die das glauben, und für noch mehr ist der Krieg an die Stelle des Opferns getreten: das Gemetzel ist kostbarer und dauert länger. Es ist durchaus möglich, daß das Tun vom Töten überhaupt nicht mehr zu trennen ist; und falls die Erde nicht in Herrlichkeit untergehen will, müßten sich die Menschen dann das Tun ganz abgewöhnen. O daß sie endlich mit gekreuzten Beinen vor ihren verfallenen Häusern säßen, geheimnisvoll genährt, vom Atmen und vom Träumen; und einen Finger nur rührten, um eine Fliege zu verscheuchen, deren Emsigkeit sie stört, weil sie an die alte, die überwundene, die beschämende Zeit erinnert, die Zeit der Atome und des Tuns.

Die Geschichte verachtet den, der sie liebt.

Es ist nicht auszudenken, wie gefährlich die Welt ohne Tiere sein wird.

Tausendjährige Reiche hat es gegeben: des Plato, des Aristoteles, des Konfuzius.

Welche Last kann der Geist wieder abschütteln, wieviel vergessen, daß er es nie wieder weiß, und kann er etwas vergessen, als hätte er es nie gewußt?

Den Historikern sind die Kriege wie heilig, diese brechen, heilsame oder unvermeidliche Gewitter, aus der Sphäre des Übernatürlichen in den selbstverständlichen und erklärten Lauf der Welt ein.

Ich hasse den Respekt der Historiker vor Irgendetwas, bloß weil es geschehen ist, ihre gefälschten, nachträglichen Maßstäbe, ihre

Ohnmacht, die vor jeder Form von Macht auf dem Bauche liegt. Diese Höflinge, diese Schmeichler, diese immer interessierten Juristen! Man möchte die Geschichte so zerschneiden, daß ihre Fetzen unauffindbar sind, selbst für einen ganzen Bienenstock von Historikern. Die geschriebene Geschichte, mit ihrer impertinenten Manier, alles zu verteidigen, macht die ohnehin verzweifelte Situation der Menschheit um alle verlogenen Überlieferungen verzweifelter. Jeder findet in diesem Arsenal seine Waffen, es ist offen und unerschöpflich. Mit rostigem alten Plunder, der drin friedlich beisammenlag, schlägt man draußen auf einander los. Dann geben die toten Parteien einander die Hand, zum Zeichen der Versöhnung, und gehen in die Geschichte ein. Das rostige Zeug, das die Ehre hatte, wird von den Historikern, diesen Samaritern, am Felde aufgelesen und ins Zeughaus zurückgetragen. Sie sind sorgfältig darauf bedacht, keinen Blutfleck wegzuwischen. Seit die Menschen, in deren Adern er floß, tot sind, ist jeder vertrocknete Blutstropfen heilig.

Jeder Historiker hat eine alte Waffe, an der er besonders hängt, und macht sie zum Zentrum seiner Geschichte. Da steht sie nun aufgerichtet, stolz, als wäre sie ein Symbol der Fruchtbarkeit, und in Wahrheit ein kalter, versteinerter Mörder.

Seit einiger Zeit, es ist noch gar nicht so lange her, haben es die Historiker hauptsächlich auf Papier abgesehen. Aus Bienen sind sie Termiten geworden und verdauen nur noch Zellulose. Sie sehen ab von allen Farben der Bienenzeit, blind, in verdeckten Kanälen, denn sie hassen das Licht, machen sie sich an ihr altes Papier heran. Sie lesen nicht, sie essen es, und was sie von sich geben, wird von anderen Termiten wieder gefressen. In ihrer Blindheit sind die Historiker natürlich zu Sehern geworden. Keine Vergangenheit kann abstoßend und verhaßt genug gewesen sein, daß sich nicht irgendein Historiker irgendeine Zukunft nach ihr vorstellen würde. Ihre Predigten, wie sie glauben, bestehen aus alten Tatsachen, ihre Prophezeiungen, lange bevor sie eintreffen können, sind schon bewährt. Außer Papier lieben sie auch Steine, die sie aber nicht genießen und nicht verdauen. Sie ordnen sie nur zu immer neuen Ruinen an und ergänzen was fehlt in hölzernen Worten.

Die Menschen danach beurteilen, ob sie die Geschichte akzeptieren oder sich ihrer schämen.

Man wird keine unbekannten Gegenstände mehr finden. Man wird sie machen müssen, wie trostlos!

So allein sein, daß man keinen mehr übersieht, keinen, nichts.

Das Studium der Macht, wenn man es genau meint, hat die größten Gefahren. Man nimmt falsche Ziele hin, weil sie inzwischen längst erreicht und überholt worden sind. Großmut und Würde bewegen einen dazu, dort zu verzeihen, wo man am wenigsten verzeihen dürfte. Die Mächtigen und die es werden wollen, in allen ihren Verkleidungen, bedienen sich der Welt, und Welt ist für sie, was sie vorfinden. Es bleibt ihnen keine Zeit, etwas ernsthaft in Frage zu stellen. Was einmal Massen erzeugt hat, muß ihnen zu ihren eigenen Massen verhelfen. So suchen sie die Geschichte ab nach jeder Weide, und wo immer es wieder fett werden könnte, da lassen sie sich eilig nieder. Alte Reiche oder Gott, Krieg oder Frieden, eins wie das andere bietet sich ihnen an, und sie wählen danach, was sie geschickter handhaben können. Es ist kein wirklicher Unterschied zwischen den Mächtigen; wenn Kriege eine Zeitlang gedauert haben und die Gegner sich um ihres Sieges willen einander angleichen müssen, wird das plötzlich klar. Es ist alles Erfolg, und überall ist Erfolg dasselbe. Geändert hat sich nur eines: die wachsende Zahl der Menschen hat zu wachsenden Massen geführt. Was sich irgendwo auf der Erde entlädt, entlädt sich überall; keine Vernichtung ist mehr abzugrenzen. Die Mächtigen aber mit ihren alten Zwecken leben noch in ihrer alten beschränkten Welt. Sie sind die eigentlichen Provinzialen und Dörfler dieser Zeit; es gibt nichts Weltfremderes als den Realismus von Kabinetten und Ministern, außer dem der Diktatoren, die sich für noch realistischer halten. Im Kampf gegen erstarrte Glaubensformen haben die Aufklärer eine Religion unangetastet gelassen, die von allen die widersinnigste ist: die Religion der Macht. Es gab zwei Arten, sich zu ihr zu stellen: die eine, auf lange Sicht die gefährlichere von beiden, zog es vor, von ihr nicht zu sprechen, sie still auf traditionelle Weise weiter zu üben, durch die unerschöpflichen und leider unsterblichen Vorbilder aus der Geschichte gestärkt. Die andere, viel aggressiver, verherrlichte sich erst, bevor sie in Aktion trat; sie deklarierte sich öffentlich als Religion, an Stelle der sterbenden Religionen der Liebe, die sie mit Kraft und Witz verhöhnte. Sie verkündete: Gott ist Macht, und wer immer kann, sein Prophet.

Die Macht steigt auch denen zu Kopf, die keine haben, doch verraucht sie hier rascher.

Ich kann nicht bescheiden werden; es brennt mich zu viel; die alten Lösungen zerfallen; zu den neuen ist noch nichts getan. So fange ich denn an, überall zugleich, als hätte ich hundert Jahre vor mir. Aber werden andere, wenn meine wenigen wirklichen Jahre um sind, mit diesen rohen Ahnungen etwas anfangen können? Ich kann mich nicht bescheiden: die Beschränkung auf etwas Einzelnes, als ob es alles wäre, ist zu verächtlich. Ich will alles in mir fühlen, bevor ich es denke. Ich brauche eine lange Geschichte, damit die Dinge in mir heimisch werden, bevor ich sie mit Gerechtigkeit anblicken darf. Sie sollen in mir heiraten und Kinder und Enkelkinder haben, und an diesen will ich sie prüfen. Hundert Jahre? Hundert lumpige Jahre! Ist das zu viel für eine ernste Absicht?

Die Früheren lachen mich aus. Ihnen genügt es, daß ihre Gedanken sich fest in den Schwanz beißen. Sie glauben, damit haben sie etwas wirklich begriffen, und es ist doch nur ihr einzelner eigener Gedanke, der sich schon wieder in den Schwanz beißt! Je öfter er es tut, um so richtiger, denken sie, ist er, und wenn er sich gar nährt von seinem eigenen Leib, dann schnappen sie über vor Entzücken. Ich aber lebe in der einzigen Angst, daß meine Gedanken zu früh stimmen, und auch darum lasse ich ihnen Zeit, ihre ganze Falschheit zu entlarven oder sich wenigstens zu häuten.

Man möchte jeden Menschen in seine Tiere auseinandernehmen und sich mit diesen dann gründlich und begütigend ins Einvernehmen setzen.

Man betrügt sich, wenn man irgendeine Hoffnung für die Zeit nach dem Kriege hat. Es gibt da private Hoffnungen, und sie sind legitim: man wird seinen Bruder wiedersehen, man wird ihn um Vergebung bitten, auch wenn man ihm nichts getan hat, bloß weil man ihm etwas getan haben könnte, und weil man nach solchen Trennungen fest entschlossen ist, so gefühlvoll wie möglich zu sein. Man wird, überm Grab einer Stadt, das Grab seiner Mutter besuchen und sie dafür segnen, daß sie vor diesem Kriege noch gestorben ist. So sehr wird man gegen seine eigenste Natur handeln. Man wird vertraute Städte suchen und manche vertraute Menschen darin noch am Leben finden, von den anderen werden die sonderbarsten Geschichten im Umlauf sein. In hundert verlockenden Erinnerungen wird man sich niederlassen können, es wird zwischen den Menschen, den einzelnen Menschen, sehr viel Liebe geben. Aber die eigentlichen, die reinen Hoffnungen, die man nicht für sich selber hat, deren Erfüllung einem gar nicht persönlich zugute kommen soll, diese Hoffnungen, die man für alle anderen bereit hält, für die Enkel, die gar nicht die eigenen Enkel sein werden, für die Ungeborenen, von bösen und guten Eltern, von Kriegern und sanften Aposteln, als wäre man aller Enkel geheimer Stammvater, diese Hoffnungen aus angeborener Güte der menschlichen Natur, denn auch die Güte ist angeboren, besonders nach solchen Kriegen, diese sonnengelben Hoffnungen soll man nähren, soll man hegen, bewundern, streicheln und schaukeln, obwohl sie umsonst sind, obwohl man sich mit ihnen betrügt, obwohl sie für keinen Augenblick in Erfüllung gehen werden, denn kein Betrug ist so heilig wie dieser und von keinem hängt es so sehr ab, daß wir nicht ganz ersticken.

Meine Abneigung gegen die Römer gilt, wie ich mit Staunen bemerke, ihrer Tracht. Ich stelle mir Römer immer vor, wie man sie auf Bildern schon als Knabe gesehen hat. Das Statuarische ihres Gewandes, überhaupt daß man sie sich nur stehend, liegend oder kämpfend denkt, ist ärgerlich. Marmor und Kränze auf feierlichen Gemälden haben das ihre dazu beigetragen. Diese Römer lieben die Dauer und sorgen für das Überleben ihres Namens in Stein, aber welch ein Leben ist es, das da dauern will! Unser munteres Treiben käme ihnen sklavenhaft vor, und sie würden sich sofort, wären sie plötzlich unter uns, für unsere natürlichen Herren halten.

Ihre Kleidung hat die Sicherheit von Befehlen. Sie drückt absolute Würde, aber keine Menschlichkeit aus. Sie hat viel vom Stein; und es gibt keine Tracht, die dem lebenden tierischen Fell entfernter ist; das eben scheint mir das Unmenschliche an ihr. Die toten Falten sind wie je eine pünktliche Zeremonie, und jede ist wie die andere, und jede wird mit Leichtigkeit an Ort und Stelle gebracht. Wie lacht mir das Herz, wenn ich eine Schar von Eskimos aus ihren Booten aufs Land kommen sehe! Wie liebe ich sie alle, auf den ersten Blick, und wie schäme ich mich, daß so viel mich von ihnen trennt und ich mich unter ihnen nie wirklich heimisch fühlen werde. Der Römer aber nähert sich einem kalt und fremd und will gleich etwas befehlen. Er hat unzählige Sklaven, die alles für ihn tun, aber nicht damit er etwas Besseres oder Schwierigeres tut, sondern damit er, wann immer es ihn gelüstet, befehlen kann. Und was er befiehlt! Nichts Lächerliches unter der Sonne ist je ausgeheckt worden, das nicht irgendein befehlshungriger Römer sich angeeignet und dadurch, daß er es ausführen ließ, noch lächerlicher gemacht hätte. Aber die Tracht! Die Tracht! Die Tracht ist mitschuldig. Der Purpurstreif, der den Rang anzeigt! Das Herabfallen des Gewands bis zu den Füßen, ohne sich durch besondere Verschlingungen für diese Schroffheit zu entschuldigen. Alles ist von Falten und Befehlen bedeckt, und alles wird so unberührbar. Dieser Raum, den sich ein Römer zum Straucheln nimmt! Diese sichere Erhabenheit! Diese Rechte, diese Macht! Wofür?

Die Geschichte der Römer ist der größte einzelne Grund zur Verewigung der Kriege. Ihre Kriege sind schlechthin zum Vorbild allen Erfolges geworden. Für die Kulturen sind sie das Beispiel der Reiche, für die Barbaren das Beispiel der Beute. Da aber in jedem von uns beides ist, Kultur und Barbarentum, wird die Erde am Erbe der Römer vielleicht zugrunde gehen.

Welch ein Unglück, daß die Stadt Rom weitergelebt hat, als ihr Reich zerbrochen war! Daß der Papst sie fortgesetzt hat! Daß eitle Kaiser ihre leeren Ruinen und darin den Namen Roms erbeuten konnten! Rom hat das Christentum besiegt, indem es zur Christenheit wurde. Jeder Abfall von Rom war nur ein neuer großer Krieg. Jede Bekehrung zu Rom, in den fernsten Enden der Welt, eine Fortsetzung der klassischen Plünderungen. Amerika entdeckt, um die Sklaverei zu beleben! Spanien als römische Provinz der neue Herr der Welt. Dann die Erneuerung der germanischen Beutezüge im zwanzigsten Jahrhundert. Nur der Maßstab ins Riesenhafte vergrößert, die ganze Erde statt des Mittelmeers, und hundertmal soviel Menschen von der Vernichtung getroffen, an ihr beteiligt. So waren zwanzig christliche Jahrhunderte notwendig, um der alten und nackten römischen Idee ein Gewand für ihre Scham und ein Gewissen für schwache Momente zu geben. Nun steht sie vollkommen und mit allen Kräften der Seele gerüstet da. Wer wird sie zerstören? Ist sie unzerstörbar? Hat die Menschheit, mit tausend Mühen, sich genau ihren Untergang erobert?

Man ist seinen Vorfahren dankbar, weil man sie nicht kennt.

Bei jedem Gedanken kommt es darauf an, was er unausgesprochen läßt, wie sehr er dieses Unausgesprochene liebt, und wie nahe er ihm kommt, ohne es anzutasten.

Manches wird auch gesagt, damit es nie wieder gesagt werden kann. Von dieser Art sind die *kühnen* Gedanken; in der Wiederholung ist ihre Kühnheit tot. Es soll der Blitz nicht zweimal am selben Ort einschlagen. Seine Spannung ist sein Segen, doch sein Licht nur flüchtig. Wo ein Feuer entsteht, ist es nicht mehr der Blitz.

Gedanken, die sich zu einem System zusammenfügen, sind pietätlos. Sie schließen das Unausgesprochene allmählich aus und lassen es dann hinter sich, bis es verdurstet.

Man wünscht sich, daß von allen Leuten am wenigsten Italiener sich mit dem alten Rom beschäftigen. *Sie* haben es überstanden.

Der Wind, das einzige *Freie* in der Zivilisation.

Seit sie mehr wissen müssen, sind die Dichter böse geworden.

Erst im Exil kommt man darauf, zu einem wie wichtigen Teil die Welt schon immer eine Welt von Verbannten war.

Welche Listen, welche Ausflüchte, welche Vorwände und Betrügereien würde man nicht anwenden, bloß damit ein Toter wieder da wäre.

Der Engländer will zu *einem* Urteil kommen, wie es durch die Umstände gefordert ist, und will nicht abstrakte Urteile aneinanderreihen. Das Denken für ihn ist unmittelbare Ausübung der Macht. Denken um seiner selbst willen ist ihm verdächtig und zuwider; immer ist ihm der Denkende ein Fremder, und in der eigenen Sprache erst recht. Er sucht sich gern einen kleinen Bezirk aus, wo seine eigenen Kenntnisse überlegen sind, und hier muß er sich wirklich niemand unterwerfen. Einer, der es auf viele solche Bezirke abgesehen hat, mißfällt dem Engländer; er wittert in ihm einen landhungrigen Eroberer, und er hat nicht unrecht. Rätselhaft sind ihm Menschen, die nichts mit ihrem Wissen bezwecken. Solche Leute, wenn sie hier nicht lächerlich werden wollen, halten ihr Licht besser verborgen.

Die Essenz des englischen Lebens sind verteilte Autorität und unentrinnbare Wiederholung. Eben weil die Autorität so wichtig ist, muß sie ihre Allgegenwart verkleiden und sich in bescheidene Sätze stecken. Den leisesten Übergriff wittern die anderen sofort, um ihrer eigenen Autorität willen, und weisen ihn sachlich und entschieden, aber höflich zurück. Die Grenzen, als Ausdruck des Erlaubten, sind in keinem Lande so sicher, und was ist eine Insel anderes als ein deutlicher abgegrenztes Land? – Die Wiederholung aber gibt dem Leben hier seine endlose Sicherung; die Jahre haben sich verzweigt bis in die kleinsten Einzelheiten des Daseins, und nicht nur in der Zeit wird alles immer wieder sein, wie es schon tausendmal war.

Die Traurigkeit gibt ihm keine warmen Worte mehr ein; sie ist kalt und hart wie der Krieg geworden. Wer kann noch klagen? In Tanks und Bombern sitzen ausgerechnete Geschöpfe, die mit Fingern auf Knöpfe drücken, und genau wissen warum. Sie machen alles richtig. Jeder von ihnen weiß mehr als der ganze römische Senat. Jeder von ihnen weiß nichts. Manche von ihnen überstehen es, und werden in einer unausdenkbar fernen Zeit, die Frieden heißt, zu anderen Berufen umgerechnet werden.

Beklemmendes Gefühl der Fremdheit beim Lesen des *Aristoteles*. Während des ersten Buches der Politik, in dem er die Sklaverei auf alle Weise verteidigt, ist einem zumute, als lese man im »Hexenhammer«. Andere Luft, anderes Klima, und eine ganz andere Ordnung. Die Abhängigkeit der Wissenschaft von den Ordnungen des Aristoteles, bis auf unsere Tage, wird einem zum Alpdruck, wenn man den »veralteten« Teil seiner Meinungen kennenlernt, die jene anderen, heute noch gültigen, tragen. Es könnte sehr wohl sein, daß derselbe Aristoteles, dessen Autorität an der Stagnation des mittelalterlichen Naturwissens Schuld hatte, sobald seine Autorität einmal gebrochen war, auf eine neue Weise unheilvoll weiterwirkte. Das Nebeneinander des modernen Wissenschaftsbetriebs, das kalt Technische daran, die Spezialisiertheit der Wissenszweige, hat auffallend viel Aristotelisches an sich. Die besondere Art seines Ehrgeizes hat die Anlage unserer Universitäten bestimmt; dem einen Aristoteles entspricht eine ganze moderne Universität. Das Forschen als Selbstzweck, wie er es betreibt, ist nicht wirklich objektiv. Es bedeutet dem Forscher nur, sich von allem, was er unternimmt, ja nicht hinreißen zu lassen. Es schließt Begeisterung und Verwandlung des Menschen aus. Es will, daß der Körper nicht merkt, was die Fingerspitzen treiben. Alles, was man ist, ist man abgesehen davon, wie man Wissenschaft betreibt. Legitim ist eigentlich nur die Neugier, und eine sonderbare Art von Geräumigkeit, die für alles Platz schafft, was die Neugier einheimst. Das ingeniöse System von Schachteln, das man in sich angelegt hat, wird mit allem angefüllt, worauf die Neugier zeigt. Es genügt, daß etwas gefunden wird, damit es da hinein kommt, und es hat sich in seiner Schachtel tot und still zu verhalten. Aristoteles ist ein Allesfresser, er beweist dem Menschen, daß nichts ungenießbar ist, sobald man es nur einzuordnen versteht. Die Dinge, die in seinen Sammlungen vorliegen, ob sie nun leben oder nicht, sind durchwegs Objekte und zu etwas nütz, wäre es auch, daß sich an ihnen zeigen läßt, wie schädlich sie sind.

Sein Denken ist in allererster Linie ein Abteilen. Er hat ein entwickeltes Gefühl für Stände, Plätze und Verwandtschaftsbezeichnungen, und etwas wie ein System der Stände trägt er in alles hinein, was er untersucht. Bei seinen Abteilungen ist es ihm um Gleichmäßigkeit und Sauberkeit zu tun und nicht so sehr darum, daß sie stimmen. Er ist ein traumloser Denker (ganz im Gegensatz zu Plato); seine Verachtung für Mythen trägt er offen zur Schau;

selbst Dichter sind ihm etwas Nützliches, anders schätzt er sie nicht. Heute noch gibt es Menschen, die sich einem Gegenstand nicht nähern können, ohne seine Abteilungen daran zu applizieren; und manch einer denkt, daß in den Schachteln und Schubladen des Aristoteles die Dinge ein klareres Aussehen haben, da sie in Wirklichkeit darin nur toter sind.

Ein Volk ist erst wirklich verschwunden, wenn auch seine Feinde einen anderen Namen tragen.

Leben wenigstens so lange, daß man alle Sitten und Geschehnisse der Menschen kennt; das ganze vergangene Leben aufholen, da das weitere versagt ist; sich zusammenfassen, bevor man sich auflöst; seine Geburt verdienen; die Opfer bedenken, die jeder Atemzug andere kostet; das Leid nicht verherrlichen, obwohl man davon lebt; für sich nur behalten, was sich nicht weitergeben läßt, bis es für die anderen reif wird und sich weitergibt; jedermanns Tod wie den eigenen hassen, mit allem einmal Frieden schließen, nie mit dem Tod.

Die Forderung, daß jeder für sich allein die Artikel seines Denkens und Glaubens sich zusammenfinden müsse, hat etwas Irrsinniges, so als müßte jeder allein die Stadt erbauen, in der er lebt.

Und welches ist die Erbsünde der Tiere? Warum erleiden die Tiere den Tod?

Man liebt ein Land, sobald man viele lächerliche Menschen darin gut kennt.

Im Krieg führen sich die Menschen so auf, als hätte jeder einzelne den Tod seiner sämtlichen Ahnen zu rächen, und als wäre von diesen keiner eines natürlichen Todes gestorben.

Der Blinde bittet Gott um Verzeihung.

Geheimnisvolles System der Vorurteile. Von ihrer Konsistenz, ihrer Zahl, ihrer Ordnung, hängt es ab, wie rasch ein Mensch alt wird. Man hat überall dort ein Vorurteil, wo man eine Verwandlung fürchtet. Man entgeht ihr aber nicht: sie wird mit großer Kraft nachgeholt, und erst dann ist man wieder frei. Es ist nicht so, daß man fällige Verwandlungen für immer aufschieben kann. Sie schleudern einen in die entgegengesetzte Richtung, aber der Mensch hat eine elastische Seele, und einmal, mit Sicherheit und Wucht, fällt er genau auf sie zurück. Viele Verwandlungen sind bloß durch die Bannflüche der Eltern bezeichnet; diese sind die gefährlichsten. Andere tragen den Haß der ganzen Menschheit; in diese geraten nur wenige und auserlesene Geister.

Wer sich viel verwandelt, braucht viel Vorurteile. An einem sehr lebendigen Menschen sollen sie nicht stören; man messe ihn an seinen Schwingungen und nicht an dem, was ihn hält.

Die Verwandlungslehre verspricht ein Allheilmittel zu werden, bevor sie noch ganz durchdacht ist. Sie ist etwas wie eine Seelenwanderungslehre oder ein Darwinismus, aber ohne im engeren Sinn religiöse oder streng naturwissenschaftliche Wendung, auf Psychologie und Soziologie bezogen, so daß beide überhaupt eines werden, und dramatisch gesteigert, indem alles nebeneinander und zugleich möglich wird, was sich dort auf Generationen des Lebens oder gar auf geologische Perioden verteilt.

Man kann zu Engländern nur über das sprechen, was man wirklich gesehen hat. Es kommt auf die Gegenwart an; alles spielt sich ab wie vor Gericht. Man gibt ein Urteil ab, nicht ohne den Angeklagten gesehen zu haben, eine Stadt, eine ganze Landschaft. Man wird zur Zeugenaussage aufgerufen und hat sich streng an die Wahrheit zu halten, an das, was man vor Gericht darunter versteht. Es wird nicht plädiert. Das Beeinflussen überläßt man den eigens dazu bestellten Professionellen. Richter will man selber sein, oder zumindest Zeuge; wenn nicht am Urteil, hat man direkten Teil am Ereignis selbst. – Über Wünsche verbreitet man sich nicht zu Fremden, als bloße Träumereien sind sie verächtlich. Als Entschlüsse hat man sie durchgeführt, nur Ziele zählen. Ein Wunsch, der nicht zu einer Handlung führt, geht niemand etwas an, man behält ihn für sich. Handlungen aber sind öffentlich; da sie vor jedermanns Augen zutage liegen, tut es ihnen nur Abbruch, wenn man selber davon spricht. Über sie haben die anderen zu urteilen, man beeinflußt das Urteil nicht. Der Engländer hält viel Gericht, aber er stellt sich auch dem Gericht. Er hat nicht das Gefühl, daß eine geheimnisvolle und despotische Macht ihn plötzlich überwältigt, auf alle Fälle, gleichgültig wie seine Sache steht; selbst Gott ist ihm gerecht.

Zwischen Erleben und Urteilen ist ein Unterschied wie zwischen Atmen und Beißen.

Es ist nicht gut, daß die Tiere so billig sind.

Die Menschen können nur *einander* erlösen. Darum verkleidet sich Gott als Mensch.

Ein genaueres Studium der Märchen würde uns darüber belehren, was wir in der Welt noch zu erwarten haben.

Die aus der Geschichte nicht mehr herausfinden, sind verloren, und alle ihre Völker dazu.

Was ist der Mensch ohne Verehrung, und was hat die Verehrung aus dem Menschen gemacht!

Der Krieg scheidet die Menschen in zwei Parteien: unbedingt kriegerische, unbedingt friedliche. Die einen setzen den Krieg in Racheplänen fort, die anderen feiern lange, bevor sie ihn gewonnen haben, Versöhnung.

Mein ganzes Leben ist nichts als ein verzweifelter Versuch, die Arbeitsteilung aufzuheben und alles selbst zu bedenken, damit es sich in einem Kopf zusammenfindet und darüber wieder Eines wird. Nicht alles wissen will ich, sondern das Zersplitterte vereinigen. Es ist beinahe sicher, daß ein solches Unternehmen nicht gelingen kann. Aber die sehr geringe Aussicht, daß es gelingen könnte, ist an sich schon jede Mühe wert.

Es ist schön, an die Götter als die Vorläufer unserer eigenen menschlichen Unsterblichkeit zu denken. Es ist weniger schön, dem Eingott zuzusehen, wie er alles an sich bringt.

Mit zunehmender Erkenntnis werden die Tiere den Menschen immer näher sein. Wenn sie dann wieder so nahe sind wie in den ältesten Mythen, wird es kaum mehr Tiere geben.

Die Flüche studieren, alle ältesten, alle abgelegensten Flüche, damit man weiß, was noch kommt.

Singen? Wovon? Von alten, mächtigen Dingen, die tot sind. Es wird der Krieg auch sterben.

In der Trunkenheit sind die Völker, als wären sie ein und dasselbe Volk.

Die großen Aphoristiker lesen sich so, als ob sie alle einander gut gekannt hätten.

Wenn ich trotz allem am Leben bleiben sollte, so verdanke ich es *Goethe*, wie man es nur einem Gott verdankt. Es ist nicht ein Werk, es ist die Stimmung und Sorgfalt eines erfüllten Daseins, das mich plötzlich überwältigt hat. Ich kann ihn aufschlagen, wo ich will, ich kann Gedichte hier und Briefe oder ein paar Seiten Bericht dort lesen, nach wenigen Sätzen erfaßt es mich und ich bin so voll Hoffnung, wie sie keine Religion mir geben kann. Ich weiß sehr wohl, was am meisten auf mich wirkt. Es war mein Aberglaube alle Jahre, daß die Spannung eines weiten und reichangelegten Geistes sich in jedem seiner Augenblicke ausdrücken müsse. Nichts dürfe matt und gleichgültig, ja nicht einmal beruhigend dürfte etwas sein. Ich verachtete Erlösung und Freude. Die Revolution war mir eine Art von Vorbild, und etwas wie eine unaufhörliche, nimmersatte, von jähen und unberechenbaren Augenblicken erhellte Revolution war das Leben des einzelnen selbst. Ich schämte mich etwas zu haben, sogar für den Besitz von Büchern erfand ich kunstvolle Entschuldigungen und Ausflüchte. Ich schämte mich des Sessels, auf dem ich bei der Arbeit saß, wenn er nicht hart genug war, und unter keinen Umständen durfte er mir gehören. Dieses chaotische, feurige Dasein sah aber nur in der Theorie so aus. In Wirklichkeit gab es immer mehr Wissens- und Denkgebiete, die mein Interesse erregten, ohne daß ich sie sofort verschlang, die sich leise anlegten und jährlich zunahmen, wie bei vernünftigen Leuten auch, die ich nicht als fremd hinauswarf, wenn sie nicht gleich zu lärmen begannen, die Früchte erst für viel später versprachen, aber sie dann auch wirklich manchmal trugen. So wuchs, beinahe unmerklich, etwas wie ein Geist; aber er stand unter der Herrschaft eines launischen Despoten, der Unruhe und Heftigkeit über alles setzte, die Außenpolitik so falsch, faul und sprunghaft führte, daß alles immer schief ging und im übrigen für eine Schmeichelei von jedem Wurm empfänglich war.

Ich glaube, daß Goethe daran ist, mich von dieser Despotie zu befreien. Bevor ich ihn wieder las, habe ich mich, um nur das eine anzuführen, meines Interesses für Tiere und der Kenntnisse, die ich mir über sie allmählich erwarb, immer ein wenig geschämt. Ich wagte es niemandem zu gestehen, daß jetzt, mitten in diesem Krieg, Knospen mich so fesseln und erregen können wie ein Mensch. Ich las Mythen lieber als jedes komplizierte psychologische Gebilde der Moderne; und um den Hunger nach Mythen vor mir zu rechtfertigen, machte ich eine wissenschaftliche Angelegenheit daraus und achtete genau auf die Völker, denen sie entstammten, und brachte sie mit dem Leben dieser Völker in Verbindung. Aber es ging mir um nichts anderes als um die Mythen selbst. Seit ich Goethe lese, erscheint mir alles, was ich unternehme, legitim und natürlich; nicht, daß es *seine* Unternehmungen sind, es sind andere, und es ist sehr fraglich, ob sie zu irgendwelchen Ergebnissen führen können. Aber er gibt mir mein Recht: Tu, was du mußt, sagt er, auch wenn es nichts Tobendes ist, atme, betrachte, überdenke!

Man braucht einfache, nüchterne Nachrichten aus dem Leben gleichgearteter Menschen, wenn es auch nur ist, um der Enttäuschung über eigenes Versagen die tödliche Spitze zu nehmen.

O Tiere, geliebte, grausame, sterbende Tiere; zappelnd, geschluckt, verdaut und angeeignet; raubend und blutig verfault; geflohen, vereinigt, einsam, gesehen, gehetzt, zerbrochen; unerschaffen, von Gott geraubt, in ein täuschendes Leben ausgesetzt wie Findelkinder!

Der Fluch des Sterben-*Müssens* soll zu einem Segen gewandelt werden: daß man noch sterben *kann*, wenn es unerträglich ist zu leben.

Man soll sich von Melancholikern nicht in Schrecken versetzen lassen. Es ist eine Art von überkommenen Verdauungssorgen, woran sie leiden. Sie klagen, als ob sie gefressen wären und in einem fremden Magen lägen. Jonas wäre besser Jeremias. So spricht eigentlich aus ihnen, was sie selber im Magen haben; die Stimme der gemeuchelten Beute malt verlockend den Tod. »Komm zu mir«, sagt sie, »wo ich bin, ist Verwesung. Siehst du nicht, wie ich die Verwesung liebe.« Aber selbst die Verwesung stirbt, und der Melancholiker, plötzlich genesen, geht leicht und jäh auf die Jagd.

Von allen Worten aller Sprachen, die mir bekannt sind, hat die größte Konzentration das englische »I«.

Ob du die Verwandlungen der anderen nicht überschätzt? Es gibt so viele, die immer die gleiche Maske haben, und wenn man sie herunterreißen will, merkt man, es ist ihr *Gesicht.*

Die meisten Philosophen haben eine zu geringe Vorstellung von der Variabilität menschlicher Sitten und Möglichkeiten.

Das Schwerste wird es sein, sich selbst nicht zu hassen, dem Haß nicht zu erliegen, obwohl alles davon voll ist; sich ohne Grund nicht zu hassen, gerecht zu sein gegen sich, wie gegen die anderen.

Da lebst du als Bettler von den Brocken der Griechen. Was sagt dazu dein Stolz? Wenn du bei ihnen findest, was du selber gedacht hast, so vergiß nie, daß es auf diese oder jene Weise seinen Weg zu dir gefunden hat. Du hast es doch von ihnen. Dein Geist ist ihr Spielzeug. Du bist ein Rohr in ihrem Wind. Du kannst lange die Stürme der Barbaren heraufbeschwören: denken mußt du doch im klaren, kräftigenden, im gesunden Wind der Griechen.

Seit vielen Jahren hat mich nichts so sehr bewegt und erfüllt wie der Gedanke des Todes. Das ganz konkrete und ernsthafte, das eingestandene Ziel meines Lebens ist die Erlangung der Unsterblichkeit für die Menschen. Es gab Zeiten, da ich dieses Ziel der zentralen Figur eines Romanes leihen wollte, die ich bei mir den »Todfeind« nannte. Während dieses Krieges wurde es mir klar, daß man Überzeugungen von solcher Wichtigkeit, eigentlich eine Religion, unmittelbar und ohne Verkleidung aussprechen müsse. So verzeichne ich jetzt alles, was mit dem Tod zusammenhängt, so wie ich es den anderen selber mitteilen will, und den »Todfeind« habe ich ganz in den Hintergrund gedrängt. Ich will nicht sagen, daß es bei dieser Wendung bleiben wird; er mag in kommenden Jahren auferstehen, anders als ich ihn mir früher vorgestellt habe. In dem Roman sollte er an seinem unmäßigen Unternehmen scheitern; ein ehrender Tod war ihm zugedacht; er sollte von einem

Meteor erschlagen werden. Vielleicht stört es mich heute am meisten, daß er scheitern sollte. Er darf nicht scheitern. Ich kann ihn aber auch nicht siegen lassen, während die Menschen zu Millionen weiter sterben. In beiden Fällen wird zu bloßer Ironie, was bitter ernst gemeint ist. Ich muß mich schon selber lächerlich machen. Mit dem feigen Vorschieben einer Figur ist nichts getan. Auf diesem Feld der Ehre darf ich fallen, und wenn sie mich wie einen namenlosen Köter verscharren, wie einen Rasenden verschreien, wie eine bittere, eine hartnäckige, eine unheilbare Qual meiden.

Wie vielen wird es noch der Mühe wert sein zu leben, sobald man nicht mehr stirbt.

Ich kann keine Landkarte mehr sehen. Die Namen der Städte stinken nach verbranntem Fleisch.

Sechs Leute in Uniform um einen Tisch, keine Götter, bestimmen, welche Städte in einer Stunde verschwinden.

Von jeder Bombe springt ein Stück in die Schöpfungswoche zurück.

Die Bibel ist dem Unglück des Menschen angemessen.

Man ist nie traurig genug, um die Welt besser zu machen. Man hat zu bald wieder Hunger.

Es ist unheimlich, wie die russische Revolution in den Krieg zurückmündet, aus dem sie kam.

Es wird mir immer klarer, daß in *Francis Bacon* eine jener seltenen und zentralen Figuren vorliegt, von denen sich alles lernen läßt, was man überhaupt von Menschen lernen will. Nicht nur weiß er, was man zu seiner Zeit wissen konnte; er äußert sich fortlaufend darüber; und er verfolgt mit seinen Äußerungen deutlich erkennbare Ziele. Es gibt zweierlei große Geister: offene und geschlossene. Er gehört zu den letzteren: er liebt die Zwecke; seine Absichten sind begrenzt; immer will er etwas; und er weiß, was er will. Trieb und Bewußtsein kommen in solchen Menschen zu völliger Deckung. Was man sein Rätsel genannt hat, ist, daß er so rätsellos ist. Er hat sehr viel mit Aristoteles gemein, an dem er sich immer mißt; er will die Herrschaft des Aristoteles ablösen. Essex ist sein Alexander. Durch ihn will er die Welt erobern; viele seiner besten Jahre wendet er an diesen Plan. Sobald er sieht, daß es mißlingen muß, läßt er ihn kalt fallen. Macht in jeder Form ist es, was Bacon interessiert. Er ist ein systematischer Liebhaber der Macht; keinen ihrer Schlupfwinkel läßt er undurchsucht. Kronen allein genügen ihm nicht, so herrlich sie ihm glänzen.Er weiß, wie geheim es sich regieren läßt. Eine besondere Faszination für ihn hat das Fortregieren des Menschen nach seinem Tod, als Gesetzgeber und Philosoph. Eingriffe von außen, Wunder, verachtet er, es sei denn als bewußte Mittel, Gläubige zu regieren. Um die überlieferten Wunder zu entkräften, muß er trachten, sie selber zu *machen*; seine Philosophie des Experiments ist eine Methode, den Wundern an den Leib zu rücken und sie zu *rauben*.

Die Flüchtigkeit der wissenschaftlichen Theorien macht sie verächtlich, aber wie flüchtig sind die großen Weltreligionen, gemessen an dem, was voranging?

Was *kann* man denn erzählen, ohne große Schamlosigkeit?

Es ist erheiternd zu sehen, wie jeder sich seine Tradition zurechtmacht. Man braucht zum Neuen, das überall an einem zerrt, viele alte Gegengewichte. Man geht auf die vergangenen Leute und Zeiten los, als könne man sie bei den Hörnern packen, und rennt dann, wenn sie in freudige Wut geraten, ängstlich davon. Indien, sagt man ernsthaft und wissend, sobald man einmal vor Buddha Reißaus genommen hat. Ägypten, sagt man, nachdem man ›Von

Isis und Osiris‹ des Plutarch mitten im dritten Kapitel zugeschlagen hat. Es ist ja schön, daß man es nun sicher weiß, unter diesen Namen haben Menschen leibhaftig gelebt, und man nennt sie kaum, so rennen sie schon wütend auf einen zu. Wie sie wieder leben möchten! Wie sie betteln und blicken und drohen! Wie sie glauben, man meint sie, weil man ihre Namen ruft; wie sie vergessen, was sie selber mit Älteren getrieben haben! Sind Thales und Solon nicht nach Ägypten gereist? War der weise chinesische Pilger nicht am Hofe Harshas in Indien? Hat Cortez Montezuma nicht um Reich und Leben geprellt? Man fand das Kreuz vor, aber man brachte es selber hin. Sie sollen atmen, die Alten, damit man sie runder sieht, aber sie sollen doch drüben bei den Schatten bleiben. Sie sollen unseres Winkes gewärtig dösen, dann aber im Augenblick zur Stelle sein. Sie sollen nichts von sich halten, sie haben ja gar kein Blut. Sie sollen flattern, nicht stampfen; Hörner jenseits bei den Schatten lassen; keine wirkungsvollen Zähne zeigen, sich fürchten und ein Gesuch um Nachsicht dichten. Denn es ist kein leerer Platz für sie, ihre Luft ist längst verbraucht. Wie Diebe dürfen sie sich in Träume schleichen und lassen sich dort ertappen.

Es ist eine alte Sicherheit in der Sprache, die sich Namen zu geben getraut. Der Dichter im Exil, und ganz besonders der Dramatiker, ist nach mehr als einer Richtung hin ernsthaft geschwächt. Aus seiner sprachlichen Luft entfernt, entbehrt er die vertraute Nahrung der Namen. Er mochte früher die Namen, die er täglich hörte, gar nicht beachten; doch sie beachteten ihn und riefen ihn rund und sicher. Wenn er seine Figuren entwarf, schöpfte er aus der Gewißheit eines ungeheuren Sturmes von Namen, und obwohl er dann einen verwenden mochte, der in der Klarheit der Erinnerung nichts mehr bedeutete, irgend einmal war jener doch da gewesen und hatte sich rufen gehört. Nun ist dem Ausgewanderten das Gedächtnis seiner Namen ja nicht verlorengegangen, aber es ist kein lebender Wind mehr, der sie zu ihm trägt, er hütet sie als toten Schatz, und je länger er seinem alten Klima fernbleiben muß, um so geiziger werden die Finger, durch die alte Namen gleiten.

So bleibt dem Dichter im Exil, wenn er sich nicht ganz ergibt, nur eines übrig: die neue Luft zu atmen, bis auch sie ihm ruft. Sie will es lange nicht, sie setzt an und verstummt. Er spürt es und ist verletzt; es mag sein, daß er die Ohren verschließt, und dann kann kein Name mehr an ihn heran. Die Fremde wächst, und wenn er erwacht, ist es der alte vertrocknete Haufen, der neben ihm liegt, und er stillt seinen Hunger mit Korn, das aus seiner Jugend stammt.

Das Glück ist: friedlich seine Einheit zu verlieren, und jede Regung kommt und schweigt und geht, und jeder Teil des Körpers horcht für sich.

Zur Verwandlung. Als ich heute essen ging, kam zu meiner Rechten ein Wagen herangefahren, wie sie von Geschäften zum Austragen von Paketen verwendet werden. Am Steuerrad saß eine Frau, von der nicht viel mehr als der Kopf zu sehen war. In einem solchen Wagen wird mir gewöhnlich das Petroleum zum Heizen meines Ofens gebracht; ein sehr häßliches Mädchen mit zerfleischtem Gesicht lenkt den Wagen und füllt dann das Petroleum in meine Kanne ein. Das Schicksal dieses Mädchens hat mich schon immer interessiert, ich weiß aber kaum etwas über sie. Ich fragte mich, ob sie es sei, die jetzt im Wagen vorbeifahre, und sah so scharf hin, als es mir möglich war. Ich konnte es nicht entscheiden, spürte aber, daß ihr Blick sehr bestimmt auf mir ruhte. Vielleicht ein oder zwei Sekunden noch, nachdem sie vorüber war, fragte ich mich, ob es nicht doch sie sei. Dann sah ich nach links und hatte plötzlich das Gefühl, daß ich sehr rasch an den Häusern vorüberfahre. Sie glitten genau so neben mir her, als ob ich selber in einem Wagen säße. Dieses Gefühl war so stark und unabwendbar, daß ich darüber nachzudenken begann. Ich kann nicht daran zweifeln, daß hier ein konkreter und einfacher Fall von dem vorliegt, was ich Verwandlung nenne. Durch meinen Blick hin und ihren Blick zurück hatte ich mich in das Mädchen verwandelt, das am Steuerrad saß; und fuhr nun in ihrem Wagen auf meinem Wege weiter.

Den Tod so darstellen, als ob es ihn nicht gäbe. Eine Gemeinde, in der alles so läuft, daß niemand vom Tod Kenntnis nimmt. In der Sprache dieser Leute gibt es kein Wort für Tod; es gibt aber auch keine bewußte Umschreibung. Selbst wenn einer von ihnen vorhätte, die Gesetze und besonders dieses erste ungeschriebene und unausgesprochene Gebot zu brechen, und vom Tod zu sprechen, er könnte es nicht, denn er fände kein Wort dafür, das die anderen verstünden. Es wird niemand begraben und niemand verbrannt. Es hat noch niemand eine Leiche gesehen. Die Menschen verschwinden, niemand weiß wohin; ein Gefühl der Scham treibt sie plötzlich weg; da es als sündhaft gilt, allein zu sein, erwähnt man keinen, der abwesend ist. Oft kommen sie zurück, man freut sich, wenn jemand wieder da ist. Jene Zeit der Entfernung und Einsamkeit wird als ein böser Traum betrachtet, über den zu berichten man nicht schuldig ist. Von solchen Reisen bringen Schwangere Kinder zurück, sie entbinden allein, zu Hause könnten sie während der Entbindung sterben. Selbst ganz kleine Kinder wandern plötzlich auf und davon.

Es wird sich noch einmal herausstellen, daß die Menschen mit jedem Tod schlechter werden.

Wird dann, bei sehr verlängertem Leben, der Tod als Ausweg verschwinden?

Diese zuckende Zärtlichkeit für Menschen, wenn man weiß, daß sie bald sterben könnten; diese Verachtung für alles, was man früher als wert oder unwert an ihnen empfand, diese verantwortungslose Liebe für ihr Leben, für ihren Leib, ihr Auge, ihr Atmen! Und wenn sie gar genesen, wie liebt man sie noch mehr, wie fleht man sie an, nie wieder zu sterben!

Manchmal glaube ich, sobald ich den Tod anerkenne, wird sich die Welt in Nichts auflösen.

Selbst die rationalen Folgen einer Welt ohne Tod sind nie zu Ende gedacht worden.

Es ist nicht abzusehen, was die Menschen zu glauben imstande sein werden, sobald sie einmal den Tod aus der Welt geschafft haben.

Alle Sterbenden sind Märtyrer einer künftigen Weltreligion.

Die Schwierigkeiten bei Aufzeichnungen – wenn sie gewissenhaft und genau sein sollen – bestehen darin, daß sie persönlich sind. Gerade vom Persönlichen will man weg; man scheut sich davor, es festzulegen, als könnte es sich dann nicht mehr verwandeln. In Wirklichkeit verwandelt sich alles auf viele Weisen weiter, wenn man es nur, einmal aufgezeichnet, in Frieden läßt. Es ist das Wiederlesen, das die Straßen des Geistes zieht. Man bleibt frei, wenn man die Kraft hat, sich selten wiederzulesen. Die Scheu vor der persönlichen Aufzeichnung aber läßt sich überwinden. Es genügt, von sich in der dritten Person zu reden; »er« ist weniger lästig und gefräßig als »ich«; und sobald man den Mut hat, »ihn« unter andere dritte Personen einzureihen, ist »er« jeder Verwechslung ausgesetzt und nur noch vom Schreiber selber zu erkennen. Man riskiert damit, daß solche Aufzeichnungen später Leuten in die Hände geraten, die unter den verschiedenen dritten Personen nicht unterscheiden können und daß so durch falsche Deutungen manches unverdiente böse Licht auf einen selber fällt. Wem es um die Wahrheit und Unmittelbarkeit seiner Niederschrift zu tun ist, wer den Gedanken oder die Beobachtung als solche liebt, wird diese Gefahr auf sich nehmen und die erste Person für feierliche Gelegenheiten sparen, in denen der Mensch nichts anderes sein kann als »ich«.

Es ist sonderbar, für das, was heute geschieht, ist nur die Bibel stark genug, und es ist ihre Furchtbarkeit, die tröstet.

In der Emigration ernennen sich die Menschen selbst zu allem, was sie im Laufe der Zeit zu Hause geworden wären.

Der Prophet ist offenbar ein Mensch, der seine Unzufriedenheit mit allem, was um ihn her geschieht, nicht zersplittern läßt. Seine Unzufriedenheit hält ihn gesammelt und gibt ihm seine wilde Richtung. Das Leben kommt für ihn immer später; es kann nie gerade da sein. Er sagt die Dinge voraus, um sie zu entwerten. Was eintrifft, ist schon darum verächtlich, weil es wirklich geschieht. Man muß sich den wahren Propheten immer in Feindschaft zu seinen Voraussagungen denken. Mit dem Furchtbaren, das noch kommen soll, drückt er aus, wie sehr ihn das quält, was schon da ist. Seine Übertreibungen sind die Zukunft. Den Druck, unter dem er lebt, kann er nur ertragen, weil er sich Herrlichkeiten ausmalt, die das Böse ablösen werden. Aber immer kommen die Herrlichkeiten erst viel später. Es ist auch etwas Mißgünstiges in ihm. Er gönnt niemand, auch sich selbst nicht, die Herrlichkeit *jetzt*. Jetzt ist alles schlecht, weil jedermann schlecht ist. Dann wird eitel Glück und Glorie sein, in einer Ferne, die durch Mißgunst sehr weit weggerückt ist. Dazwischen aber stehen ungeheure und verdiente Düsternisse. Es ist die Niedrigkeit der Menschen, die den Propheten auf seine kleinlichen und konkreten Voraussagen festlegt. *Er* will ihnen beweisen, wie schlecht sie sind. *Sie* wollen sich's nach seinen Voraussagungen in ihrer Schlechtigkeit besser einrichten.

Es gibt keine gewaltigen Worte mehr. Man sagt manchmal »Gott«, bloß um ein Wort auszusprechen, das einmal gewaltig war.

Die Geschichte gibt den Menschen ihr falsches Vertrauen zurück.

Je genauer die Berichte sind, die man von Reisenden über »einfache« Völker liest, um so stärker fühlt man das Bedürfnis, sich um keine der herrschenden oder strittigen ethnologischen Theorien zu kümmern und mit dem Denken ganz von neuem zu beginnen. Das Wichtigste, das, was einen selber zunächst anspricht, wird in den Theorien immer fortgelassen. Man muß seine Auswahl von selber besorgen. Wie kann man sich auf die Überlegungen von Leuten verlassen, deren Kraft gar nicht im Denken lag; deren Phantasie durch ihre Genauigkeit gelähmt war; denen es auf Vollständigkeit viel mehr als auf Klarheit ankam; die für Sammlungen lebten und für Erkenntnisse nur nebenher; die eng waren bis zur Verachtung oder bis zur ausschließlichen Liebe dessen, was sie sahen. Der alte Reisende war bloß neugierig, wenn es ihm nicht gar auf Seelen – oder anderen Fang allein ankam. Der moderne Ethnologe ist methodisch; seine Schulung macht ihn zur Beobachtung tüchtig, unfähig aber zum schöpferischen Denken; man stattet ihn mit den feinsten Netzen aus, deren erster Gefangener er selber ist. Für sein Material kann man ihm gar nicht dankbar genug sein; er verdient die Denkmäler, die früher Königen und Präsidenten gesetzt wurden. Die Berichte der alten Reisenden aber sollte man noch besser hüten als die kostbarsten Kunstwerke. – Das Denken indessen hat man selbst zu besorgen. Man soll sich nichts vorglauben lassen und man soll den Schlüssen, zu denen man durch ausgiebiges Lesen kommt, Zeit und Lebensluft gönnen. Es ist wenig getan mit der Wiederholung alter Theorien. Man muß, durch die reichen Berichte, an denen jetzt wahrhaftig kein Mangel mehr ist, zu einer vollen und ruhigen Anschauung der Menschen kommen, wie sie überall und überall anders leben. Man darf nicht einzelne Züge und Dinge zusammenklauben; ihre Nachbarschaft ist zufällig und künstlich. Was sich zu einem Ganzen erfassen läßt, das bewahre man in sich, bis es sich gegen ein nächstes Ganzes halten läßt. Je mehr sich in einem selbst berührt, um so reicher und richtiger werden die Vorstellungen sein, die man von der Menschheit überhaupt gewinnt.

Distanz als die englische Nationaltugend. Ihr historischer Einfluß auf den Charakter der modernen Naturwissenschaft.

Ich fürchte die Geschichte, ihren unbeeinflußten Gang, wegen der neuen falschen Vorbilder, die sie täglich schafft.

Der Kampf um die Erde spielt sich heute zwischen vier Völkergruppen ab: Angelsachsen, Deutschen, Russen und Japanern. Die anderen waren Trabanten. Frankreich und Italien, die sich für Trabanten zu alt vorkamen, haben nur halben Herzens mitgetan. Die Angelsachsen haben einen Vorsprung über die anderen, der nicht einzuholen ist. Auf zweierlei Weise haben sie sich unbesiegbar und unentbehrlich gemacht. Einmal haben sie die ganze Erde mit Menschen ihres Stammes kolonisiert. Es gibt überall Engländer; und es gibt sie nicht nur als Herren über andere Völker. Dann haben sie den besten Teil eines Kontinents als Asyl eingerichtet, und dort, in Amerika, die unternehmendsten Leute aller Völker zu etwas wie Angelsachsen umgeschmolzen. So haben sie sich die Gebiete und die Menschen gesichert. So existieren sie heute in zwei ganz verschiedenen Formen: als das alte Herrenvolk und als eine moderne und überaus lebensvolle Mischrasse. Die Russen haben dagegen ihren wahren Kontinent, einen neuen sozialen Glauben und revolutionäre Anhänger in der ganzen Welt zu setzen. Es ist sehr wohl möglich, daß ihre ernsthaften Eroberungen jetzt erst beginnen. Die Deutschen und die Japaner, in unbegreiflicher Verblendung, haben wie ganz alte Eroberer begonnen und sich auf die moderne Technik allein verlassen, die ihren Feinden ebenso zugänglich war wie ihnen selbst. Sie gingen wie die Römer von einem einzigen Punkte aus – gemessen an der größeren Menschenzahl heute – und in Jahren wollten sie erreichen, was den Römern in Jahrhunderten gelang. Den ganz anderen Zustand der Erde um sie her haben sie überhaupt nicht ernsthaft in Rechnung gestellt. Es genügte ihnen ein rein subjektives Gefühl von Überlegenheit, das sie auf jede Weise zu schüren versuchten. Es genügte ihnen, daß sie von den anderen wenig wußten. Zum besonderen Verhängnis gereichte es den Deutschen, daß sie sich erst lange an den unkriegerischen Juden maßen. Sie setzten sie so gründlich zu ihren Feinden ein, daß allmählich auch alle übrigen Feinde für sie etwas wie eine jüdische Farbe annahmen. So wurde ihnen der Glaube an die geringe Kampflust der Engländer und der Russen zum katastrophalen Dogma.

Es gibt *eine* legitime Spannung im Dichter: die Nähe der Gegenwart und die Kraft, mit der er sie von sich stößt; die Sehnsucht nach ihr und die Kraft, mit der er sie wieder an sich reißt. So kann sie ihm nie nah genug sein. So kann er sie nicht weit genug von sich stoßen.

Jeder Mensch braucht eine legitime Sphäre der Unterdrückung, in der es ihm gestattet ist, zu verachten und seinen Hochmut höher als den Mond zu tragen. Die Wahl dieser Sphäre, die meist sehr früh erfolgt, ist ungefähr der wichtigste Vorgang eines Lebens. Hier kann ein Erzieher wirklich etwas leisten; er muß lange abwarten, vorsichtig mitfühlen, und wenn er das Richtige gefunden hat, mit Kraft die Grenzen dieser Sphäre ziehen. Auf diese Grenzen kommt es an; sie müssen stark und jedem Angriff gewachsen sein; sie müssen den übrigen Menschen vor den räuberischen Gelüsten des Hochmuts schützen. Es genügt nicht, daß einer sich sagt: ich bin ein großer Maler. Er muß fühlen, daß er sonst sehr wenig und weniger als viele andere ist. Die Sphäre des Hochmuts selbst soll geräumig und luftig sein. Ihre Untertanen leben am besten weit verteilt draußen. Nur bei seltenen und besonderen Gelegenheiten läßt man sie spüren, daß sie Untertanen sind. Wichtig daran ist eigentlich nur, daß einer die gläserne Kugel in sich trägt, und ihre dünne Luft schützt. Es atmet sich reiner und ruhiger in ihr und man ist ganz allein. Nur Schurken und Narren wollen, daß sie wächst, bis ein Gefängnis für alle daraus geworden ist. Der Erfahrene hält sie so, daß er sie in die Hand nehmen kann; und wenn er sie spielerisch wachsen läßt, vergißt er nie, daß sie in die Hand zurückschrumpfen muß, bevor er sich den gröberen Dingen zuwendet.

Man braucht, um bestehen zu können, einen Vorrat von unbezweifelten Namen. Der denkende Mensch nimmt einen Namen um den anderen aus seinem Schatz hervor, beißt in ihn hinein und hält ihn gegens Licht; und wenn er dann sieht, wie falsch dieser Name der Sache, die er bezeichnen soll, angehängt ist, wirft er ihn verächtlich zum alten Eisen. So wird aber der Vorrat von unbezweifelten Namen immer geringer; der Mensch verarmt von Tag zu Tag. Er kann in völliger Leere und Dürftigkeit zurückbleiben, wenn er nicht für Abhilfe sorgt. Sie ist nicht schwer zu finden, die Welt ist reich; wieviel Tiere, wieviel Pflanzen, wieviel Steine hat er nie gekannt. Wenn er sich nun um diese bemüht, nimmt er mit dem ersten Eindruck von ihrer Gestalt ihre Namen auf, die noch unbezweifelt sind, schön und frisch wie für das Kind, das sprechen lernt.

Die *fehlenden* Tiere: die Arten, die der Aufstieg des Menschen an der Entstehung verhindert hat.

Die geringe Zahl seiner Hauptgedanken macht den Philosophen aus, und die Hartnäckigkeit und Lästigkeit, mit der er sie wiederholt.

Zu denken, daß einer für den Tod noch plädieren muß, als wäre er nicht ohnehin in erdrückender Übermacht! Die »tiefsten« Geister behandeln den Tod wie ein Kartenkunststück.

Das Wissen kann seine Tödlichkeit erst durch eine neue Religion verlieren, die den Tod nicht anerkennt.

Das Christentum ist ein Rückschritt gegen den Glauben der alten Ägypter. Es gestattet den Verfall des Leibes und macht ihn durch die Vorstellungen von seinem Verfall verächtlich. – Die Einbalsamierung ist die wahre Glorie des Toten, solange er sich nicht wiedererwecken läßt.

Für den Mann um Vierzig werden die Verlockungen der Macht unwiderstehlich. Er kann sich nicht darüber betrügen, sonst wird er um so leichter ihr Opfer. Er muß seine Verantwortlichkeiten in ihrer wahren Stufenfolge sehen, und sich dann für die höchste entscheiden. Wenn sie höher und ferner als sein eigenes Leben liegt, muß er die Macht, die ihn an aktuelle Zustände bindet, wie den Teufel meiden.

Die Wahrheit ist ein Meer von Grashalmen, das sich im Winde wiegt; sie will als Bewegung gefühlt, als Atem eingezogen sein. Ein Fels ist sie nur für den, der sie nicht fühlt und atmet; der soll sich den Kopf an ihr blutig schlagen.

Es ist für mich besser, von den primitiven Völkern zu *lesen,* als sie selber zu sehen. Ein einziger Zwerg in Afrika würde mich auf mehr verwirrende Fragen bringen, als die Wissenschaft in den nächsten hundert Jahren zu stellen erlaubt. Ich denke verächtlich von der

Wirklichkeit nur, weil sie mich so ungeheuer beeindruckt. Sie ist dann gar nicht mehr, was die anderen Wirklichkeit nennen, weder hart noch gleichbleibend, weder Tat noch Sache; sie ist wie ein Urwald, der vor meinen Augen wächst, und während er wächst, ereignet sich alles in ihm, was zum Leben eines Urwaldes gehört. So muß ich mich vor zu viel Wirklichkeit hüten, sonst zersprengen mich meine Wälder. In einer milderen und gerade noch erträglichen Form verschafft man sich die Wirklichkeit durch Bilder und Schilderungen. Auch sie werden in einem lebendig, aber sie haben eine langsamere Art zu wachsen. Sie sind ruhiger und zerstreuter und tasten vorsichtig nacheinander. Es dauert eine geraume Zeit, bis sie sich finden. Besonders aber fehlt ihnen die schaurige Wucht, mit der die Wirklichkeit über einen herstürzt, ein schönes, gleißendes Raubtier, das den Menschen verschlingt.

Ich möchte einfach bleiben, um die vielen Figuren, aus denen ich bestehe, nicht durcheinanderzubringen.

Alles, was man nicht selbst geleistet hat, kommt einem überwältigend groß und wichtig vor.

Die Natur ist durch die Abstammungslehre enger geworden. Es wäre schön, den geistigen Augenblick zu finden, da sie am weitesten und reichsten zugleich war. Schon als strikt genealogische Bemühung ist die Abstammungslehre dumpf und kleinlich, denn sie bezieht alles auf den Menschen, der die Macht über die Erde ohnehin errungen hat. Sie legitimiert seinen Anspruch, indem sie ihn ans Ende stellt. Sie befreit ihn von jeder Bevormundung durch höhere Wesen. Niemand und nichts, gibt sie ihm zu verstehen, kann mit den Menschen heute so umspringen wie er selber mit den Tieren. Der furchtbare Irrtum liegt im Ausdruck »der Mensch«; er ist keine Einheit; was er vergewaltigt hat, enthält er alles in sich. Alle Menschen enthalten es, aber nicht im gleichen Maße; und so können sie einander das Ärgste antun. Sie haben den Trotz und die Kraft, bis zur völligen Ausrottung zu gehen. Es kann ihnen gelingen, und vielleicht werden versklavte Tiere noch übrig sein, wenn es keine Menschen mehr gibt.

Nicht einmal die wissenschaftliche Nützlichkeit der Abstammungslehre erscheint mir groß. Man hätte umfassendere Entdekkungen gemacht, wenn man von der weitherzigeren Anschauung ausgegangen wäre, daß jedes Tier sich unter Umständen in jedes andere verwandelt.

Das gefährlichste an der Technik ist, daß sie *ablenkt*, von dem, was den Menschen wirklich ausmacht, von dem, was er wirklich braucht.

Die Ethnologie, die Kunde von den »einfachen« Völkern, ist die wehmütigste aller Wissenschaften. Wie peinlich und präzis, wie streng, wie anstrengend haben Völker an ihren alten Einrichtungen festgehalten und sind doch ausgestorben.

Mein Freund, der Heimatdichter. Ich bin wieder in die Nähe jenes sonderbaren Gebildes gekommen, das sich Heimatdichter nennt, und ich glaube, daß ich seinem Geheimnis endlich auf der Spur bin.

Mein Heimatdichter liebt das Nächste. Es ist aber ein Irrtum zu glauben, daß Kühe oder Schlote ein Nächstes sind. Es gibt noch Näheres, und das sind die Organe seines Leibes. Ein Vorgang, der ihn fasziniert, mit stündlich neuer Spannung erfüllt, der ihn erschüttert und rührt und begeistert, ist seine eigene Verdauung. Nicht einmal der Herzschlag bedeutet so viel, er verschlingt nicht und hinterläßt keine Spuren. Die Verdauung ist sein zentrales Erlebnis; in seiner trüben Welt hat sie die Position, die in helleren der Sonne zukommt. In einem fremden Haus, wo er zu Gast ist, wird er zuerst den Abort und dann gewiß die Küche finden. Solange der Bauch es ihm erlaubt, wandert er durchs Land, von Küche zu Küche, Abort zu Abort. Er wandert, er fährt nicht, denn es schneidet ihn ins Herz, wenn Häuser, die er nicht kennt, vorübersausen, ehe er sie auf ihre Verdauungsvorgänge hin beschnuppert hat.

Er liebt die Bauern, weil sie um eine große Schüssel beisammen sitzen, und richtet es so ein, daß er bei mehreren von ihnen nacheinander einkehrt. Bei den Arbeitern ist er Sozialist. Er gehört ihrer Partei an und tritt laut für die Hebung ihrer Lebensbedingungen ein. Er verabscheut Fabriken; aber die Speiseküchen kommen seinen Neigungen entgegen; damit genießbar wird, was man da vorgesetzt bekommt, müßten die Arbeiter die Leitung der Betriebe selber in die Hand nehmen. Gegen eine Revolution ist einzuwenden, daß sie die Nahrungsversorgung eine Zeitlang gefährden könnte. Er verargt aber auch den Bürgern ihren Reichtum nicht, wenn sie ihn zum Essen einladen und bei Tische dulden. Er unterhält sie dafür mit den Verdauungsgeschichten all seiner vergangenen Jahre. Bei solchen Gelegenheiten betont er, daß er ein Bettler ist. Man kann ihm ruhig Geld schicken, denn an weniger festlichen Tagen muß er sich selbst sein Fleisch kaufen. Beim Essen kann man ihn nicht beleidigen, wenn es ihm nämlich schmeckt und man ihm immer mehr gibt. Er hat so ein entwickeltes Gefühl für die einzelnen Stände. Er kennt sich aus im Darm eines Bauern, eines Arbeiters, eines Bürgers. Von der Speise bis zum Kot geht ihm die greifbare Wirklichkeit über alles. Bilder und Träume verachtet er; und für Wissen hat er nur etwas übrig, sobald es sich in Nahrung umsetzt. Es ist anzunehmen, daß er in früheren Zeiten, als bei Fürstlichkeiten ganze Ochsen am Spieß geröstet wurden, ein treuer und biederer Sänger seines Fürsten geworden wäre, aber diese großen Gelegenheiten sind lange vorbei, und die hungrigen Aristokraten seines Landes heute sind ihm ein ganz unsäglicher Greuel.

Freundschaften drücken sich bei ihm in Einladungen aus. Er selbst ladet niemand ein. Er beurteilt Menschen ausschließlich danach, wie viel und wie gut sie ihm zu essen gegeben haben. Das Wort »schreiben« in seinem Mund hat einen unnachahmlichen Ton. Es klingt nicht ganz so entschlossen wie »scheißen«, obwohl es sehr daran erinnert. Es hat etwas beinahe Keusches, denn nicht in jedem Gedicht kann er von dem schreiben, was ihn eigentlich immer beschäftigt, und so muß er sich beim Schreiben sehr viel versagen. Es klingt aber auch sachlich, denn mit dieser Münze zahlt er.

Seine Übertreibungen haben eine sichtbare Grenze. Sie gehen genau so weit, wie er sich überfressen könnte, aber nicht weiter.

Es gibt *alle* Meinungen auf moralische Weise; d.h. es ist nichts so unmoralisch, daß es nicht irgendwo bindend und gültig sein könnte.

So weiß man, nachdem man alles über die Sitten aller Menschen erfahren hat, wieder nichts und hat das Recht, von vorn, in sich zu beginnen. Aber keine Plage ist umsonst gewesen. Man ist redlicher geworden und weniger stolz. Man kennt die Vorfahren besser und fühlt, wie unzufrieden sie mit einem wären. Sie sind aber auch nicht mehr heilig, außer auf *eine* Art: sie leben nicht; und bald in dieser Heiligkeit haben wir nichts vor ihnen voraus.

Ungeheuerlichster aller Sätze: es ist jemand »rechtzeitig« gestorben.

Beim Jüngsten Gericht wird aus jedem Massengrab ein einziges Geschöpf erstehen. Und dieses soll Gott zu richten wagen!

Die Freudentränen der Toten über den ersten, der nicht mehr stirbt.

Ist jeder zu gut zum Sterben? Man kann es nicht sagen. Es müßte erst jeder länger leben.

Ein niederschmetternder Gedanke: daß es vielleicht überhaupt nichts zu wissen gibt; daß alles Falsche nur entsteht, weil man es wissen will.

Manchmal spürt man, daß ein Krieg zu Ende geht, und man ist glücklich wie ein Kind, daß Leute übrig bleiben, und bevor es noch zu Ende ist, beginnt man sie zu rufen, sie antworten, sie haben dasselbe gefühlt.

In der Fülle widersprechender Ereignisse machen die Philosophen einander Platz.

Nichts ist schöner und hoffnungsloser, unter allen Regungen des Menschen, als der Wunsch, um seiner selbst willen geliebt zu sein. Wer ist man denn schon, neben unzähligen anderen, daß einem dieses Vorgezogensein gebühren würde? Man will nicht austauschbar sein; es soll niemand für einen einspringen können. Eine bildliche Unverwechselbarkeit soll räumlich und seelisch werden. Als hätte die Erde nur einen Himmel und der Himmel nur eine Erde, so nimmt man die Geltung dieser beiden in Anspruch und will, wenn man das eine hat, genau das andere sein. In Wirklichkeit ist man aber von vielen Planeten erfüllt und zahllose Himmel öffnen einem ihre Türen.

Das System der Belohnungen und Strafen spitzt sich höhnisch zu, bis wir uns in Himmel und Hölle seiner schämen müssen.

Es mag 120 oder mehr Generationen her sein, daß ich unter den Ägyptern lebte. Habe ich sie schon damals so bewundert?

Wieviel man sagen muß, um dann gehört zu werden, wenn man endlich schweigt.

Man möchte gerade so viel schreiben, daß die Worte einander ihr Leben leihen, und gerade so wenig, daß man sie selber noch ernst nimmt.

Mit zunehmender Reife macht sich eine Abneigung gegen die Einzelstimmen der Dichter bemerkbar. Man sucht das Namenlose, die großen Erzählungen der Völker, die für alle da waren, wie die Bibel und Homer und die Mythen der einfach gebliebenen Stämme. Jenseits dieses Ozeans aber interessiert man sich für die privatesten Schwächen und Armseligkeiten derer, die sich darüber äußern können; und so gerät man doch wieder an die Einzel-Dichter. Aber nicht als Dichter können sie einen fesseln, nur als die

Torhüter des Privatesten; und das Porzellan, das sie bemalen und als ihr eigentliches Erzeugnis ausstellen, möchte man zu gerne zerschlagen.

Er setzt die Worte im Sprechen zu ruhig, er hat immer Macht über seine Worte, sie jagen ihn nie, sie verhöhnen ihn nie, sie machen ihn nie lächerlich, – wie soll ich diesem Menschen trauen?

Ich habe es satt, die Menschen zu durchschauen; es ist so leicht und es führt zu nichts.

Es ist schon kaum erträglich daran zu denken, wie viel Wissen man in sein Leben nie einbeziehen wird. Ganz unmöglich aber ist es, *selbst* an das Ausschließen dieses Wissens zu gehen.

Man kann in einem einzigen Menschen das Unglück der ganzen Welt anfassen, und solange man ihn nicht aufgibt, ist nichts aufgegeben, und so lange er atmet, atmet die Welt.

Da sprichst und schwärmst du immer von Tieren; aber dann merkst du nicht einmal, wann du dem tierischen Leben am nächsten bist: unter Betrügern, und als Betrogener.

Wieder, es ist nun das zweite oder dritte Mal, habe ich an den Tod als an meine Erlösung gedacht. Ich fürchte, daß ich mich noch sehr verändern könnte. Vielleicht werde ich bald zu seinen Lobpreisern gehören, zu denen, die dann Zeit ihres Greisenalters zu ihm beten. So will ich hier ein für allemal festsetzen, daß jene zweite künftige Periode meines Lebens, falls sie eintreten sollte, keine Gültigkeit hat. Ich will nicht da gewesen sein, um dann aufzuheben, wofür ich da war. Man behandle mich wie zwei Menschen, einen starken, einen schwachen, und auf die Stimme des starken höre man, denn der Schwache wird niemand helfen. Ich will nicht, daß die greisen Worte des einen die des Jungen zunichte machen. Lieber will ich in der Mitte abgebrochen sein. Lieber will ich nur halb so lange reichen.

Den Tod will ich ernst, den Tod will ich furchtbar, und dort am furchtbarsten, wo nur noch das Nichts zu fürchten ist.

Es wäre noch schwerer zu sterben, wenn man wüßte, man bleibt; aber zum Schweigen verpflichtet.

Alles was man *verzeichnet*, enthält noch ein Körnchen Hoffnung, es mag noch so sehr der Verzweiflung entstammen.

1944

Die größte geistige Versuchung in meinem Leben, die einzige, gegen die ich sehr schwer anzukämpfen habe, ist die: ganz Jude zu sein. Das Alte Testament, wo immer ich es aufschlage, überwältigt mich. An bald jeder Stelle finde ich etwas, das mir gemäß ist. Ich wäre gern Noah oder Abraham genannt, aber auch mein eigener Name erfüllt mich mit Stolz. Ich versuche mir zu sagen, wenn ich in der Geschichte Josephs oder Davids zu versinken drohe, daß sie mich als Dichter verzaubern, und welchem Dichter hätten sie es nicht angetan. Aber es ist nicht wahr, es ist noch viel mehr. Denn warum fand ich meinen Traum von den künftigen hohen Lebensaltern der Menschen in der Bibel wieder, als Liste der ältesten Patriarchen, als Vergangenheit? Warum haßt der Psalmist den Tod wie nur ich selbst? Ich habe meine Freunde verachtet, wenn sie sich aus den Lockungen der vielen Völker losrissen und blind wieder zu Juden, einfach Juden wurden. Wie schwer wird's mir jetzt, es ihnen nicht nachzutun. Die neuen Toten, die lange vor ihrer Zeit Toten, bitten einen sehr, und wer hat das Herz, ihnen nein zu sagen. Aber sind die neuen Toten nicht überall, auf allen Seiten, von jedem Volk? Soll ich mich den Russen verschließen, weil es Juden gibt, den Chinesen, weil sie ferne, den Deutschen, weil sie vom Teufel besessen sind? Kann ich nicht weiterhin allen gehören, wie bisher, und doch Jude sein?

Wie hätte eine Bibel aussehen müssen, daß sie die Selbstvernichtung der Menschheit aufhält?

Immer unerträglicher wird mir das Zufällige der meisten Überzeugungen.

Nicht mehr sprechen, die Worte stumm nebeneinander legen und ihnen zusehen.

Der Widerstand gegen die Zeit braucht seine scharfen Sätze, sonst bleibt er dumpf und hilflos. Es ist schwer, die Sätze, sobald sie einmal gefunden, sobald sie scharf sind, für sich zu behalten. Aber nur die Gedanken, von denen niemand weiß, erhalten einen am Leben.

Das Vielsinnige des Lesens: die Buchstaben sind wie Ameisen und haben ihren eigenen geheimen Staat.

Ein Satz allein ist sauber. Schon der nächste nimmt ihm etwas weg.

Es ist gar keine Schande, es ist nicht selbstsüchtig, es ist richtig und gut und gewissenhaft, daß einen gerade jetzt nichts mehr erfüllt als der Gedanke an Unsterblichkeit. Sieht man sie nicht, Leute, wie sie waggonweise in den Tod geschickt werden? Lachen sie nicht, scherzen und prahlen sie nicht, um sich gegenseitig an ihrem falschen Mut zu erhalten? Und dann fliegen zu zwanzig, zu dreißig, zu hundert, Scharen Flugzeuge über einen her, beladen mit Bomben, alle Viertelstunden, alle paar Minuten, und man sieht sie friedlich zurückkehren, glitzernd im Sonnenlicht, wie Blumen, wie Fische, nachdem sie ganze Städte ausgerottet haben. Man kann nicht mehr Gott sagen, er ist für immer gezeichnet, er hat das Kainsmal der Kriege an seiner Stirn, man kann nur an das eine denken, an den einzigen Heiland: Unsterblichkeit! Wäre sie unser, wäre sie schon eingeführt, wie wäre alles anders! Unsterblichkeit! Wer möchte dann noch morden, wer könnte dann noch aufs Morden verfallen, *wenn nichts umzubringen wäre*?

Die alten Ruinen sind gerettet, und man wird mit den neuen Vergleiche ziehen können.

Laß dich nicht blenden von der Pracht des Siegens. Mit Siegen besticht man Deutsche, aber dich?

Der Fortschritt hat seine Nachteile; von Zeit zu Zeit explodiert er.

Man müßte experimentell feststellen, welche Spiele, in denen Menschen feindlich gegeneinander stehen, zur Ausbildung des Hasses beitragen, und welche ihn besänftigen.

Es ist merkwürdig und beunruhigend, wie nach Verlauf von zweitausend Jahren die ethische Grundfrage dieselbe geblieben ist, nur ist sie dringlicher geworden, und wer heute sagt: Liebet einander, weiß, daß nicht mehr viel Zeit dazu übrig ist.

Die Sprache meines Geistes wird die deutsche bleiben, und zwar weil ich Jude bin. Was von dem auf jede Weise verheerten Land übrig bleibt, will ich als Jude in mir behüten. Auch *ihr* Schicksal ist meines; aber ich bringe noch ein allgemein menschliches Erbteil mit. Ich will ihrer Sprache zurückgeben, was ich ihr schulde. Ich will dazu beitragen, daß man ihnen für etwas Dank hat.

Mißtrauen gegen den Schmerz: es ist immer ein eigener Schmerz.

Das Langsame der Pflanzen ist ihr größter Vorteil über die Tiere. Die Religionen der Passivität, wie Buddhismus und Taoismus, wollen den Menschen zu einem pflanzenhaften Dasein verhelfen. Sie sind sich über diesen Charakter der Tugenden, die sie empfehlen, vielleicht nicht ganz im klaren; aber das Leben in Aktionen, das sie bekämpfen, ist eminent tierisch. Pflanzen sind nicht wild; der vorbereitende oder träumende Teil ihrer Natur ist dem willentlichen weit überlegen. Innerhalb ihrer Sphäre haben sie aber manches, das an uns erinnert. Ihre Blüten sind ihr Bewußtsein. Sie sind früher dazu gelangt als die meisten Tiere, denen die Aktion keine Zeit zum Bewußtsein läßt. Die weisesten Menschen, die die Zeit ihrer Aktionen lange hinter sich haben, tragen ihren Geist als Blüte. Pflanzen aber blühen vielfach und immer wieder; ihr Geist ist plural und scheint frei zu sein von der furchtbaren Einheitstyrannei des Menschen. Wir werden es ihnen darin nie wieder gleichtun können. Die Eins hat uns gepackt und nun haben wir ihr ewig im Maul zu hängen. Die zerstreuten Werke der Künstler haben etwas von Blüten; nur bringt die Pflanze immer etwa das Gleiche hervor, die Künstler neuerer Zeiten sind vom Fieber der Verschiedenheit geschüttelt.

In der Architektur hatte sich der Mensch seine Pflanzenhaftigkeit erworben. Seine Gebäude nahmen ihm seine Angst. Jetzt ist es ihm gelungen, auch sie mit Angst zu erfüllen.

Literaturgeschichten lesen sich manchmal so, als wären alle Namen vertauscht und als handle der Verfasser von ganz anderen Dingen wie die, die er nennt, und als könnte man nun ruhig alles weiter vertauschen, die Urteile aber bleiben schon stehen, wie sie sind.

Man lebt in der naiven Vorstellung, daß *später* mehr Platz ist als in der ganzen Vergangenheit.

Bald wird keine alte Schrift mehr unentziffert sein, und es wird keine neue Schrift auftauchen, die noch zu entziffern wäre. Damit wird der Schrift ihre Heiligkeit genommen sein.

Man wird zu allem, was man am meisten verabscheut hat. Jeder Abscheu war ein böses Omen. Man hat sich selbst gesehen, in einem Zerrspiegel der Zukunft, und wußte nicht, daß man es war.

Wie, wenn man nicht hingesehen hätte? Wäre man dann nicht so geworden?

Wenn du von der Zukunft mehr wüßtest, wäre die Vergangenheit noch schwerer.

Soweit wir überhaupt einen Anspruch darauf erheben zu denken, bewegen wir uns heute fast alle in der Sphäre der Psychologie.

Damit aber geben wir eine Armut zu, wie sie trauriger kaum vorstellbar ist. Wirklich, wir sind bescheiden und demütig geworden. Es ist eine Sache der geistigen Sauberkeit heute, daß man nicht zuviel weiß. Vorüber ist die Zeit der Denker, die auf alles aus waren. Ihre Namen sind groß geblieben, ihre Lösungen nimmt man nicht mehr ernst, weil sie keine Spezialisten waren. Man trifft noch hie und da auf ehrgeizige Naturen, die wenigstens alles wissen wollen, was mit Sicherheit zu wissen ist. Aber kommt es darauf an? Kommt es nicht gerade auf das Gegenteil an? Das Ungewisse sollte das eigentliche Reich des Denkens sein. Im Ungewissen sollte der Geist seine Fragen stellen; im Ungewissen grübeln; verzweifeln im Ungewissen.

Aber die Dinge haben uns überwältigt. Indem wir sie massenhaft erzeugen, täglich massenhafter, haben wir uns daran gewöhnt, nur ernstzunehmen, was dinglich genug ist. Wir sehen und hören nur noch Gegenstände. Wir fühlen Gegenstände. Die Visionen der Mutigen sind von Gegenständen erfüllt. Auf das Erzeugen und Zerstören von Gegenständen ist alles angelegt. Die Erde, ein runder Gegenstand, soll in die Hand des Gierigsten zu liegen kommen, und weiter nichts. Die Gegenstände, massenhaft hergestellt, sollen gerecht verteilt werden; weiter nichts. Diese beiden Auffassungen, extrem genug, bieten willkommenen Anlaß, alles Leben mit den Gegenständen zugleich zu zerstören.

Wo ist der Mann, der die Dinge nicht verachtet, bloß weil er sie haben will? Wo ist der Mann, der staunt, aus der Ferne staunt, staunt über das, was er nie berühren wird? An alles haben wir Hand gelegt, und glauben dann, daß es alles ist. Noch die Tiere waren besser, denn wie groß und weit war, was außerhalb von ihnen blieb! Sie hatten keine Ahnung, wir haben die Ahnungen gepackt. Gepackt, gemordet, zerbissen, hinuntergewürgt.

Die schlechten Dichter verwischen die Spuren der Verwandlung; die guten führen sie vor.

Sobald von Liebe die Rede ist, glaubt eine Frau alles. Dieselbe Leichtgläubigkeit behalten sich die Männer für den Kampf vor.

Von Instinkten reden sie, als wären es Albatrosse.

Wachsende Passion für alle Sekten, gleichgültig welcher Religion sie entstammen. Es gibt mir großen geistigen Genuß, ihre Unterschiede zu studieren und die Stelle zu bestimmen, an der sie vom Strome der Hauptreligion abzweigen. Ich bin überzeugt davon, daß es mir einmal gelingen wird, tiefere Gesetzmäßigkeiten zu finden, die diese Abspaltungen der Religionen beherrschen. Aber auch die Frage des Glaubens überhaupt, die größte und unheimlichste, die es für uns Menschen gibt, wird nur von seinen Abänderungen her zu beantworten sein.

Ich habe alle Eigenschaften eines religiösen Menschen an mir, aber auch den tiefen, inneren Zwang, dem Gehege jedes Glaubens wieder zu entkommen. Es mag sein, daß ich diese beiden widersprechenden Qualitäten im Erlernen von Sekten übe.

Man will alles genau kennen, wofür Menschen je zu sterben bereit waren.

Der schweigsame Bruder: ein Mensch, den man lange Jahre nicht gesehen hat, ist stumm geworden und tritt einem plötzlich so entgegen.

Träume haben immer etwas Junges; dem Träumenden sind sie neu. Selbst wenn er sie zu erkennen glaubt, so haben sie nie das Wiederholte und Abgenützte des wachen Lebens. Sie leuchten mit den Farben des Paradieses und in ihren Schrecken wird man zu unerhörten Namen getauft.

Jene Frau, die in einer Gesellschaft zugab, daß sie noch nie einen Traum gehabt hatte; und schon war sie vor aller Augen in einen Affen verwandelt.

Wer zu den Traumdeutern geht, verschleudert sein bestes Gut und verdient die Sklaverei, in die er so unweigerlich gerät.

Eine Versammlung aller Götter, die es je gegeben hat: ihre Fremdheit untereinander, ihre Sprachen, ihre Kostüme; und wie sie – Götter! – einander betasten müssen, um sich zu verstehen.

Ein Ägypter begegnet einem Chinesen und tauscht eine Mumie gegen einen Ahnen aus.

Niemand verachten für das, was er glaubt. Es hängt gar nicht von dir ab, was du selber glaubst. Jeden Glauben naiv und ohne Feindschaft aufnehmen. So, nur so, besteht die ganz leise Hoffnung, daß du auf die Natur des Glaubens kommst.

Wer nicht an Gott glaubt, nimmt alle Schuld an der Welt auf sich.

In der eigenen Rede wird man zu nobel, man macht sich die edelsten Gesinnungen vor. Man mißbraucht die Karikatur der landläufigen Gemeinheit, wie sie sich in unflätigen und falschen Worten äußert. Die Religionen leiden alle daran, daß der Prediger sich lang und selbstzufrieden äußern darf. So werden seine Worte immer abgelegener und wärmen *seine* Eitelkeit, statt ins Herz der Hörer zu treffen.

1945

Sie lieben den Krieg so, daß sie ihn nach Deutschland hineingezogen haben; und auch dort geben sie ihn nicht her.

Wenn das Frühjahr kommt, wird die Trauer der Deutschen ein unerschöpflicher Brunnen sein, und es wird sie von den Juden nicht mehr viel unterscheiden.

Hitler hat die Deutschen zu Juden gemacht, in einigen wenigen Jahren, und »deutsch« ist nun ein Wort geworden, so schmerzlich wie »jüdisch«.

Die verlassene Erde, von Buchstaben überlastet, in Kenntnissen erstickt, und kein lebendes Ohr mehr auf ihr, das in die Kälte horcht.

Man kann einem Menschen nichts Böseres tun, als sich ausschließlich mit ihm zu beschäftigen.

In der Liebe sind Versicherungen wie eine Ankündigung ihres Gegenteils.

Bei manchen klingt das Wort »Seele« wie der Inbegriff alles dessen, was man fürchtet und haßt, und man möchte sich in eine Lokomotive verwandeln, um fauchend und eilig davonzufahren.

Länder, Inseln, Orte werden mir erst lebendig, wenn ich einem Menschen begegne, der von dorther stammt. Dann aber wird ihr Leben in mir ganz unheimlich, als stammte ich selber von dort.

Die Überwindung des Nationalismus liegt nicht im Internationalismus, wie viele bisher geglaubt haben, denn wir sprechen Sprachen. Sie liegt im Plurinationalismus.

Das Durcheinander von Stimmen und Gesichtern, in dem ich früher zu Hause war, ist mir verhaßt geworden. Ich erlebe Menschen gern einzeln. Wenn es ihrer mehrere sind, will ich sie geordnet nebeneinander sitzen haben, wie in der Eisenbahn, und von mir soll es abhängen, was ich mir zuerst betrachte. Das Chaos hat jede Anziehung verloren. Ich will ordnen und formen und mich in nichts mehr verlieren. Die Zeit der wahllosen Hingabe ist vorbei. Das Chaos steht für Krieg. Ich verachte den Krieg noch mehr, als ich ihn hasse. Die vielen, die sich im Zentrum bewegen, auf Urlaub, oder von jeher auf Genuß, kommen mir vor wie Deserteure an einer höchsten Sache. Sie sind bereit, in ihre folgsame Feigheit zurückzukehren, oder sie haben sich die ganze Zeit nichts wissend gemacht. Nur außerhalb der Lokale, nachts als Schatten, haben sie mehr Wahrheit, da sind sie wie Tote, die es noch nicht wissen; von den kleinen Seitengassen, die zu Piccadilly führen, sehe ich sie mir lange in größter Erregung an. Sie greifen nacheinander, da weiß ich, es sind weibliche Schatten darunter. Einige wenige Schreie stören, so täuschen sie mehr Leben vor, als ihnen gebührt. Früher hatte ich nur auf Stimmen gelauscht. Im Chaos lag meine unheimliche Kraft; ich war seiner sicher wie der ganzen Welt. Heute ist selbst das Chaos explodiert. Nichts war unsinnig genug gefügt, daß es nicht noch hätte zerfallen können, zu noch Unsinnigerem, und wohin ich schnuppere, alles ist schwer vom Geruch gelöschter Feuer. Vielleicht wären wir besser ganz abgebrannt. In den Resten werden die Verstörten sich's wieder bequem machen. An den Vulkanen werden sie ihre Suppe kochen und mit dem Schwefel freudig ihre Speisen würzen. Denen aber, deren Herz offen davor stand, vor dem Kleinsten, das geschehen ist, vor jedem, wird kein Chaos wieder schön sein, nie, und vor dem Unmöglichsten werden sie am meisten zittern, in redlichem Wissen und hoffnungsleerer Angst.

Man darf sich mit den Dingen nicht gleich zu gründlich befassen; es kommt nichts dabei heraus, wenn man den Augenblick als erschöpfend behandelt. Er kann es mitunter schon wohl sein, aber er darf es nicht wissen. Der eitle Augenblick ist ein verlorener Augenblick. In seiner Unschuld ist seine Schönheit und seine Kraft. Die getrennten, über die Jahre getrennten Augenblicke, die der Betrachtung eines Gegenstandes gelten, summieren sich auf eine geheimnisvolle Weise, und plötzlich wird dann alles tief und eins.

Man kann mehrere Menschen zugleich leidenschaftlich gern haben, und mit jedem geht alles so vor sich, als ob er der einzige wäre, und nichts wird einem erspart, keine Angst, kein Eifer, keine Wut, keine Trauer, und mitunter wächst das Ganze zu solcher Heftigkeit an, daß man wie mehrere Menschen auf einmal handelt, jeder in seinem eigenen Sinn, aber doch alle zugleich, und was dann daraus werden soll, weiß keiner.

Die Propheten sagen das Alte jammernd voraus.

Daß die Götter sterben, macht den Tod noch frecher.

Die Götter, von Anbetung genährt, in Ungenanntheit verhungert, in Dichtern erinnert, und dann erst ewig.

Zwischen zwei entgegengesetzten Grund-Urteilen über die Menschen bewegt sich heute alles, was in der Welt geschieht:

1. Jeder ist für den Tod noch immer zu gut.
2. Jeder ist für den Tod gerade gut genug.

Zwischen diesen beiden Meinungen gibt es keine Versöhnung. Eine oder die andere wird siegen. Es ist keineswegs ausgemacht, welche siegen wird.

Das Schwerste: immer wieder entdecken, was man ohnehin weiß.

Die Analytiker glauben, sie haben den Ariadne-Faden fürs Labyrinth, in das sie einen führen. Sie haben nur die Knoten, an denen er, hundertfach zerrissen, wieder zusammengebunden wurde; zwischen diesen Knoten haben sie nichts. Der Labyrinthe sind unzählige, sie glauben, es ist immer dasselbe.

In der Bewegung ist zweifellos ein Heilmittel für beginnende Paranoia gegeben. Die Intensität dieser Art von Verwirrung geht aufs Statische. Man benimmt sich so, als ob ein bestimmter Platz bedroht wäre, der, auf dem man selber steht, und man kann um keinen Preis von diesem Platz weg. Die Überbewertung dieses zufälligen Standortes ist oft sehr lächerlich; er kann wertlos und verkehrt sein. Man wäre viel besser und sicherer woanders. Aber man zwingt sich, genau da zu sein, wo man ist; sich zu verteidigen an allen Punkten dieses bestimmten Umfangs; nichts von ihm nachzugeben; alle Mittel, die verwerflichsten und verächtlichsten, zu dieser Verteidigung heranzuziehen: man benimmt sich mit einem Wort wie ein Volk, das seine Heimat verteidigt. Die Ähnlichkeit dieses privaten Zustandes mit der Politik eines Staates ist frappierend. Die Einheit eines Volkes besteht hauptsächlich darin, daß es unter Umständen wie ein einziger Verfolgungswahnsinniger handeln kann. Im einen wie im anderen Fall geht es dabei um ein Stück Boden, um den Grund, den man für seine Füße braucht, damit sie ihn aufrecht tragen. Diese Art von Verwurzelung, die so gefährlich werden kann, ist oft in dem Augenblick geheilt, in dem man sie rasch und hart zerstört; und man sollte sich demnach sagen, daß gerade die erzwungenen Wanderungen ganzer Völker, die man so bedauert oder verabscheut, unter günstigen Umständen auch zu einer Heilung von ihrer Heimat-Paranoia führen können.

Es ist hoffnungsvoll, daß die ganze Erde so heißt wie jedes Stück von ihr.

Deutschland, zerstört im frühen Jahr, wie noch nie ein Land zerstört war. Und wenn es möglich ist, *ein* Land so zu zerstören, – wie kann es bei Deutschland allein bleiben?

Die Städte sterben, die Menschen verkriechen sich tiefer.

In vielen von den zerstörten Städten war ich, als sie noch blühten; aber in noch viel mehr Städten, die auch zerstört wurden, war ich nicht; und so gibt es für jeden heute, zu seinen Lebzeiten, Dinge, die er nicht sehen kann, um keinen Preis der Welt nicht, so rasch nicht mehr, so plötzlich nicht mehr, so ohne Erbarmen nicht.

Es wird besser werden. Wann? Wenn die Hunde regieren?

In Deutschland ist alles geschehen, was es an historischen Möglichkeiten noch im Menschen gibt. Alles Vergangene ist zugleich zum Vorschein gekommen. Das Nacheinander war plötzlich nebeneinander da. Nichts wurde ausgelassen; nichts war vergessen. Unserer Generation war es vorbehalten zu erfahren, daß alle besseren Bemühungen der Menschheit vergeblich sind. Das Schlechte, sagen die deutschen Ereignisse, ist das Leben selbst. Es vergißt nichts, es wiederholt alles; und man weiß nicht einmal wann. Es hat Launen, darin liegen seine größten Schrecken. Aber im Gehalt, in der angesammelten Essenz der Jahrtausende ist es nicht zu beeinflussen; wer es zu sehr preßt, dem spritzt der Eiter ins Gesicht.

Der Zusammenbruch der Deutschen geht einem näher, als man es sich zugestehen mag. Es ist das Maß der Täuschung, in der sie gelebt haben, das Riesenhafte ihrer Illusion, das Blindmächtige ihres hoffnungslosen Glaubens, was einem keine Ruhe gibt. Man hat immer die verabscheut, die diesen eklen Glauben zusammengeleimt haben, die wenigen wirklich Verantwortlichen, deren Geist zu soviel gerade noch ausgereicht hat, aber die anderen alle, die nichts getan als geglaubt haben, in wenigen Jahren mit soviel konzentrierter Kraft wie die Juden sie über die Jahrtausende aufbrachten, die Leben und Appetit genug hatten, um ihr irdisches Paradies, Weltherrschaft, wirklich zu wollen, alles übrige dafür zu töten, selber dafür zu sterben, alles in kürzester Zeit, diese unzähligen, blühenden, strotzend gesunden, einfältigen, marschierenden, dekorierten Versuchstiere für Glauben, abgerichtet zum Glauben, dressiert wie kein Mohammedaner, – was sind sie denn wirklich jetzt, wenn ihr Glaube zusammenstürzt? Was bleibt von ihnen übrig? Was sonst war in ihnen vorbereitet? Welches zweite

Leben könnten sie jetzt beginnen? Was sonst sind sie ohne ihren furchtbaren militärischen Glauben? Wie sehr fühlen sie ihre Ohnmacht, da es für sie nichts als Macht gab? Wohin können sie noch fallen? Was fängt sie auf?

Vielleicht, weil wir nicht einmal aufatmen dürfen, zwischen diesem Krieg und dem nächsten, wird dieser doch nie kommen.

Eine Erfindung, die noch fehlt: Explosionen rückgängig zu machen.

Zwei Arten von Menschen: die einen interessiert das Positionelle im Leben, die Stellung, die man erlangen kann, als Ehefrau, Schuldirektor, Verwaltungsrat, Bürgermeister. Sie blicken immer auf diesen Punkt hin, den sie sich einmal in den Kopf gesetzt haben, auch alle Mitmenschen können sie nur um solche Punkte herum sehen, und es gibt überhaupt nur Positionen, alles andere daneben zählt nicht und wird von ihnen ahnungslos übersehen. Die andere Art will Freiheit, besonders von der Position. Es interessiert sie der Wechsel; der Sprung, bei dem es nicht um Stufen, sondern um Öffnungen geht. Sie können keiner Türe und keinem Fenster widerstehen, aber ihre Richtung ist immer hinaus. Sie würden einem Thron davonfliegen, von dem keiner der früheren Gruppe, säße er einmal darauf, sich je wieder einen Millimeter hoch erheben könnte.

Die ungeheure Eitelkeit in jeder Beschäftigung mit Gott, als riefe jemand immerzu: Ebenbild! Ebenbild!

Wir kommen von zuviel her. Wir bewegen uns auf zuwenig weiter.

Das Maß der Bestimmtheit in Nachrichten wechselt, je nach der Art ihrer Übermittlung. Ein Bote kam gerannt, seine Erregung teilte sich dem Empfänger mit. Man mußte sofort handeln. Die

Erregung wurde zum Glauben an die Botschaft. Ein Brief ist ruhiger, schon weil er während der Übermittlung geheim war. Man glaubt ihm, aber mit Vorbehalten, und fühlt sich nicht gleich zur Gegenhandlung gedrängt. Das Telegramm verbindet manche Eigenschaften des Briefes mit denen der alten mündlichen Boten. Es ist zwar geheim, dem Überbringer nicht bekannt, aber man wird allein damit bedient; es ist noch plötzlicher als der Bote, es hat etwas vom Tod und flößt darum viel mehr Furcht ein. Einem Telegramm glaubt man. Nichts ist einem peinlicher als die Entdeckung, daß man in einem Telegramm belogen wurde.

Es ist so schön, jemand zu sagen: Ich werde dich immer lieben. Aber wenn man es dann wirklich tut!

Vom geringsten Menschen lernt man am meisten. Was ihm fehlt, ist man ihm selber schuldig. Ohne ihn läßt sich diese Schuld nie bewerten. Sie aber ist genau das, wofür man lebt.

Über das Schöne. – Im Schönen ist etwas sehr Vertrautes da, aber ganz fern gerückt, als hätte es nie vertraut sein können. Darum ist das Schöne erregend und kalt zugleich. Sobald man es sich holt, ist es nicht mehr schön. Man muß es aber erkennen, sonst erregt es einen nicht. Das Schöne hat immer etwas Entrücktes. Es war einmal da und war dann lange weit weg; so ist es unerwartet, wenn man es wieder sieht. Es läßt sich nicht lieben, aber man sehnt sich danach. Es ist um die geheimnisvollen Wege der Entrückung reicher, als alles was man selber in sich hat.

Das Schöne muß *außen* bleiben. Es gibt Rasende, die schön zu sein glauben; aber selbst sie wissen, daß sie es nur ganz von außen werden können. »Innere Schönheit« ist ein Widerspruch in sich. Die Spiegel haben mehr Schönheit in die Welt gebracht; auch die Entrückung spielen sie einem vor; viel von der ältesten Schönheit mag dem Blick übers Wasser entstammen. Aber die Spiegel sind zu häufig geworden. So geben sie meist nur das Erwartete her. Es sind die Rohesten, die meinen, daß sich das Schöne widerspricht. Dem Menschen kann alles schön werden, was lange vertraut war, entrückt wurde und dann, unerwartet, wiederkehrt. Der geliebte

Tote wird schön, wenn man ihn sieht, aber nicht mehr weiß, daß er tot ist und ihn doch nicht lieben kann: im Traum.

Alles Antike hat es leichter schön zu sein, weil es lange vergraben und verschwunden war. Die Spuren der Verschwundenheit als Patina tragen zur Schönheit sehr bei; es ist nicht das Alte an sich, was man daran schätzt, sondern das Alte, das über Jahrhunderte nicht zu sehen war. Die Schönheit will nach langen Distanzen und Zeiträumen wieder gefunden werden.

Der Begriffs-Hochmut als der niedrigste Hochmut, denn er hätte einen riesigen Schatz von Münzen beisammen, sich mehr zu kaufen, aber mag keine von ihnen umwechseln, aus Geiz.

Ein Chinese stiehlt in Cambridge einen Ödipus-Komplex und führt ihn dann verstohlen in China ein.

Die Nationen sollten einander ihre Würdenträger leihen, auf je zwei Monate, und das sollte nur so reisen müssen und die gleichen Reden in vielen Sprachen halten und Krieg und Frieden im Schlafwagen erledigen.

Die Gespräche des Konfuzius sind das früheste, komplette geistige Porträt eines Menschen; es ist erstaunlich, wieviel man in 500 Aufzeichnungen geben kann; wie voll und rund einer damit wird; wie faßbar; und wie unfaßbar ganz, so als wären die Lücken nur noch wohlbewußte Falten von Gewändern.

Nach beinahe zwanzigjährigem Spiel wird mir China nun endlich wirklich zu einer Heimat. Es ist beglückend, daß in einem Geiste nichts verloren geht, und wäre das allein nicht Grund genug, um sehr lange oder gar ewig zu leben?

Das Wort »Zivilisation« scheint einem nirgends so wohl angebracht wie in allem, was mit China zusammenhängt. Zucht und Gegenzucht in ihrer Wechselwirkung lassen sich hier auf das Genaueste studieren. Was im besten Fall aus Menschen werden kann, ohne daß sie darum unmenschlich werden; was sie im schlimmsten Fall bleiben, ohne daß früher Gewonnenes wieder verloren geht; das Werden wie das Bleiben stellt sich hier auf eine ganz einzigartige Weise dar und lebt noch so bis zum heutigen Tage.

In den frommen Texten der Chinesen fühlt man sich ganz zu Hause, wie in seiner Kindheit: es ist darin so oft vom Himmel die Rede.

Ich glaube, ich liebe die Chinesen auch deshalb, weil sie die Beziehung zwischen einem älteren und jüngeren Bruder unter die fünf menschlichen Hauptbeziehungen eingereiht haben.

Die Seidenraupe ist ein tieferer Ausdruck des Chinesischen als selbst die Schrift.

Eine wirkliche chinesische Revolution bestünde in der Abschaffung der Himmelsrichtungen.

Wie *viel* gute Worte sind! Wie man besänftigen kann, wenn man *sich* vergißt, seine Eitelkeit, seine Rechthaberei, seine Herrschsucht, seine tausendundeinen Spiegel!

O könnte ich der sein, der sich von allen betrügen läßt, und es ruhig erträgt, und um nichts geringer wird, und sie alle mag, und sie doch sieht, wie sie sind, und sich gar nichts darauf zugute tut!

Es gibt Stunden, in denen Menschen, die sich sehr lieben, einander jedes Verbrechens beschuldigen, dessen sie bestimmt nicht fähig sind. Es ist, als wären sie einander die bösesten Dinge *schuldig* und als fühlten sie nur Verachtung dafür, daß keiner Anstalten macht, etwas davon in die Tat umzusetzen. »Du hast mich bestohlen!«

heißt es mit der flehentlichen Bitte darunter: »Warum tust du es nicht.« – »Du hast mich zugrunde gerichtet!« – Darin enthalten ist: »So richt mich doch zugrunde, endlich!« – »Du hast mich gemordet!« Das steht für ein heißes Gebet: »Töte mich, töte mich!«

Vielleicht drückt sich so der Wunsch nach einer wirklichen Passion des anderen aus, die vor nichts zurückscheuen dürfte, nicht vor den Folgen eines Mordes; und das richtige Gefühl für die ungeheuerlichen Ausmaße einer Liebe, die ihren eigenen Gegenstand aus der Welt geschafft hätte und sich nun für immer dessen bewußt wäre.

Die falschesten Redensarten haben den größten Reiz, solange es noch irgendwelche Leute gibt, die sie ernsthaft anwenden.

Einer, der nie neutral sein kann. In Kriegen, die ihn nichts angehen, ist er auf beiden Seiten.

Man kann nicht atmen, es ist alles voll Sieg.

Durch die furchtbaren Ereignisse in Deutschland hat das Leben eine neue Verantwortung bekommen. Früher, während des Krieges, stand er ganz allein. Was er dachte, war für alle gedacht; wohl hatte er in einer kommenden Zeit dafür vor Gericht zu stehen, aber keinem von den heute Lebenden war er Rede und Antwort schuldig. Es war ihnen allen zu viel geworden, sie begnügten sich mit abgerissenen Windstößen des Lebens; das Volle einzuatmen, war ihnen nicht möglich, sie hatten versagt. Damals schien es ihm noch von keiner tieferen Bedeutung, daß er in dieser deutschen Sprache dachte und schrieb. In einer anderen Sprache hätte er dasselbe gefunden, der Zufall hatte ihm diese ausgesucht. Sie war ihm gefügig, er konnte sich ihrer bedienen, sie war noch reich und dunkel, nicht zu glatt für die tieferen Dinge, denen er auf der Spur war, nicht zu Chinesisch, nicht zu Englisch; das Pädagogisch-Moralische, um das es auch ihm natürlich zu tun war, verstellte nicht den Weg zu Erkenntnissen, es floß erst aus ihnen. Die Sprache, gewiß, war auf ihre Weise alles; sie war aber nichts, gemessen an seiner Freiheit.

Heute, mit dem Zusammenbruch in Deutschland, hat sich das alles für ihn geändert. Die Leute dort werden sehr bald nach ihrer Sprache suchen, die man ihnen gestohlen und verunstaltet hatte. Wer immer sie rein gehalten hat, in den Jahren des schärfsten Wahns, wird damit herausrücken müssen. Es ist wahr, er lebt weiter für alle, und er wird immer allein leben müssen, sich selber als höchster Instanz verantwortlich: aber er ist jetzt den Deutschen ihre Sprache *schuldig*; er hat sie sauber gehalten, aber er muß jetzt damit auch herausrücken, mit Liebe und Dank, mit Zins und Zinseszinsen.

Alle Utopien lesen, besonders die alten, um das damals Vergessene und Ausgelassene zu suchen, es mit unserem Vergessenen zu vergleichen.

Von Superlativen geht eine zerstörende Gewalt aus.

Es ist heute nicht mehr möglich, auch nur die Namen aller alten Götter zu retten. Die Unsterblichen, die Unsterblichen, wie haben sie sich über das Leben der Erde getäuscht!

Es ist schwer, sich nur *wenig* vorzunehmen. Aber genau davon hängt es ab, was einem gelingt. Das Viele ist das Angenehme; das Wenige ist das Gute. Draußen ist alles Wind, beglückende Bewegung. Innen ist der tüchtige Atem. Erst wer um seinen Atem kämpft, weiß genau, was Arbeit ist. Die Gezeiten des Atems bezeichnen das erlaubte Stück. Die Kranken bloß, von allen, die Luft einholen, wissen, wie wenig sie behalten, und leben für dieses Wenige.

Mich zwingt niemand, am Leben zu bleiben. Darum liebe ich es so. Es ist wahr, die Späteren, bei denen der Tod verpönt sein wird, werden diese eine größte Spannung nicht mehr kennen, und sie werden uns um etwas beneiden, auf das wir mit Freuden verzichtet hätten.

Es liegt im Mißtrauen eine gefährliche Kraft: es verleitet einen zu glauben, daß man allein bedenken, allein beurteilen, allein entscheiden könne. Es verleitet einen zu glauben, daß man allein sei. Es zwingt die anderen, die einem zugehören, sich zu demütigen und sich zu stellen, als hätten sie gesündigt. Es hebt die Grenzen zwischen dem wirklich Geschehenen und dem Möglichen auf und macht die Verdächtigen auf alle Fälle schuldig.

Überall gewesen sein. Niemand sagen, wo man war. So behält man die Angst aller Orte.

Der falsche Ausländer: Jemand schwört sich zu, in seinem eigenen Lande als Fremder verkleidet zu leben, so lange bis man ihn erkennt. Er stirbt, tief verbittert, als Fremder.

Ein Spezialist: Er sucht Gelehrsamkeit ohne Bewegung; seine Zweifel wollen so gerichtet sein, daß sie nur Weniges gefährden. Er braucht einen guten, sicheren Boden, aber bloß einige sollen mit ihm drauf stehen. Unter kleinen Gruppen sieht er sich höher. Er verläßt seinen Boden selten, aus Ängstlichkeit, er fände vielleicht nicht wieder hin. Seine Herrschaft übt er durch die kleine Gruppe aus, der er zugehört. Er hat es leicht, alles zu verachten, weil niemand von seinem Gebiet etwas versteht und nichts anderes ihn wirklich interessiert. Er ist nie ernsthaft in Gefahr, solange er sich nur eng erhält. Seine Einzigartigkeit wird um seinen Edelmut erhöht, denn er hat sich etwas Abgelegenes, Nutzloses und Vergebliches ausgesucht; wer könnte ihm da selbstsüchtige Motive zuschreiben. Bleibt sein Wissen tot, so fühlt er sich wohl. Unruhig wird er, wenn es plötzlich zu sprießen beginnt, da weiß er, er hat zu tief geatmet und preßt sich die Brust mit strengem Griff zu. Eine Frau hält er sich hauptsächlich, um ihr recht fremd zu bleiben. Sie verkörpert für ihn die unbelehrbare Dummheit der Welt. Einen Doppelgänger braucht er, ein Ebenbild, das in genau demselben

Kram wühlt wie er, einen zweiten Spezialisten, dem er Respekt erweisen kann, als wäre er es selbst.

Die Ersten werden dann den Letzten schmeicheln, und es wird vergnüglich sein zu hören, was sie sich ausdenken müssen.

In der Ewigkeit ist alles am Anfang, duftender Morgen.

August 1945

Die Materie ist zerbrochen, der Traum von der Unsterblichkeit zerschellt, wir waren hart daran, ihn wahrzumachen. Die Sterne, ganz nah gerückt, sind nun verloren. Das Nächste und das Fernste sind eins geworden, unter welchen Blitzen. Das Stille allein, das Langsame ist noch lebenswert. Es ist ihm wenig Zeit geblieben. Kurz war die Lust des Fliegens. Gäbe es Seelen, so hätte diese neue Katastrophe auch sie ereilt. So wünscht man sich nicht, daß es etwas gibt, denn was ist unerreichbar. Die Zerstörung, ihres göttlichen Ursprungs gewiß, greift bis ins Mark der Dinge, und der Schöpfer zerquetscht mit dem Ton seine eigene formende Hand. Bestand! Bestand! Unwürdiges Wort! Bäume waren die weiseste Form des Lebens und sie fallen mit uns Atom-Räubern.

Wenn wir überleben, kommt es auf viel mehr an. Aber der Gedanke, daß wir vielleicht nicht überleben, ist unerträglich. Alle Sicherheit kam aus der Ewigkeit. Ohne sie, ohne dieses herrliche Gefühl irgendeiner, wenn schon nicht der eigenen Dauer, ist alles schal und vergeblich.

Daß uns all die Zeit nicht glühend heiß war, von den Möglichkeiten, die wir nicht ahnten, welch ein Segen. Das Paradies *war* am Anfang, und es ist jetzt zu Ende gegangen. Am meisten schmerzt mich das Los der anderen Geschöpfe. Wir sind so schuldig, daß es auf uns schon fast nicht mehr ankommt. Man kann nur noch schlafen, um nicht daran zu denken. Der wache Geist fühlt sich schuldig, und er ist es.

Die *Folge* der Entdeckungen in unserer Geschichte ist an sich eine Tragödie. Einige wenige Änderungen, und alles wäre anders gekommen. Einige wenige Jahrzehnte Zeit für dies oder jenes, und es hätte uns nicht mehr ereilt. Gewiß, wie alles, hat auch dieses Unglück seine Gesetze. Aber wen interessieren noch die Gesetze einer Welt, die sicher keinen Bestand hat.

Es ist nicht, daß man nichts vor sich sieht. Aber die Zukunft hat sich gespalten; es wird so sein oder so; auf dieser Seite alle Furcht, auf jener alle Hoffnung. Man hat nicht mehr das Gewicht darüber zu bestimmen, auch in sich selber nicht. Doppelzüngige Zukunft, Pythia wieder in Ehren.

Entthronung der Sonne, der letzte gültige Mythus ist zerstört. Die Erde ist mündig geworden; auf sich allein gestellt, was wird sie mit sich anfangen? Bis jetzt war sie unangefochten das Kind der Sonne, von ihr ganz abhängig, ohne sie nicht lebensfähig, ohne sie verloren. Aber das Licht ist entthront, die Atombombe ist das Maß aller Dinge geworden.

Das Kleinste hat gesiegt: Paradoxon der Macht. Der Weg zur Atombombe ist ein philosophischer: es gibt Wege anderswohin, nicht weniger verlockend. Die Zeit, o nur die Zeit, sie zu finden; vielleicht hast du vierzehn Jahre verloren, in denen etwas zu retten gewesen wäre. So unterscheidet dich nichts von denen, die in diesen selben vierzehn Jahren an der Zerstörung gearbeitet haben.

Dankbarkeit für gemeinsame Wehmut. Wir sprachen vom Leben wie von einem Toten. Was man aus der Zeit vor dem Krieg erzählen hört, klingt wie aus der Steinzeit. Dieselben Gedanken sind nicht mehr möglich. Aber in welcher Pracht recken sich jetzt die Worte. Alle Türen gehen plötzlich auf und jeder zeigt, was er bis zum heutigen Tage sorgfältig gehütet hat. Hoffnung auf Rettung durch die Preisgabe des letzten Geheimnisses.

Nun ist der letzte Geiz zerschlagen worden: der Vorrat an erschlichenen Jahren in einer Zukunft, da man nicht mehr lebt. Es kann einem nichts eine reine Freude am Leben nehmen, seit man es nicht mehr für die Unsterblichkeit spart. Für keinen Zweck mehr leben, nicht einmal für die Ewigkeit: die neue Freiheit.

Die Religionen haben es gewußt, aber sie haben es auch mitgeschaffen. Astrologie mit umgekehrtem Ende: daß *wir* jetzt Planeten und Sonnen machen werden. Die Schonzeit der Sterne ist zu Ende, wir haben sie ereilt.

Die Arche wächst, wann wird sie voll. Man baut und baut, doch der Boden ist dünner als Luft. Mit der Kühnheit, mit der Verschwendung, mit der leichten Hand der Menschheit ist es jetzt aus. Sie muß vorsichtig sein, falls sie am Leben bleiben will.

Es gibt kein Ende für den schöpferischen Gedanken des Menschen. In diesem Fluch liegt die einzige Hoffnung.

Die ersten Bilder und Worte aus meiner eigentlichen Heimatstadt waren beglückend und erschreckend zugleich. Daß der Prater zerstört ist, die Grottenbahn, in der das Erdbeben von Messina zum tiefsten Eindruck meiner Kindheit wurde; daß dieses bunte Leben nur noch in meiner Komödie besteht, wo es niemand kennt; daß ich so der Bewahrer des Praters geworden bin, bis er wieder besteht, und in einer Form, die seine Zerstörung in sich enthält: das ist gewiß ein sonderbares Schicksal für einen, dem Verwandlung und Spiel die Essenz des Menschen bedeutet.

Die Seelen der Toten sind in den anderen, den Zurückgebliebenen, und dort sterben sie langsam ganz.

Der Ruhm ist feil, aber nur im Augenblick. Auf die Dauer ist er unberechenbar, und dies ist das Einzige, was mit ihm versöhnt.

Was immer du je über den Tod gedacht hast, hat jetzt keine Gültigkeit mehr. Mit einem ungeheuren Satz hat er eine Macht der Ansteckung erreicht wie nie zuvor. Jetzt ist er wirklich allmächtig, jetzt ist er wahrhaft Gott.

Dem Einsamen gibt das Du die Wärme, deren er bedarf, um ohne die Prahlerei des Ich und die heuchlerische Gleichgültigkeit des Er von sich zu sprechen. Man setzt sein Ebenbild sich gegenüber wie einen vertrauten Freund, seine Stärken und Schwächen sind einem lange her bekannt; ohne Groll oder Anbetung teilt man ihm mit, was er eigentlich weiß, aber er soll es auch *hören*, und bei dieser Gelegenheit hört man es selbst.

Jedes Werk ist eine Vergewaltigung, durch seine bloße Masse. Man muß auch andere und reinere Mittel finden sich auszudrücken.

Hitler müßte jetzt als Jude weiterleben.

Das Beruhigende an der Geschichte ist ihre Falschheit. Es ist eine Geschichte über die Geschichte, denn wenn man die Wahrheit wüßte!

Der Satiriker, der sich nicht mehr gegen die Außenwelt wenden kann, geht als moralisches Wesen zugrunde: Gogols Schicksal.

Allmählich wird ihm der Haß gegen seine Figuren als Haß gegen sich selbst bewußt. Wen immer er verabscheut hat, er hat *sich* verabscheut. Er sucht sich einen strengen Richter, der ihn mit der Hölle bedroht. Die Vollendung der »Toten Seelen«, sein eigenes Richter-Amt, gelingt ihm nicht. Er wirft sie ins Feuer, sich selbst, und bleibt als Asche zurück.

Angst rächt sich. Jede erlittene Angst wird an andere weitergegeben. Der Entwicklungsgrad eines Menschen zeigt sich darin, an wen er seine Angst weitergibt; ob es ihm gleichgültig ist, wer sie empfängt; ob er Häuser für sie baut; ob er sie frei fluten läßt; ob ihm Tiere dafür genügen; ob er Menschen oder nur ganz besondere Menschen für sie braucht, die sie auf bestimmte Weise von ihm empfangen.

Das Beten als Einübung der Wünsche.

Es ist ein ernstes Ziel meines Lebens, alle Mythen aller Völker wirklich zu kennen. Ich will sie aber so kennen, als hätte ich an sie geglaubt.

Eine peinigende Vorstellung: daß von einem bestimmten Zeitpunkte ab die Geschichte nicht mehr *wirklich* war. Ohne es zu merken, hätte die Menschheit insgesamt die Wirklichkeit plötzlich verlassen; alles was seither geschehen sei, wäre gar nicht wahr; wir könnten es aber nicht merken. Unsere Aufgabe sei es nun, diesen Punkt zu finden, und so lange wir ihn nicht hätten, müßten wir in der jetzigen Zerstörung verharren.

Alle Geschöpfe sind vorsintflutlich, aus der Zeit vor der Atombombe.

Jetzt wäre die Zeit, Dante, für ein genaues Weltgericht.

Die Versuche, das Andenken der Menschen am Leben zu erhalten, statt sie selbst, sind immerhin noch das Größte, was die Menschheit bis jetzt geleistet hat.

Menschen durch Worte am Leben erhalten, – ist das nicht beinahe schon so, wie sie durch Worte erschaffen?

Es verläßt mich nicht der Gedanke an einen letzten Menschen, der alles weiß, was vorangegangen ist; der die Geschichten dieser bis auf ihn Ausgestorbenen in all ihren Abarten kennt, schätzt, verabscheut und liebt, der so voll davon ist, wie ich es sein möchte, der aber wirklich allein ist und seines Todes ganz gewiß. Was fängt dieser letzte Mensch mit sich an und wie erzwingt er die Aufbewahrung seiner kostbaren Kenntnisse? Ich kann nicht daran glauben, daß er spurlos vergeht, wenn ihm nur Zeit gegeben ist, sich zurechtzufinden. Sein Schmerz wird sich bald in Geschicklichkeit verwandeln; er wird Tiere zu Leuten erziehen und ihnen seine Reichtümer mitgeben.

Ich bin erst vierzig; aber es vergeht kaum ein Tag, an dem ich nicht vom Tode eines Menschen erfahre, den ich gekannt habe. Mit den

Jahren werden ihrer täglich mehr sein. Der Tod wird bis in die einzelnen Stunden kriechen. Wie soll man ihm schließlich nicht verfallen!

Schuldgefühl gegen meinen Vater: ich bin nun schon neun Jahre älter, als er geworden ist.

O wer die Bitterkeit aus der Zukunft wegzuschöpfen vermöchte, daß er allein sie schluckt, und die anderen sind glücklich!

Du bist noch so naiv geblieben, daß du in Wirklichkeit von jedem neuen Menschen das Allerbeste erwartest; und deine größere Reife drückt sich nur darin aus, daß diese Erwartung sehr rasch in Mißtrauen und Verachtung umschlägt. Auf die Kraft dieser naiven Erwartung, die es so schwer hat, sich gegen die wachsende Erfahrung eines Lebens zu behaupten, kommt es im Grunde allein an. So lange sie besteht, ist auch von dir noch alles zu erwarten.

Zynismus: daß man von niemand *mehr* erwartet, als man selber ist.

Er hat so viel gepredigt, daß er an nichts mehr glaubt. – Wie sehr darf man seinen Glauben beteuern, ohne ihn zu gefährden? Das Verhältnis finden.

Die Leiden der Juden waren eine Institution geworden, aber sie hat sich überlebt. Die Menschen wollen nichts mehr davon hören. Mit Staunen haben sie davon Kenntnis genommen, daß man die Juden ausrotten könnte; sie verachten, ohne es vielleicht selber zu merken, die Juden jetzt aus einem neuen Grund. Gas *ist* in diesem Krieg verwendet worden, aber nur gegen die Juden, und sie waren hilflos. Dagegen hat auch das Geld, das ihnen früher Macht gab, nichts vermocht. Sie sind zu Sklaven, dann zu Vieh, dann zu Ungeziefer degradiert worden. Die Degradierung ist gelungen; bei den anderen, die es vernommen haben, werden die Spuren davon schwerer zu verwischen sein als bei den Juden selbst. Jeder Akt der Macht ist zweischneidig; jede Erniedrigung steigert die Lust dessen, der sich überhebt, und steckt andere an, die sich ebensogern überheben möchten. Die sehr alte Geschichte der Beziehung anderer Menschen zu Juden hat sich grundlegend verändert. Man verabscheut sie nicht weniger; aber man *fürchtet* sie nicht mehr. Aus diesem Grund können die Juden keinen größeren Fehler begehen, als die Klagen fortzusetzen, in denen sie Meister waren und zu denen sie jetzt mehr als je Anlaß haben.

Warum sind nicht mehr Leute *aus Trotz* gut?

Es wurde alles rascher, damit mehr Zeit ist. Es ist immer weniger Zeit.

Der Krieg ist in den Weltraum vorgerückt, die Erde atmet vor ihrem Ende auf.

Es wäre merkwürdig, wenn unter allen Formen von Leben, die es anderswo vielleicht noch gibt, wir auf der Erde die einzigen wären, die Kriege gekannt hätten.

Am gefährlichsten ist der Kampf mit einem Schwächeren; dieses windige, nichtsnutzige, leere Überlegenheitsgefühl vor dem Kampf, während dem Kampf, danach, dieses unaufhörliche: ha, ha, ich könnte dich ja fressen! Alle schlechten Gefühle könnte ich mir aus dieser Situation herleiten, in der man unangefochten der Überlegene, der weithin Überlegene ist und sich dann doch zum Fechten hergibt.

Die letzten Tiere bitten bei den Menschen um Gnade. Im selben Augenblicke gehen die Menschen in die Luft. Die Tiere bleiben am Leben. – Schadenfreude bei der Vorstellung, daß die Tiere uns überleben könnten.

Mit Schuld begann der Krieg. Mit Schuld hat er geendet. Sie ist nur zehntausendmal größer.

Sie wünscht sich, daß er alles weiß; aber es wäre gefährlich für sie, wenn er alles wüßte. An den wenigen Tagen, da er ihr wirklich ganz vertraut, versetzt sie ihn durch ein Wort in mißtrauische Unruhe. So kann sie hoffen, daß er schließlich doch noch alles wissen wird. Sie erträgt es, ihn zu betrügen, aber sein Unwissen erträgt sie nicht: denn seine vermeintliche Allwissenheit ist es, die ihr die Kraft zum Leben gibt, also auch die Kraft, ihn zu betrügen.

Die schärfste und erbarmungsloseste Hierarchie ist in der Kunst. Es gibt nichts, was sie je aufheben könnte. Sie beruht auf dem Ausdruck von Erfahrungen, die wirklich und unvermeidlich sind. In der Kunst muß alles noch geschehen. Es genügt nicht, daß man was hat oder wo ist. Man muß *vormachen*, es muß gemacht sein.

Alles Wissen hat etwas Puritanisches; es gibt den Worten eine Moral.

Der beste Mensch dürfte keinen Namen haben.

Der Vorzug der englischen Historiker, der englischen Wissenschaftler überhaupt, ist zugleich ihr größter Nachteil: es ist die Absicht zu unterweisen, die kaum einer von den schreibenden Gelehrten je ganz vergessen kann. Man gibt sein Wissen immer wie an Kinder weiter; man läßt die Dunkelheiten seines Wissen aus; und man rundet seine grausamen Spitzen. Es ist besonders das Letztere, was die freundliche Klarheit der Engländer von der treffenden der Franzosen unterscheidet. *Gibbon* war also seiner Art nach mehr Franzose. Der Engländer nagelt seine Jugend nicht gern an zu tiefe Eindrücke. Er schützt sie lieber durch Einteilungen, er verbietet lieber, als er erschreckt. Aber er neigt dann auch dazu, erwachsen so zu bleiben. Seine Zivilisation, eine der stärksten, ist eine ungebrochen naive, und vielleicht ist ihr auch darum die Figur des Richters noch unangetastet geblieben.

Ich möchte tolerant werden, ohne etwas zu übersehen; niemand verfolgen, auch wenn alle mich verfolgen; besser werden, ohne es zu merken; trauriger werden, aber gerne leben; heiterer werden, in anderen glücklich sein; niemand gehören, in jedem wachsen; das Beste lieben, das Schlechteste trösten; nicht einmal mich mehr hassen.

Von den Frauen siegt nicht, die nachrennt, nicht, die davonrennt, sondern es siegt, die wartet.

Ach, könnte man dem Leben zuschauen, mit einer Tarnkappe über dem Mund, ohne je etwas zu sagen, ohne daß aus dem verschwundenen eigenen Mund je etwas zu erwarten oder zu befürchten wäre!

Alles wonach man sich sehnt, verzeichnen, einen einzigen Tag lang, ohne Erklärung und Verbindung, nichts dazwischen, wirklich nur das, wonach man sich sehnt.

An einem anderen Tag alles verzeichnen, wovor man sich fürchtet.

Eine andere Art von Sündenböcken, in denen man alle seine schlechten Eigenschaften verstärkt wiederfindet. Statt sich selber zu bessern, wendet man seine ganze Mühe auf die Böcke an; denn da ist es vergeblich, der Bock wird nie besser werden. Die eigene Besserung, mit viel geringerem Aufwand, würde gelingen; und das ist es gerade, was man vermeiden will.

Die Philosophen zeugen Kinder miteinander ohne zu heiraten. Ihre Familienverhältnisse sind erträglich, weil sie sich außerhalb jeder Familie abspielen. Ihre Abneigungen richten sie gegeneinander, statt gegen eine Frau. Ihre Eigenheiten verteidigen sie bewußter als andere Menschen, mit weniger Schuldgefühl und mit dem Anspruch darauf, nie zu verstummen, solange es andere gibt. Sie lassen sich nie widerlegen, obwohl sie sich gern in diesem imaginären Geschäft üben. Die Lästigen unter ihnen sind die, die nichts vergessen wollen. Einige stellen sich vergeßlich. Die Eigenartigsten vergessen wirklich das Meiste und sind einem dann in ihrer riesigen eigenen Finsternis so lieb wie Sterne.

An den philosophischen Gedanken der Griechen erschreckt mich immer wieder, daß wir noch ganz darin befangen sind. Alles was wir wollen, scheint griechisch. Alles was wir rechtfertigen, lautet griechisch. Die Zerstreutheit des Überlieferten macht seine Wirkung um vieles eindrucksvoller. Sieht unsere Welt heute so aus, weil nicht ein ganz neuer, ganz originaler Gedanke da ist? Oder sieht sie so aus, weil zu Verschiedenes von den Griechen da ist?

Die Verwandlungen des Sokrates, die er sich selbst nicht gestatten wollte, sind dann alle plötzlich doch da, in seinen Schülern: das postume Drama einer antidramatischen Person.

1946

Die wirklichen Dichter begegnen ihren Figuren erst, *nachdem* sie sie geschaffen haben.

Das Lernen muß ein Abenteuer bleiben, sonst ist es totgeboren. Was du im Augenblick lernst, soll von zufälligen Begegnungen abhängig sein und es soll sich so, von Begegnung zu Begegnung, wieder fortsetzen, ein Lernen in Verwandlungen, ein Lernen in Lust.

Es ist in Wirklichkeit *jeder* Glaube, was mir nahe geht. Ich fühle mich ruhig in jedem Glauben, so lange ich weiß, daß ich wieder fort kann. Es ist mir aber nicht daran gelegen zu zweifeln. Ich habe eine rätselhafte Bereitschaft zum Glauben und eine Leichtigkeit darin, als wäre es meine Aufgabe, alles wieder darzustellen, was je geglaubt worden ist. Das Glauben selbst vermag ich nicht anzutasten. Es ist stark und natürlich in mir und bewegt sich auf alle Weisen. Ich könnte mir vorstellen, daß ich mein Leben an einem geheimen Zufluchtsort verbringe, der die Quellen, Mythen, Disputationen und Geschichten aller bekannten Glaubensformen birgt. Dort würde ich lesen, denken und mir langsam erglauben, was es überhaupt gibt.

Er kann selbst nie schlicht sein; um schlicht zu sein, muß er sich erst in einen sehr armen und gedrückten Menschen verwandeln, aus Liebe zu diesem wird er dann schlicht.

Die Zeit, in der man sich sehr gegen etwas wehrt, ist für den Dichter die wichtigste. Sobald er sich ergeben hat, ist er wieder kein Dichter mehr.

Ich freue mich an allen Systemen, wenn sie gut überschaubar sind, wie ein Spielzeug in der Hand. Werden sie ausführlich, so machen sie mir bang. Es ist dann zu viel von der Welt an eine falsche Stelle geraten, und wie soll ich es dort wieder herausholen.

Der Ruhm will sich immer an die Sterne hängen, weil sie so weit abseits stehen; der Ruhm will sich in Sicherheit bringen.

Der Mensch muß es lernen, viele Menschen bewußt zu *sein* und sie alle beisammenzuhalten. Diese letztere und viel schwierigere Aufgabe wird ihm den Charakter geben, den er durch seine Vielfalt gefährdet. Statt über andere wird er über seine eigenen Personen regieren müssen; sie werden Namen haben, er wird sie kennen, er wird ihnen befehlen können. Seine Herrschsucht wird Fremde nicht mehr wollen; es wird verächtlich scheinen, Fremde überhaupt zu brauchen, wenn man selber so Viele sein kann, wie man bewältigt.

Mit einigen wenigen Geschichten müßte sich die Welt regieren lassen. Aber es müßten die richtigen sein; man dürfte sie nie verwechseln; und viele andere, die meisten, dürfte man nie erzählen. – Der Aberglaube des Dichters.

Ich kann mich mit nichts entschädigen: es hat bei mir alles seinen eigenen Wert, seine eigene Bedeutung; wenn man eins fürs andere tauschen könnte, wäre mir leichter; ich tausche nie; selbst wenn ich etwas kaufe, möchte ich das Gefühl haben, daß zwei Leute einander etwas schenken, zufällig zur selben Zeit.

Was du *entsetzt* erfunden hast, stellt sich später als schlichte Wahrheit heraus.

Wie leicht sich das sagt: sich selber finden! Wie man erschrickt, wenn es wirklich geschieht!

In der Liebe will man stärker das tun, was man ohnehin täte. Sie bringt alles nur auf stärkere Spannung, man will das andere Wesen ganz mit sich überziehen und eine der Listen, die man dazu anwendet, ist Verstellung: man gibt sich so, als wolle man das andere in sich aufnehmen, ohne es zu gefährden, ohne ihm etwas anzutun. In einer Wolke von duftender Bewunderung und klingendem Zartgefühl soll es sich wohlfühlen, aber unverändert: es bleibt verehrt dasselbe, denn was könnte es schon Herrlicheres sein, als es ist. Der Kerker, den in Wirklichkeit die Liebe vorbereitet hat, wird nur langsam sichtbar. Wenn jene Wolken sich verziehen, werden die nackten Wände sichtbar und es hat sie noch niemand gleich erkannt.

Lesen, bis die Wimpern vor Müdigkeit leise klingen.

Immer faßt man sich an einem alten Mythus wieder zusammen; es gibt ihrer so viele; es gibt welche für alles. Ist das der Grund, warum seit langem in der Welt nichts wirklich Schöpferisches mehr geschehen ist? Haben wir uns an den alten Mythen erschöpft?

Das Gefährliche an den Verboten: daß man sich auf sie verläßt, daß man nicht darüber nachdenkt, *wann* sie zu ändern wären.

In einem astronomischen Buch lese ich die Jahreszahl November 24, 1999. Ungeheure Erregung.

Es wird keine neue Erde kommen, sie war die einzige. In Brunst überlebt sie ihr martervolles Ende. Hüten? Wer darf sie hüten? Wäre Einer ganz die Erde, sein Herz genau die Erde, er dürfte sie hüten. Dann würde sie die Form seines Herzens annehmen. Städte, Gebirge, Flüsse hätten einen anderen Platz auf ihr. Die Menschen wüßten, die Erde ist ein genaues Herz geworden und sie wird schlagen. Es ist der Schlag, den sie erwarten. Es ist der Schlag, auf den sie hoffen. Es ist der Schlag der einsgewordenen Erde.

Man übersteht so viel, daß man in den Irrtum verfällt, man könne alles überstehen.

Du setzt deine Hoffnung auf jedes Omen aus jedem Glauben, das zufällig des Weges daherscheint: auf einen Friedhof am Hang, eine eigentümlich gezeichnete Kuh, einen Feuerball über einem Grabstein, einen ungewöhnlich geformten Bau, auf den Rauch einer Eisenbahn, eine zuckende Hüfte, den Geburtstag deiner verstorbenen Mutter.

Alles um dich herum bekommt mehr und mehr Bedeutung; deine Umgebung erfüllt sich. Es ist eigentlich nicht mehr eine Umgebung. Was in Bilder und Rahmen gebannt war, tritt hervor und schwillt vor deinen Augen an. Du siehst so viel daran und du siehst auch hindurch, durch ihre Vergrößerung werden dir die Wesen durchsichtig. Du hast für alles Platz, in dir durchdringen sich die ungeheuerlichsten und schönsten Gebilde.

Die Buchstaben des eigenen Namens haben eine furchtbare Magie, als sei die Welt aus ihnen zusammengesetzt. Wäre eine Welt ohne Namen denkbar?

Disput zwischen zwei Unsterblichkeitslüsternen: der eine will Kontinuität, der andere will nach Abständen immer wiederkommen.

Quälendste Vorstellung: *alle* Dramen hätten sich schon abgespielt, und nur die Masken wechseln.

Jeder Raum will erworben werden, durch mächtige Erlebnisse; schwächliche Räume sind wie Korridore und bloß zu Verbindungen nutz.

Eine Leidenschaft kann unsäglich schön sein, wenn sie aus Bändigung, Ordnung und Bewußtheit wieder blind und unbesonnen wird. So rettet sie sich, indem sie Zerstörung droht. Wer ohne Leidenschaft lebt, lebt nicht; wer sie immer meistert, lebt halb; wer an ihr zugrunde geht, hat wenigstens gelebt; wer sich ihrer erinnert, hat Zukunft, und nicht mehr als Vergangenheit, wer sie gebannt hat.

Für jede Eigenschaft hat der Mensch eine eigene Hoffnungslosigkeit.

Das ungenützte Wissen rächt sich. Es ist etwas furchtbar Absichtliches und Gebundenes im Wissen. Es will verwendet, gerichtet und gehandhabt sein. Es will sich unentbehrlich machen. Es will Sitte und Gewohnheit werden. Es läßt sich nicht zu leuchtenden und entfernten Sternen degradieren. Es will treffen. Es will töten.

Das Unheimlichste ist noch nie gedacht, geschweige denn dargestellt worden.

Das kleinste widerwärtige Ereignis wächst zur Katastrophe an, wenn man ihm mit der vollen unausgelebten Kraft eines Dichters begegnet. Man schleudert ihm Berge von Gestalten und Deutungen entgegen, es aber wäre mit einem kümmerlichen praktischen Wort gebändigt; die eigenen Anstrengungen machen es erst wüst und groß. Man hat nicht die Angemessenheit und Kleinlichkeit der alltäglichen Verrichtungen, aus denen das Leben der anderen besteht. Man ist zu sehr im Weiten, im Schwellenden des Atems und der Geschichten. Man will gar nicht den erprobten Zauber, der gelingt. Man will die Gefahr selber so vergrößern, bis es gar kein Mittel gegen sie gibt und dann wendet man eines nach dem anderen verzweifelt und vergeblich an.

Dieses Bedürfnis *gut* zu sein, wenn man sich schuldig fühlt; glühend starkes Bedürfnis, wenn man seine Schuld allein kennt, wenn sie niemand, dem man sie unterbreiten würde, anerkennen könnte; wenn die anderen einen dort für gut halten, wo man es am wenigsten ist, dieses teuflisch quälende Bedürfnis, *wirklich* gut zu sein, als hinge jedes Leben, jedes, von einem allein ab, von niemand sonst, auch das Leben derer, die man gar nicht kennt, durch das Leben derer, die man kennt; als hätte man nur getötet und versagt, versagt und getötet, und als könnte man immer noch, nach mehr als einem halben Leben, wirklich gut werden.

Wenn du allein wärst, würdest du dich in zwei schneiden, damit der eine Teil den anderen formt.

Ich will mehr über die Menschen wissen, als alle, auch die Dichter bis jetzt gewußt haben. So muß ich mich in meine eigenen wenigen Menschen vertiefen, als hätte ich sie selbst auf das Genaueste zu *machen*, als wären sie ohne mich gar nicht am Leben, mein Wort ihr Atem, meine Liebe ihr Herz, mein Geist ihr Gedanke. Das Geheimnisvolle dieser Bindungen, die ich nie ganz erschöpfen kann, *rechtfertigt* mich.

Sein Kopf aus Sternen, aber noch nicht zu Konstellationen geordnet.

Da er nicht betet, muß er täglich etwas über die Götter *sagen*, und wenn es auch nur ein Witz ist. Der gläubige Mensch, in dieser zerrissenen Zeit, kann nirgends Glauben finden und borgt sich die vertrockneten Namen der alten Götter aus.

Man muß sich seine Moral aus einem gefährdeten Leben zusammensuchen und darf vor keiner Konsequenz erschrecken, wenn sie nur die in sich rechte ist. Man mag zu einem Schluß und Entschluß kommen, der in der üblichen Sprache der anderen furchtbar klingt und doch der einzig richtige ist. Es ist sinnlos, nach dem Leben und der Erfahrung anderer zu leben, die man nicht gekannt hat, die zu einer anderen Zeit, unter anderen Umständen, in andersgearteten Beziehungen gelebt haben. Man muß ein reiches und empfängliches Bewußtsein haben, um zu einer eigenen Moral zu gelangen.

Man muß große Absichten haben und sie festhalten können. Man muß glauben, daß man die Menschen sehr liebt und immer lieben wird, sonst richtet sich diese Privatmoral gegen die anderen und ist nicht mehr als ein Vorwand für den nackten eigenen Vorteil.

Es ist nur gut, sich manchmal zu hassen, nicht zu oft; sonst braucht man wieder sehr viel Haß gegen andere, um den Selbsthaß auszugleichen.

Das Mißfallen an einem Menschen kann Maße annehmen, die einem wohltun; dann erst muß man sich wirklich vor ihm in acht nehmen.

Die Ohnmacht auskosten, nach der Macht, in jeder Phase, die ihr genau entspricht; für jeden alten Triumph die neue Niederlage setzen; sich stärken an seiner Schwäche; sich, so sehr verloren, wiedergewinnen.

Schadenfreude über die eigene Niederlage, als wäre man Zwei.

Es ist der Schönheit gegeben, sich zu vervielfältigen; so stirbt selbst sie.

Man kann so viel erleben, mit den wenigen, selben Menschen, daß man weder sie noch sich mehr erkennt und nur flüchtig sich erinnert, man ist es, sie sind es.

Das Nützliche wäre nicht so gefährlich, wenn es nicht so verläßlich nützlich wäre. Es müßte sehr oft aussetzen. Es müßte unberechenbar bleiben, wie etwas Lebendes. Es müßte sich öfter und heftiger gegen einen wenden. Am Nützlichen haben sich die Menschen zu Göttern ernannt, obwohl sie noch sterben müssen. Über diese ihre lächerliche Schwäche täuscht sie die Macht über das Nützliche hinweg. So werden sie in ihrer Einbildung immer schwächer. Das Nützliche vermehrt sich, aber die Menschen sterben wie die Fliegen. Wäre das Nützliche seltener nützlich; gäbe es keine Möglichkeit, genau zu berechnen, wann es bestimmt nützlich sein werde und wann bestimmt nicht; hätte es Sprünge, Willkür und Laune, so wäre niemand sein Sklave geworden. Man hätte mehr gedacht, man hätte sich auf mehr vorbereitet, man wäre auf mehr gefaßt. Die Linien vom Tod her zum Tod wären nicht verwischt, wir wären ihm nicht *blind* verfallen. Er könnte uns nicht mitten in unserer Sicherheit verhöhnen, wie Tiere. So hat uns das Nützliche und der Glaube daran als Tiere belassen; es werden mehr und mehr, und wir sind nur um vieles hilfloser.

Es läßt sich nur einsam sein, wenn man in einiger Entfernung Menschen hat, die auf einen warten. Absolute Einsamkeit gibt es nicht. Es gibt nur die grausame Einsamkeit gegen die Wartenden.

Die Literatur als Beruf ist zerstörend: man soll sich vor den Worten mehr *fürchten.*

Leonardos Zwecke waren so viele, daß er von ihnen frei geblieben ist. Er konnte alles unternehmen, weil nichts ihm etwas wegnahm. Seine Anschauung war von seiner Vision nicht abgespalten. Die natürlichen Formen durften ihm wichtig sein, weil sie noch nicht ihre volle Lebendigkeit hatten. Er übernahm nichts; oder was er übernahm, wurde ihm dadurch neu. Das Auffallendste an ihm ist seine Geistigkeit: er ist der Wegweiser zu unserem Untergang. Unsere zerstreuten Bestrebungen liegen in ihm noch alle beisammen; aber sie sind darum nicht weniger zerstreut. Sein Glaube an die Natur ist kalt und schrecklich; es ist ein Glaube an eine neue Art von Herrschaft. Ihre Folgen für die anderen sieht er wohl ab, aber selber fürchtet er sich vor nichts. Es ist genau diese Furchtlosigkeit, die in uns alle gefahren ist; die Technik ist ihr Produkt. Das Nebeneinander von Maschine und Organismus in Leonardo ist die unheimlichste Tatsache der Geistesgeschichte. Noch sind die Maschinen meist nicht mehr als Zeichnungen von ihm, sein Spiel, seine gebändigte Laune. Die Anatomie des menschlichen Körpers, der er verfallen war, seine Hauptleidenschaft, erlaubt ihm seine kleineren Maschinenspiele. Das Entdecken von Sinn in dieser oder jener Anlage des Körpers macht ihm Lust auf sinnreiche Einrichtungen seiner eigenen Erfindung. Das Wissen hat noch jenen merkwürdig gärenden Charakter, es will sich nicht beruhigt aufheben lassen und es scheut vor dem System. Seine Unruhe ist die der Anschauung, die nicht bloß sehen will, was sie glaubt; es ist die *angstlose* Anschauung, eine immer bereite Angstlosigkeit und ein immer bereiter Blick. Der Vorgang in Leonardos Geist ist dem entgegengesetzt, den die mystischen Religionen erstreben. Diese wollen Angstlosigkeit und Ruhe durch Anschauung erreichen. Leonardo aber dient seine eigentümliche Angstlosigkeit zur Erreichung der Anschauung, die ihm, für jeden einzelnen Gegenstand, Ziel und Ende seiner Bemühung bedeutet.

Zu sehen, daß alle begrifflichen Spitzfindigkeiten und Systeme der Philosophen noch wahr werden müssen, daß nichts umsonst zusammengezwungen, nichts umsonst gedacht worden ist, die Welt eine Folterkammer der Denker.

Im Wiedererkennen liegt die einzige Beruhigung des Geistes. Der Glaube an die Seelenwanderung setzt möglichst viele Punkte der Wiedererkenntnis, und so demütigend viele von ihnen sein mögen, noch mehr sind sie beruhigend.

Welche erstaunliche Hierarchie unter den Tieren! Der Mensch sieht sie so, wie er sich ihre Eigenschaften gestohlen hat.

Die Glaubensformen des Menschen setzen sich aus Zirkeln oder gerichteten graden Linien zusammen. Fortschritt, sagen die Kalten, Kühnen und wollen alles wie Pfeile haben (dem Tod entkommen sie durch Morden); Wiederkehr, sagen die Zärtlichen, Beharrenden und beladen sich mit Schulden (den Tod machen sie durch Wiederholung langweilig). Dann, in der Spirale, sucht man beides in eins zu schmelzen und übernimmt damit beide Haltungen zum Tod: die mörderische wie die wiederholende. So steht der Tod tausendfach stärker da als je, und wer sich ihm entgegenstellt, als dem Einmaligen, das er wirklich ist, den überfallen sie mit Pfeilen, Zirkeln und Spiralen.

Erst die Gestorbenen haben einander ganz verloren.

Mein Haß gegen den Tod setzt ein unaufhörliches Bewußtsein von ihm voraus; es wundert mich, wie ich so leben kann.

Es wird gesagt, daß der Tod vielen als Erlösung kommt, und schwerlich gibt es einen Menschen, der ihn sich manchmal nicht gewünscht hat. Er ist das oberste Symbol des Mißlingens: wem Großes mißlingt, der tröstet sich damit, daß noch mehr mißlingen kann, und er greift nach jenem ungeheuren dunklen Mantel, der alles gleichmäßig bedeckt. Wäre aber der Tod gar nicht da, so könnte einem nichts wirklich mißlingen; in immer neuen Versuchen könnte man Schwächen, Unzulänglichkeiten und Sünden wiedergutmachen. Die unbegrenzte Zeit gäbe einem unbegrenzten Mut. Von früh auf wird einem eingeimpft, daß alles zu Ende geht, hier zumindest, in dieser bekannten Welt. Grenzen und Enge überall, und bald eine letzte, peinlich häßliche Enge, deren Erweiterung nicht von einem selber abhängt. In diese Enge blickt jeder; was immer dahinter kommen mag, sie gilt als unvermeidlich; es hat sich jeder zu bücken, unabhängig von Vorhaben und Verdienst. Eine Seele mag so weit sein wie sie will: sie wird zusammengepreßt werden, bis sie erstickt, zu einem Zeitpunkt, den sie nicht selber bestimmt. Wer ihn bestimmt, das ist die Sache der zufällig herrschenden Meinung und nicht der einzelnen Seele selbst. Die Sklaverei des Todes ist der Kern aller Sklaverei, und wenn diese Sklaverei nicht anerkannt wäre, könnte niemand sie sich wünschen.

An einem sehr persönlichen Menschen wird dann das Unpersönlichste das Reizvollste, als hätte er, weil sonst so viel da ist, die Welt zusammengesucht und sich dabei ausgelassen.

Die Schönheit der Figuren auf griechischen Vasen beruht auch darauf, daß sie einen leeren und geheimnisvollen Raum umspannen und zusammenhalten. Das Dunkle innen macht ihren Reigen außen heller. Sie sind wie Stunden für die Zeit, aber reich und verschieden und gegliedert. Man kann, während man sie betrachtet, die Höhlung nie vergessen, die sie umrahmen. Die Ereignisse, die sie darstellen, sind um diese Höhlung tiefer. Jede Vase ist ein eigener Tempel mit ungestörtem und einheitlichem Allerheiligsten, von dem nie gesprochen wird, das aber schon in Name und Form allein enthalten ist. Am schönsten sind die Figuren, wenn sie einen Tanz darstellen.

Der umgekehrte Zeus: einer, der sich in ein Dutzend Gestalten verwandelt, um eine Frau an ihrer Liebe zu *verhindern*.

Wenn die Hölle der Gefühle wenigstens ihre Ordnung hätte; wenn Strafen und Orte wenigstens festgesetzt wären, wenn etwas für etwas einträte, wenn etwas auf etwas stünde, aber in der Hölle der Gefühle ist alles unbestimmt, sie hat keine Grenze, ihre Pfade sind nur scheinbare, alles ist unaufhörlich in Änderung begriffen, nach jeder Dimension, und doch ist es kein Chaos; es ist eine Hölle, voll von Gestalten, in die immer neue eingeliefert werden, aus der keine alte je entlassen wird.

Wie widersinnig ist der Weg von den vielen Göttern zum einen. Sie kommen untereinander nicht aus; statt es immer wieder zu versuchen, wie Menschen, geben sie es auf und reduzieren sich zu *einem*; der kommt dann mit sich aus.

Immer wieder wenden sich meine Gedanken zum Glauben. Ich spüre, wie er alles ist und wie wenig ich darüber weiß. Es ist das Glauben an sich und nicht ein besonderer Inhalt, der mich beschäftigt. Aber wenn ich heftig fühle, daß ich ihm, dem großen zentralen Rätsel meines Lebens und seiner Lösung nicht näher gekommen bin, greife ich nach einem bestimmten Glauben und spiele damit, und es ist nicht zu sagen, wie froh und sicher ich dabei werde und wie sehr ich einer künftigen Lösung meines Rätsels vertraue.

Der wahre Don Quichotte, ein unübertrefflicher Narr, wäre einer, der durch Worte, durch *bloße* Worte den Kampf gegen die Lust einer Frau führt. Diese Lust findet sie an anderen. Der Narr, der sie früher geliebt hat und der sich mit ihrer neuen Verfassung nicht abfinden kann, beschließt, durch Worte dagegen anzukämpfen. Er ist zu stolz, sie dort zu packen, wo sie allein wirklich zu packen ist, und ihr größere Lust zu bieten. Was er ihr geben will, läßt er in die Worte fließen, die er für sie findet. Sie lernt es bald, in seinem Ozean zu schwimmen, wo es ihr gut gefällt, sie ist ein Geschöpf seines Elements; aber nichts bringt sie davon ab, ihren Erlebnissen in Uferhöhlen nachzugehen. Er lockt sie weiter hinaus, sie schwimmt immer ans Land und dann zu ihm zurück. Er vergrößert das Meer, sie erfindet Inseln. Er überschwemmt die Inseln, sie lernt tauchen und richtet sich am Meeresgrund ihr Liebesbett ein. Durch seine Leidenschaft zum Poseidon geworden, erschüttert er das Meer und zerstört ihr Bett. Sie findet Fische, in denen es sich lieben läßt und überredet ihre Geliebten dazu, sich mit ihr schlucken zu lassen. Da entschließt sich der Narr, das Wortmeer trocken zu legen. Er macht kein Meer, er schweigt, die Wasser verlaufen sich, das Weib verdurstet, der letzte Geliebte verschwindet, das Weib verdurstet allein.

Ohne Worte hätte er immer alles ausrichten können.

Sich ausdenken, was Tiere an einem zu loben fänden.

Es gibt nichts Häßlicheres als Triebe. Die freundliche Verehrung, mit der die Menschen sich gegenseitig auf ihre Triebe schauen, sie hegen und pflegen und aus tiefstem Herzen bewundern, erinnert an die Loyalität eines Verbrechervereins. Alles ist menschlich, was die meisten meistens gerne tun, und die wenigen anderen, die manchmal anders sind, sind eigentlich Unmenschen. Man fürchtet oder verachtet die, die besser sein wollen, denn wie könnte ihr Verhalten etwas anderem als einem Mangel entspringen. Die aber, die den Mund immer gierig öffnen oder voll haben, sind die Guten. Ach, wie einen diese anerkannte Gleichartigkeit der Triebe ekelt! Sie sind der Grund und sie sind das Ziel, gegen sie kommt nichts auf, denn sie sind auch das Starke. War es nicht doch besser, als man sich ihrer schämte? Besser, daß man lieber heuchelte als sich mit seiner Niedrigkeit offen brüstete? Heute sind die Triebe als Götter anerkannt, wer sich ihrer zu erwehren sucht, ist ein Religionsfrevler; wer sie bei Namen nennt, hat etwas geleistet; wer mehr als sie will, ist ein Narr. Ich bin gern ein Narr.

Ich werde immer wenige Menschen besitzen, damit ich ihren Verlust nie verschmerzen kann.

Ich hätte die Macht nie wirklich kennen gelernt, wenn ich sie nicht ausgeübt und nicht selber das Opfer dieser eigenen Übung geworden wäre. So ist mir die Macht nun dreifach vertraut: ich habe sie beobachtet, ich habe sie ausgeübt, ich habe sie erlitten.

Jetzt erst, in sonderbaren Berichten und abstrusen Büchern, durchdringen sich die Götter der Völker, die einander nie gekannt haben.

Vielleicht wäre in der Einsamkeit alles erträglich. Aber man spricht aus ihr heraus und andere hören einen. Hören sie einen nicht, so spricht man lauter. Hören sie noch immer nicht, so schreit man. Es ist dann mehr ein tobendes Fürsichsein als Einsamkeit.

Bilder als die Positive zu den *Fenstern*, unter denen man umhergeht und lebt. Ein Gang durch die Straßen und man hat vielleicht tausend Fenster passiert. In jedem war etwas zu erwarten, in kaum einem hat man etwas gesehen. Sie schneiden, in klaren Umrissen, ein Stück Erwartung heraus und man trägt sie unerfüllt weiter. Aber in Bildergalerien sind sie dann plötzlich alle da, die Inhalte aller Fenster, als Aus- und Einsichten; und es ist merkwürdig, wie echt, wie richtig, wie genau einem dann die Einsichten in Zimmern vorkommen, die man bestimmt gesehen hätte, als Fliesen, Tische, Stühle und als Menschen, die in ruhiger Verrichtung dasitzen.

Der Satte. – Er sättigt sich, noch bevor er hungrig ist. Er fürchtet sich vor seinem Hunger. Es sind ihm Geschichten erzählt worden von hungrigen Menschen, die ihn mit tiefem Entsetzen erfüllt haben. Wenn er an zerlumpten, ausgemergelten Menschen vorübergeht, geht er gleich in das nächste teuerste Restaurant essen, so sehr fürchtet er sich, und dort beruhigt er seine zitternden Därme. Er hat sehr viel Mitgefühl und in jedem Hungernden sieht er sich. Er hat mehr Mitgefühl als die meisten Menschen, darum kann er es nicht ertragen, einen Hungrigen zu sehen. Im allgemeinen weicht er diesen Elendsfiguren aus, aber es gibt Zeiten, da er sich vor Sattheit nicht mehr zurechtfindet, und da muß er irgendwo einen Hungrigen aufsuchen. Die Vorstellung, daß solche mit leerem Darm dastehen, ekelt ihn. Er begreift nicht, wieso es Hungrige gibt. Ein Gespräch, in dem ihn einer über die Gründe für das Vorhandensein von Hungrigen aufzuklären sucht, endet mit einer großen Mahlzeit. Aber er hat auch Argumente. Warum, so fragt er, stehlen Hungrige nicht? Warum verkaufen sie sich nicht? Warum fälschen sie keine Schecks? Warum morden sie nicht? Er täte alles eher als Hunger zu fühlen, geschweige denn einen Tag lang hungrig zu sein. Seine unaufhörlichen Mahlzeiten rechtfertigt er damit, daß er im Falle des Hungers für sich nicht bürgen könnte.

Liebende findet er lächerlich. Er verspottet sie, die ihr Letztes miteinander teilen. »Das Letzte« ist sein allerärgster Gedanke. Wenn er jemand sagen hört »das letzte Stück Brot«, muß er weinen. In seinen Träumen sieht er Leute zu Fenstern hinein und hinausessen. Er kennt Häuser nach ihren Küchen. Wenn er durch Straßen geht, fühlt er, wo in jedem Hause die Küche liegt, und wehe dem Hause, das ihn irreführt. Man lädt ihn gerne ein, weil seine Art zu essen sich nicht vergißt. Er will sein Leben beschließen, ohne je Hunger gefühlt zu haben; diesem hohen Ziele unterordnet er alles. Hätte er kein Geld, so wäre die Leistung dieses seines Lebens bewundernswert, aber er dürfte viel Geld haben. Einmal lädt er einen Hungrigen zum Essen ein und erklärt ihm, warum er es nie wieder sein darf. Es gelingt ihm, alle Übel der Welt aus Hunger abzuleiten. Er hält sich für einen guten und vorbildlichen Menschen. Tische dürfen nie leergegessen sein. Während die

Speisen schwinden, müssen sie ersetzt werden, es wird dafür gesorgt, daß alles immer in prunkender Fülle bestehen bleibt. Die Hungrigen braucht er, aber den Liebenden gilt sein Haß. Er hätte Achtung vor ihnen, wenn sie ihre Liebe dazu verwenden würden, sich gegenseitig abzubraten. Aber wann geschieht das schon?

Der Satte hat eine Familie, die ihn zum Essen anregt, und zu seiner Abgrenzung. Jeder teilt sich ab, was ihm gehört, und kleine Töpfe und Tiegel stehen wie Toilettengerät auf der Tafel umher, neben den allgemeinen Gerichten, als separierte Würze. Die Bedienung wechselt je nach den Speisen. Wenn bestimmte Diener erscheinen, in bestimmter Livree, weiß er, was es heute zum Essen gibt und kann sich allmählich, ja nicht überstürzt, darauf freuen. Der Satte geht manchmal einkaufen. Die Geschäfte sind seine Bordelle, er wählt sehr lange, je größer eins ist, umso weniger kauft er da ein. Für jeden einzelnen Bestandteil seiner Mahlzeit, den er einkauft, hätte er am liebsten ein eigenes großes Geschäft, mit vielen Stockwerken und unzähligen Menschen darin. Er spricht viel beim Aussuchen seiner Waren, aber noch lieber läßt er mit sich reden. Er hat es gern, wenn man ihn von Herrlichkeiten überzeugt, er will mit ausgesuchter Freundlichkeit, mit Fürsorge und Liebe behandelt werden, und hier ist es leicht, sich in sein Herz zu schleichen. Seine Lieblinge heben ihm besondere Bissen auf. Der Satte ist weder Mann noch Frau. Er benützt, je nach Laune und Bedarf, die Eigenschaften dieses wie des anderen Geschlechts. Speisen küßt er, auf verschiedene Weisen, Düfte inhaliert er. »Geben Sie mir diesen oder jenen Stuhl«, sagt er, je nach der Speise, auf die es ihn gelüstet. Es gibt Mahlzeiten, für die er sich ins Bett legt, andere, die er im Auf- und Abgehen zu sich nimmt. In manchen Lokalen stellt er sich ins Fenster und betrachtet sich während des Essens die Vorübergehenden, als gingen sie durch seine Augen in den Magen. Für die verschiedenen Stände und Völker unter den Menschen hat er Sinn, es haben sich bei ihnen spezielle Speisen ausgebildet, nichts Echtes auf diesem Gebiet entgeht ihm, aber er zieht Gesandtschaften der Städte und Völker vor und geht selber gar nicht gern auf Reisen. Für Klöster hat er seit seiner Jugend etwas übrig, da Mönche als sehr gefräßig gelten. Im Kriege löst er sich in mehrere Personen auf und weiß sich ihre Rationen anzueignen. Gäste, die etwas bringen, lädt er gerne ein. Aber er geht auch selber gern als Gast. Er will immer neue Leute kennenlernen, ihren Küchen zuliebe. Gerüche sind sein Himmelreich. Er verliebt sich in einen mageren Menschen, der nicht weniger ißt als er und doch nie dick wird. Was immer er nicht gegessen hat, beschäftigt ihn: von kleinen Kindern wendet er keinen Blick. Wenn sie schreien, sieht er sie am Spieß, und er haßt ihre Mütter, die auf sie aufpassen.

Die Umrisse der Menschen sind für den Satten andere. Eine vollgefressene Pythonschlange erfüllt ihn mit Neid. Er bedauert, daß seine Gewebe nicht weiter nachgeben, daß er nicht das Zehnfache seines Gehalts verschlingen kann, daß seine Formen im großen und ganzen dieselben bleiben, daß er nur langsam, über Wochen und Monate zunimmt, statt in einer Stunde, daß er einen guten Teil seines Gehalts so rasch von sich gibt, statt ihn über Wochen zu hegen und zu pflegen. Unter essenden Menschen sitzt er gerne. Er träumt dann davon, wie er ihnen die besten Bissen vom Munde wegnimmt und sie dazu überredet, ihm nicht dasselbe zu tun. Er hält sich Hunde, wegen ihrer Zähne, und kann sich nicht daran sattsehen, wie sie Knochen zerbrechen und alles aus ihnen herausholen. Er will wissen, was man im Jenseits ißt, und richtet sich seinen Glauben danach ein. Die Berichte darüber sind nicht vielversprechend, und so ist sein Interesse fürs Jenseits gering. Auch für die Pillen der Zukunft hat er gar nichts übrig und preist sich glücklich, daß er heute lebt. Man fragt ihn, ob ihm der Hunger so vieler Millionen nach dem letzten Kriege nicht lästig fällt. Er besinnt sich und sagt dann ehrlich: »Nein.« Denn je mehr Menschen hungern, umso mehr ist er in der Richtigkeit seines eigenen Lebens bestärkt. Er verachtet die, denen es nicht gelungen ist, was immer geschehen ist, weiterzuessen.

Man liebt als Selbsterkenntnis, was man als Anklage haßt.

Die Kürze des Lebens macht uns schlecht. Es wäre nun erst auszuprobieren, ob eine allfällige Länge des Lebens uns nicht auch schlecht machen würde.

Man müßte das System seiner Widersprüche finden, indem man ruhig wird. Wenn man die Gitterstäbe *sähe*, hätte man den Himmel dazwischen gewonnen.

Schreckliches Beharren, Festhalten an Menschen, Dingen, Erinnerungen, Gewohnheiten, alten Zielen, furchtbare Last, der immer neue zuwachsen, Kröte der Schwere. Bosheit des Besitzes, Tobsucht der Treue, weniger davon, o weniger davon, und man wäre leicht, und man wäre gut. Aber man läßt nicht los, man wird nie etwas loslassen, Finger um Finger muß einem losgelöst werden, Zahn um Zahn aus dem Widerspenstigen, das man für immer lieben möchte, entfernt.

Jeder müßte an seine fundamentale Askese gelangen: meine wäre die des Schweigens.

Die Heilung des Eifersüchtigen.

Von allen schwierigen Unternehmungen dieser Welt ist nichts so schwer wie die Heilung des Eifersüchtigen. Bevor man sich nicht genau darauf besonnen hat, was Eifersucht ist, wird man ihn kaum heilen können. Es ist eine Verengung der Gedanken und der Luft, als hätte man in einem kleinen Zimmer zu leben, aus dem es kein Entkommen gibt. Hie und da wird ein Fenster geöffnet, sie, der Gegenstand der Eifersucht, blickt rasch herein, verschwindet und schließt es wieder. Während sie nun frei und nach Willkür herumschweift, ist man selber eingesperrt und kann nirgends hin. Die Eifersucht entsteht, weil man nirgends hin kann. Die Wege, die man hätte gehen müssen, zusammen mit ihr, sind nicht gegangen worden. So gibt es viele ungeschützte Wege, man war dort nicht, sie sind frei, da kann jeder sich alles erlauben. Jemand, der den vielen Wegen verfallen ist, scheint wie geschaffen zur Erregung von Eifersucht. Wie wäre es möglich, überall dabei zu sein, bei jeder Laune, bei jedem Schritt, man müßte ein Trabant werden, eigentlich ein Hund; Hunde machen es am besten, sie wollen nichts anderes als auf den Wegen ihres Herrn immer dabeisein. Ein Mann aber kann nicht gut der Hund einer Frau sein. Läßt er sich nur ein wenig dazu herbei, so ist er nicht mehr er selbst, und mit wenig kann ihm gar nicht geholfen werden.

Nun gibt es Unglückliche, die gern zu Hause bleiben, unter Büchern oder Noten; für diese, die sich in ein stilles Dasein spinnen, ist eine Frau gar nicht geeignet. Denn wenn sie sie bei sich halten, ist es mit der Stille nichts, und wenn sie sie fernhalten, wissen sie bald nicht, was sie tut. Die Männer, die sich selber einschließen, sind gezwungen, ihre Frauen noch mehr einzuschließen als sich selbst. Die Frau, die in der Ferne eingeschlossen ist, hat einen langen Weg, und immer einmal wird der Weg lebendig. Die Luft hat ihre Versuchungen und formt sich zu männlichen Worten. Für jede Aufforderung eines Weges zusammen, die der Mann nicht erfüllt, kommt später ein Weg mit einem anderen, und wenn sie diese neuen Wege auch noch so satt bekommt, sie sind der Beginn eines anderen Lebens, das niemand mehr einzudämmen vermag. Der Ort, an dem man sich selber einschließt, muß der Frau, vor der man sich schützen will, geheim bleiben. Denn läßt man sie hin, so bringt sie ihre Schwankungen mit und der Ort ist zerstört. Läßt man sie aber nie hin, kann sie den Ort sich überhaupt nicht vorstellen, so holt sie sich andere Orte. Das Opfer der Eifersucht hat es in modernen Zeiten schwerer. Er kann telefonieren und die Schuld der Abwesenden jederzeit feststellen, so daß kein Zweifel bleibt; er kann sich nicht einmal die Hoffnung bewahren, daß er sich irrt. Sein Unglück ist immer klar, es gibt keine Ausflucht, es gibt keinen Trost.

Hilft es dem Eifersüchtigen, daß er viele Frauen liebt, daß er seine Liebe verteilt? Nein, es hilft ihm nicht, denn seine Liebe, wenn sie eine ist, wird immer groß sein. Entweder die Menschen, die er »liebt«, sind ihm gleichgültig, das heißt sie *bestehen* nicht wirklich für ihn, und dann kann es ihm gleichgültig sein, was sie tun. Oder er liebt, das heißt er nimmt die Menschen voll in sich ein: da können es ihrer sein, so viele sie wollen, jeder ist ein ganzer Mensch, und jeder, in seinem Bezirk, kann den Liebenden auf den Tod betrüben. Die Verteilung ist nur von Nutzen, wenn sie einem den Ernst des Gefühls überhaupt nimmt. Dafür lohnt es sich nicht zu leben. Dann lieber allein sein, ganz für sich selber und einen Gott glühend verehren, der nie zu fassen ist. Die Vielen sind nur mehrere Anlässe zur Eifersucht.

Vielleicht aber hilft es, auf eine andere Weise zu lieben? Ohne die Entscheidung über Tod und Leben, ohne die Verantwortung, ohne die Angst um das Leben des anderen, das jede Stunde gefährdet ist. Die Eifersucht ist am schlimmsten im Herzen des Verantwortlichen, dessen Angst immer wach ist, und solche sind es gewöhnlich, die sich eingeschlossen halten, die Angst beläßt sie nicht immer auf Wegen. Wenn es den Tod nicht gäbe, wäre auch die Eifersucht erträglich. Denn man wüßte, daß der Mensch, der einem verschwindet, irgendwo ist, und vielleicht trifft man ihn wieder, vielleicht kommt er wieder zu einem gerannt. Der Tod aber kann es anders wollen. Das Geschöpf, das man liebt, mag zu Ende gehen, kaum hat man es aus dem Aug verloren, und wenn es gestorben ist, wer bringt es wieder? Und hätte man den Tod, den man nicht überwachen durfte, vielleicht nicht verhüten können? Welche Liebe ist so kurz, daß sie nicht des Todes denkt, welche Liebe ist so schwach, daß sie es nicht unternimmt, den Tod zu bezwingen?

Ohne Tod wäre ein Weg zur Heilung des Eifersüchtigen abzusehen, aber das ist müßig. Es soll ein Weg in diesem begrenzten Leben zu finden sein.

Das Haften an den hergebrachten Menschen macht diese nur schlauer und kleinlich und gemein. Sie lernen es, um einen herumzukommen, die großen Worte zu verachten, die ja nur groß sind, weil man sie für alle und nicht für die einzelnen gebraucht. Die Hergebrachten sind ihres Platzes so sicher, daß er sie langweilt. So gehen sie einfach davon und lassen einem Vogelscheuchen von sich zurück, die genau genug Leben haben, einen zu bewachen und zu halten. Wer wirklich liebt – das haben die Hergebrachten bald heraus –, hängt selbst am Scheine der geliebten Formen. Der Wind kann ihm Bewegung und Laute vormachen und er wird die Lumpen, mit denen die Vogelscheuche bekleidet ist, bedauern, statt sie zu durchschauen.

Es ist nicht das schöne Gesicht, das man liebt, es ist das Gesicht, das man zerstört hat.

Am Mißtrauen ist das unheimlichste seine Rechtfertigung. Es gibt, im realen Leben, eine Rechtfertigung für Mißtrauen, die furchtbar ist und im Grunde dreiviertel der landläufigen Lebensweisheit ausmacht. Man denke nur an die Institution des Geldes. Wie verläßt man sich auf das Geld und mit wie fanatischem Mißtrauen hat man es zu schützen! Wie selbstverständlich ist man davon überzeugt, daß jeder es einem wegnehmen will. Wie versteckt man, wie verteilt man es, um es besser zu sichern. Das Geld allein ist eine dauernde und unausrottbare Erziehung zum Mißtrauen. Ältere

Formen des Mißtrauens sind auffallender und man denkt, wenn man von Mißtrauen spricht, nur an sie. Aber jeder hat mit Geld umzugehen; ob es viel ist, ob wenig, jeder hält es fest, jeder teilt es sich ein, jeder verheimlicht es. Man kann nichts kaufen, ohne den Preis zu kennen, und mit welcher stupiden Beharrlichkeit hängt der Mensch an Preisen. Es gäbe keine Preise, wenn es kein Mißtrauen gäbe; die Preise sind geradezu sein Maß.

Ein Angebeteter, der seine Tempelchen immer mit sich herumträgt.

Die Unsterblichen müssen altern dürfen, sonst können sie nie wirklich glücklich sein. Es soll Jeder in dem Alter verharren dürfen, das ihm zusagt.

Das Schicksal der Menschen wird durch ihre Namen vereinfacht.

Manchmal, wenn man erschöpft ist vom Gefühl seiner Schlechtigkeit, seiner schlechten Gesinnung, seiner schlechten Wirkung, dann sagt man sich, daß es nichts mehr gibt, das einen rechtfertigen könnte, und ohne einen Gott zu kennen, vor dem man sich zu rechtfertigen hätte, fühlt man sich verdammt; verdammter, als wenn man diesen Gott hätte; denn sein Spruch bestünde aus Worten, der eigene aber hat keine Form, er ist nichts als ein leiser Regen der Verzweiflung, seiner Tropfen wird nie ein Ende sein.

Die Schläge sind nicht mehr so ernst, man kennt sie, es ist nichts Staunenswertes an ihnen, sie sind eine bloß häufig unterbrochene Regel. Vielleicht duckt man sich, wenn sie kommen, aus früher Gewohnheit, aber man fürchtet sich nicht richtig. Ist das also das Alter und Ende des Menschen, daß er sein Leid nicht mehr ernstnimmt?

Ich lese gerne alles, was mit dem Rom der Kaiserzeit zusammenhängt. Dieses Rom war wie eine moderne Stadt, man weiß viel darüber, es ist nicht zu weit von einem entfernt. Die Vertrautheit mit einem Namen, der heute noch gilt und heute wieder ebenso belebt ist, belebt einem das Gefühl jener früheren Zeit. Zwar stört mich die Tracht, in der die Menschen damals gingen; ich denke nicht gerne daran, sie ist das Einzige, was sie mir manchmal wieder fremd macht. Ihre Worte und Beziehungen aber, ihre Verrichtungen und Spiele scheinen mir wie eine Dichtung, die dazu ersonnen ist, uns selber zu erklären und mit Hoffnung zu erfüllen. Die religiösen Verhältnisse haben etwas von unserer modernen Freiheit; das Parteienwesen, dessen wir uns schämen könnten, ist dort noch mechanischer und darum aufschlußreich. Die Nationen, die außerhalb liegen, sind noch nicht zu eng aufeinandergerückt; es ist etwas wie Spielraum da, den wir so gar nicht mehr haben. Man weiß, in jedem Augenblick seiner Beschäftigung mit dem Römischen Reich, daß es schließlich zugrunde gegangen ist: aber es gibt doch Rom. So tröstet man sich über die viel ernsteren Gefahren des Unterganges, der uns heute droht, als könnte auch er ein vorübergehender sein, als ginge es auch bei uns bloß um barbarische Feinde, die ganze überschaubare Gegenstände plündern wollen, und nicht um den Zerfall jedes winzigsten Stückchens Materie, aus dem jeder einzelne von uns besteht.

So leben, als hätte man unbeschränkt Zeit vor sich. Verabredungen mit Menschen in hundert Jahren.

1947

Jede Seite irgend einer Philosophie, wo immer aufgeschlagen, *beruhigt* einen: der dichte Zusammenhang eines Netzes, das so offensichtlich außerhalb der Wirklichkeit gewebt wurde, das Absehen vom Augenblick, diese großartige Verachtung für die Gefühlswelt, die auch im Philosophen selbst weiter ebbt und flutet, diese Sicherheit eines Scheins, der sich im Gegenschein durchschaut und doch nicht abläßt, diese unaufhörliche Durchflochtenheit mit allen Gedanken der Vorzeit, so daß man hingreift und spürt: diese Art von Matten, genau diese Art, wird seit mehreren tausend Jahren gewoben und nur die Muster wechseln; welches Handwerk hat sich besser erhalten, welche Töpferei wurde auf genau dieselbe Weise ununterbrochen geübt? Mit welcher Philosophie man sich beschäftigt, sei es mit dieser, weil man sie besser, sei es mit jener, weil man sie gar nicht kennt, im Grund ist es immer dasselbe: eine Hervorhebung weniger gezählter Worte, die sich mit den Säften aller übrigen vollgesogen haben, und ihre mäanderhafte Forsetzung.

Eine Verfügung, nach der *Geizige* für alles doppelte Preise zu zahlen haben.

Geiz wird als eine moralische Krankheit betrachtet, die damit Behafteten werden öffentlich dafür erklärt und müssen ein Erkennungsmal tragen. Statt nach ihrer Herkunft werden die Menschen nach ihren sozialen Eigenschaften unterschieden. Der Davidsstern des Geizes darf nie entfernt werden. Auf der Straße laufen die Geizigen damit herum; daran gewöhnen sie sich, woran sie sich nicht gewöhnen, ist ihre Behandlung in Geschäften. Sie müssen so eintreten, daß für den Geschäftsinhaber an ihrem Geiz kein Zweifel besteht. Sie müssen mitansehen, wie Kunden, die neben ihnen stehen, für dieselben Artikel nur die halben Preise zahlen. Sie dürfen darüber nicht murren, sonst kommt laut Gesetz noch ein Zuschlag dazu. Diese strengen Maßnahmen gegen Geiz haben die sonderbarsten Wirkungen. Manche Geizige bemühen sich, Verschwender zu werden und vor allem, es zu beweisen. Ihre Anstrengungen bekommen einen athletischen Charakter: wenn sie das

Geld hinauswerfen, sieht es so aus, als hätten sie schwere eiserne Hanteln zu stemmen, die sie dann den anderen an den Kopf werfen. Andere sind so verzweifelt über ihre erhöhten Preise, daß ihr Geiz ihnen immer gerechtfertigter erscheint und sie von Tag zu Tag weniger kaufen. Diese laufen bald wirklich wie elende Schatten herum; sie sind statt der Armen, aber solche Armen verachtet man mit Grund.

Eine Religion, in der der Sünder seine Buße selbst festzulegen hat, sonst ist sie unwirksam.

Der Wutanfall des Diebes, dem man alles *schenkt.*

Die Mythen bedeuten mir mehr als die Worte, und das ist es, was mich am tiefsten von Joyce unterscheidet. Aber ich habe auch eine andere Art Respekt vor Worten. Ihre Integrität ist mir beinahe heilig. Es widerstrebt mir, sie zu zerschneiden, und selbst ihre älteren Formen, solche, die wirklich gebraucht wurden, flößen mir Scheu ein, ich lasse mich mit ihnen nicht gern auf heillose Abenteuer ein. Das Unheimliche, das *in* den Worten enthalten ist, ihr Herz, will ich ihnen nicht herausreißen wie ein mexikanischer Opferpriester; diese blutigen Manieren sind mir verhaßt. Es soll sich nur an Gestalten darstellen, immer nur auf sie bezogen, nie auf Worte unter sich. Worte allein, ohne den Mund, der sie ausgesprochen hat, haben für mich etwas Schwindelhaftes. Als Dichter lebe ich noch in der Zeit vor der Schrift, in der Zeit der *Rufe.*

In fremden Sprachen kommt man sich besser vor; darum erlernt man rasch und zuerst ihre Schimpfworte.

Wenn er lange nicht gelesen hat, erweitern sich die Löcher im Sieb seines Geistes, und alles fällt durch und alles bis auf das Gröbste ist, als wäre es nicht da. Es ist das Gelesene bei ihm, das zum Auffangen des Erlebten dient, und ohne Gelesenes hat er nichts erlebt.

Jede verächtliche Äußerung über den Charakter von Dichtern im allgemeinen, der ich begegne, befriedigt mich, so kürzlich die bei Pascal »Poète et non honnête homme«. Ich weiß sehr wohl, wie einseitig und ungerecht dieses Urteil ist, schon bei Plato, aber etwas in mir sagt: »Ja, ja, pfui Teufel, Dichter.« Wahrscheinlich ist es die Gefallsucht, die Ruhmsucht, die Pfauenhaftigkeit des Dichters, was mir Mißbehagen verursacht, während ich den Reichtum seiner Verwandlungsmöglichkeiten durchaus nicht ablehne. Ein guter Teil der lebenden Dichter, die ich bis jetzt kennengelernt habe, haben mir mißfallen, aus einem oder dem anderen Grund; das ließe sich aber damit erklären, daß man vielleicht gern der einzige wäre. Was ich aber über frühere Dichter lese, mißfällt mir fast nie; es kann tausenderlei sein, doch ergreift es mich immer, selbst Baudelaire, dessen Lebensweise wenig Anziehendes hat, ist mir ein teurer Mann geworden, seit ich *mehr* über ihn weiß. Schon das Tastende und Unsichere des Dichters, allem Konkreten gegenüber, hat etwas, das mich besticht. Was mich aber im Sturm erobert, ist die Reichhaltigkeit ihrer Illusionen über alles, was ihnen geschieht. Über die Dinge, die sie selber betreffen, denken sie meist das Falsche, bloß um sich vielerlei denken zu können. Was ist daran so schön, so bezwingend? Die Fülle ihrer Illusionen, oder deren Verfehltheit? Ich kann es schwer entscheiden. Aber ich weiß, daß mir an den »Normalen«, an den gewöhnlichen Menschen, die sich in den Alltag finden, am peinlichsten ist, wie alles von Stunde zu Stunde ineinander paßt, wie ihnen alles auf kurze Sicht stimmt. Sie steigen in eine Tram und erreichen ihr Ziel. Sie sind angestellt und geraten wirklich in ihr Büro. Es hat etwas einen Preis und sie kennen ihn. Sie mögen eine Frau und sie heiraten sie. Sie haben bestimmte Straßen, aber um wo hinzugelangen, nicht wie unsereins, der nur die Straßen liebt, die ihn nirgends hingeführt haben. Wären die Dichter immer bloß »Fehlgeher«, so ließe sich nichts gegen sie sagen. Aber daß sie dann daraus etwas übersichtlich Bewundertes machen, nimmt den Fehlgängen den Ernst, der so sehr dazu gehören würde. Dichter, die jung sterben, sind im Radschlagen noch nicht erfahren genug; so bleibt auch liebenswert, was man von ihnen weiß. Die anderen, die sich zur Vogelschau ihrer selbst erheben, werden von Jahr zu Jahr mehr abstoßend und verächtlich. Man möchte ihnen das Handwerk, auf das sie sich so viel zugute halten, aus dem Kopf schlagen, und die überflüssigen Jahre aus ihrem Leben.

Jeder ist zum Hüter mehrerer Leben bestellt, und wehe ihm, wenn er die nicht findet, die er hüten muß. Weh ihm, wenn er die schlecht hütet, die er gefunden.

O Nacht und zwei Lichter,vier Lichter, acht, bis jedes das andere zum Denken gebracht hat.

Den Tod immerzu fühlen, ohne eine der tröstlichen Religionen zu teilen, welches Wagnis, welches furchtbare Wagnis!

Auch wenn es heute physiologisch schon möglich wäre, nicht zu sterben, könnte es sein, daß kein Mensch die moralische Kraft hätte, seinem Tod auszuweichen, und das bloß, weil es zu viel Tote gibt.

Freiheit ist jedes neue Gesicht, solange es noch nicht zu dir sprechen darf. Freiheit ist jeder vor dir, der dich nicht kennt. Freiheit ist der bevölkerte Rahmen, der sich noch nicht zusammenzieht, in dem du nicht erstickst. Frei bist du, solange du nicht in die Rechnung der anderen eingehst. Frei bist du, wo man dich nicht liebt. Das Hauptvehikel der Unfreiheit ist dein Name. Wer ihn nicht weiß, hat keine Macht über dich. Viele werden ihn aber wissen, immer mehr: gegen ihre vereinte Macht dich frei zu halten, ist das kaum erlangbare Ziel deines Lebens.

Besser werden? Selbst wenn es einem gelingt, in einer anderen Situation wäre man es wieder nicht, also ist man nicht besser geworden, nur abgefeimt.

Gott wäre, wenn Gott wäre, das Wesen ohne Angst: das ohne Angst handelt, ohne Angst ruht; ohne Angst erschafft und befiehlt;

ohne Angst straft und belohnt; ohne Angst verspricht; ohne Angst vergißt. Das wäre Gott, das wäre ein ungeheurer, ein starker Gott. Die anderen, die vermeintlichen, winden sich und zerfallen in Angst. Was haben sie vor uns voraus?

Gottes Sehnsucht nach der Welt, wie sie war, bevor er sie erschuf.

Der Tod hat eine eigene Art, sich in seine Feinde einzuschleichen, ihren Kampfwillen zu untergraben, sie zu demoralisieren: er führt sich selber als radikale Lösung immer wieder vor, er erinnert daran, daß es außer ihm noch keine einzige wirkliche Lösung gibt. Wer mit dem starren Blick des Hasses auf ihn lebt, gewöhnt sich an ihn als den einzigen Nullpunkt. Wie diese Null aber wächst! Wie man ihr plötzlich vertraut, weil man nichts anderem mehr vertrauen kann! Wie man sich sagt: das, das bleibt einem, da sonst nichts bleibt. Er wirft um, was einem in der Nähe steht, und wenn man vor Schmerz nicht mehr kann, sagt er lächelnd: Du bist doch gar nicht so ohnmächtig, wie du dir vorkommst, du kannst dich selber auch umwerfen und deinen Schmerz mit dir. Er bereitet einem die Schmerzen, von denen *er* einen dann erlösen kann. Welcher Folter-Richter hat sein Amt je besser verstanden?

Wenn ich von heiligen Dingen lese, faßt mich ihre Erinnerung, bloß weil sie heilig waren, und solange sie in mir atmet, bin ich ruhig. O die Ruhe, die sie gehabt haben müssen, als sie unangezweifelt waren, ganze, goldene Äpfel, stark duftend und rund. Ich suche nach allen Heiligkeiten, und sie brechen mir das Herz, weil sie vergangen sind. Ich finde nichts mehr für später, ich habe den Tod nackt genannt, wehe dem, der ihn nackt gerufen hat. Die Heiligkeiten waren seine Gewänder; solange er bekleidet war, konnten selbst die Menschen, diese ewigen Mörder, ruhig leben und nichts wäre ihnen geschehen, wenn sie ihm die Gewänder nicht heruntergerissen hätten, diese Plünderer, diese Räuber, hatten sie denn nicht am Morden genug. Ich selbst war einer der Ärgsten. Kühn wollte ich sein, also sagte ich: »Tod, Tod, und ja nichts weiter.« Was ist die Kühnheit, und wie viel mehr war die Vorsicht. Aber wir sind mächtig geworden, so haben wir ihn hergeschleppt, aus allen Schlupfwinkeln haben wir den Tod hergeholt, es gibt keinen, den wir jetzt nicht kennen. Wir verachten die Hölle, aber war sie nicht wenigstens *nach* dem Tod. Welcher Schmerz wäre nicht besser als nichts. Kühnheit, o dumme Kühnheit, so sind wir in die Scheren deiner Eitelkeit gefallen, nichts, nichts ist unzerschnitten geblieben, und es weiß kein Sterbender mehr, wohin es geht.

Ein Gott, der seine Schöpfung *verheimlicht.* »Und siehe da, es war nicht gut.«

Am meisten mißfallen mir Gedanken, wenn sie sich zu bald als richtig herausstellen. Was hat man denn schon gesagt, wenn es sich nach zwei Jahren bereits herausstellt, daß es richtig ist?

Die Worte, die man vor manchen Menschen nicht findet, kommen einem später, wenn man sie verlassen hat. Sie entstammen der Bestürztheit, in die einen die Gegenwart des anderen versetzt. Ohne sie würden sie überhaupt nicht entstehen; aber es gehört zu ihnen, daß sie nicht gleich da sein können. Ich glaube, es sind diese heftigen, aber verzögerten Worte, die den Dichter ausmachen.

Die Schreie sollen vorüber sein; aber ich höre noch das Schweigen der Gehenkten.

Einen Menschen darstellen, bei dem alles sofort *vergeht*, jeder Eindruck, jedes Erlebnis, jede Situation. Ein Mensch, bei dem nichts besteht. Heute und gestern und morgen sind bei ihm durch nichts verbunden. Es ist ihm alles geschehen, es ist ihm nichts geschehen. Seine Frische. Seine Sterblichkeit auf die Spitze getrieben, so daß nicht einmal sie etwas bedeutet. Er kennt jeden und kann sich an keinen erinnern. Er lebt in einer Welt ohne Namen. Er fürchtet sich nicht, aber es fürchtet auch niemand ihn. Sein Alter und sein Geschlecht werden für niemand klar. Er hat weder Absichten noch Pläne, man hat nie das Gefühl, daß er nach einem greift. Er kann nicht lästig werden. Es fehlt ihm jede Religion. Die Augenblicke, aus denen er besteht, sind unberechenbar. Wer ihn sucht, wird ihn immer woanders finden.

Ich hasse die Leute, die rasch Systeme bauen, und ich werde dazu sehen, daß meines sich nie ganz schließt.

Wo die Worte überall waren! In welchen Mündern! Auf welchen Zungen! Wer soll sie, wer darf sie noch erkennen, nach diesen Höllenwanderungen, nach diesen furchtbaren Schlünden. Zweierlei Dasein haben die Worte: jedes ist einmal in uns gefangen, hart zusammengepreßt; aber in jedem, hart zusammengepreßt, sind wir. Die vielen Worte, und jedes doppelt, gequält und quälend, Opfer und Opferer, dicht und hohl.

Daß noch niemand die wahren Worte gehört hat, die Worte, wegen deren überhaupt gehört wird, daß alle hören und hören und auf diese eigentlichen Worte warten. Bis einer sie einmal gehört hat, werden seine Ohren sich in Flügel verwandeln, und die der anderen ihm nach.

Das Erstaunlichste am Mißtrauen ist das Mißtrauen gegen das eingetroffene Ereignis, gegen die *Tatsache*. Man kann die schlechte Gesinnung eines Menschen, der einem nahe steht, seinen Verrat, seine Doppelzüngigkeit, seine Tücke lange argwöhnen, ohne einen Beweis gegen ihn zu haben. Man kann dann plötzlich das Gefürchtete aus seinem eigenen Munde vernehmen, als Geständnis im Traum z. B., so daß nicht der Schatten eines Zweifels möglich ist. Es kann der Kosename des Geliebten fallen, mit dem einen die Geliebte betrügt. Aber im Augenblick, in dem es sicher ist, erscheint es einem nicht mehr wahr. Solange es am Beweise fehlte, mußte man dran glauben. Sobald der Beweis da war, konnte man nicht mehr dran glauben. Es ist, als wäre der Glaube nur dazu da, um etwas wahrzumachen, als interessierte einen das Wahrgemachte nicht mehr; als ließe einer die Luft los, die er in der Faust hielt, sobald sich diese Luft zu Stein erhärtet.

Einer, der millimeterweise unsterblich wird.

Es ist in der Angst etwas, das hören will, um jeden Preis, verzweifelt hören. Es ist dann alles recht, das sich hören läßt, das Gute, das Schlechte, das Gemiedene, das Gefürchtete. Wenn die Angst am größten ist, würde man einen Befehl zum Morden entgegennehmen, nur um zu hören.

Als Krieg war, mußte man schweigen; Scham und Verzweiflung schienen legitim. Der Krieg ist zu Ende und man kennt erst jetzt das volle Maß seiner eigenen Ohnmacht, die man damals der Gewalt und Isolierung zuschrieb.

Wenn man schon sehr viele Menschen kennt, erscheint es einem beinahe frevelhaft, noch welche dazu zu erfinden.

Das Beruhigende der Antike: daß sie für den modernen Menschen keine *Drohung* hat. Ihre Drohungen haben sich lange her besonnen; sie schneiden keinem den Atem ab. Wir sind ein Instrument, auf dem die Antike immer spielen kann; sie kennt uns und spielt uns richtig. Wir sind von ihr ausgedacht worden, ohne Anstrengung, einer ihrer vielen Zufälle. Sie verachtet uns und ist nicht mehr herrschsüchtig.

Die Tage des Jahres als Kartenspiel: Man kann sich diesen oder jenen herausziehen, behalten, ausspielen und sie alle dann wieder mischen. Kein Tag ist eine Ursache des kommenden; sie beginnen willkürlich beieinander, jedesmal anders. Sie wiederholen sich, man erkennt sie aber in immer anderer Folge. – Wie würde man dann immer klüger mit seinen Tagen umgehen, wenn sie wiederholbar wären, wie verstünde man sie, wie käme man ihnen in ihren immer neuen Fassungen auf eine gültige Weise nahe. So aber, mit unserer Sitte der fortschreitenden und unwiederholbaren Tage bleibt man ihr trauriger Dilettant.

Kafka geht wirklich jede Eitelkeit des Dichters ab, nie prahlt er, er kann nicht prahlen. Er sieht sich klein und geht in kleinen Schritten. Wo immer er den Fuß aufsetzt, spürt er die Unsicherheit des Bodens. Er trägt einen nicht, solange man mit ihm ist, trägt einen nichts. So verzichtet er auf die Täuschung und das Blendwerk der Dichter. Ihr Glanz, den er sehr wohl fühlte, ist seinen eigenen Worten abhanden gekommen. Man muß die kleinen Schritte mit ihm gehen und wird bescheiden. Es gibt nichts in der neueren Literatur, das einen so bescheiden macht. Er reduziert die Aufgeblasenheit jedes Lebens. Man wird gut, während man ihn liest, aber ohne stolz darauf zu sein. Predigten machen den Ergriffenen stolz, Kafka verzichtet auf Predigt. Er gibt die Gebote seines Vaters nicht weiter; eine merkwürdige Verstocktheit, seine größte Gabe, erlaubt es ihm, das Ketten-Getriebe der Gebote, die von Vätern zu Söhnen immer weiter heruntergereicht werden, zu unterbrechen. Er entzieht sich ihrer Gewalttätigkeit; ihr äußerlich Energisches, das Tierische daran, verpufft bei ihm. Dafür beschäftigt ihn ihr Gehalt umsomehr. Die Gebote werden ihm zu *Bedenken*. Er ist von allen Dichtern der einzige, den Macht in keiner Weise angesteckt hat; es gibt keine wie immer geartete Macht, die er ausübt. Er hat Gott der letzten Reste von Väterlichkeit entkleidet. Was übrig bleibt, ist ein dichtes und unzerstörbares Netz von Bedenken die dem Leben selber gelten, und nicht den Ansprüchen seines Erzeugers. Die anderen Dichter imitieren Gott und gebärden sich als Schöpfer. Kafka, der nie ein Gott sein will, ist auch nie ein Kind. Was manche an ihm erschreckend finden und was auch mich beunruhigt, ist seine konstante Erwachsenheit. Er denkt, ohne zu gebieten, aber auch ohne zu spielen.

Gott sei gar kein Schöpfer: er sei vor allem ein ungeheurer Widerstand, er schütze die Welt vor uns; langsam weiche er zurück; wir Menschen würden mächtiger; bis wir so mächtig geworden seien, die Welt, uns und ihn zusammen zu zerstören.

Vortrag eines Blinden.

Ein blinder Klavierspieler, der mit einer Sängerin verheiratet ist, und den ich schon lange kenne, hielt gestern einen Vortrag über das Blindsein. Er betonte, wie zufrieden er mit seinem Zustand sei. Alle Leute seien freundlicher zu ihm und seiner Frau; darin liege der Grund für die Zuversicht und Heiterkeit der Blinden. Er sprach mit einer Angemessenheit und Bescheidenheit, die mir bekannt vorkamen; es fiel mir ein, daß es allgemeine Züge des Engländers seien, die sich an ihm darstellten. Er sah nicht nach rechts, er sah nicht nach links, er sah sich nicht um, – wenn man so etwas von ihm sagen könnte; seine bestimmten Ziele aber faßte er so gut und sicher ins Auge wie ein sehender Engländer. Er war nicht neugierig, er überhob sich nicht; er ließ sich von den späteren Kreuz- und Querreden seiner Frau nicht im leisesten beeinflussen. Seine Anerkennung der übrigen Welt, nach der er sich richten mußte – die Welt der Sehenden –, war so praktisch und natürlich wie für einen normalen Engländer die der Umwelt überhaupt. Unaufhörlich machte er stolze kleine Verbeugungen vor den anderen und bat sie um Entschuldigung für Verstöße, die kaum welche waren. Er betonte die Freude an seiner Unabhängigkeit, er war so frei wie ein anderer; er verdiente sich redlich und selbst sein Leben.

Ich möchte ihn und seinen Vortrag gern genau schildern. Aber was ich heute verzeichnen möchte, sind einige merkwürdige Züge aus dem Leben der Blinden, die mir neu waren. Starker Wind sei für ihn, was für die anderen Nebel. Er fühle sich dann ganz desorientiert und verloren. Die starken Geräusche kämen von allen Seiten, strömten in eins zusammen, und er wisse überhaupt nicht mehr, wo er sei. Denn beim Gehen verlasse er sich sonst auf ein sicheres Gefühl für die Nähe von Gegenständen. Er spüre die Nähe einer Wand wie eines Tisches. Unmittelbar davor bleibe er von selber stehen und stoße nie an. Diese Fähigkeit müsse irgendwie mit dem Ohr zusammenhängen, denn sie setze aus, wenn er verkühlt und sein Ohr dadurch nicht in Ordnung sei.

Ein Vergnügen habe er vor den Sehenden voraus. Er höre mehrere Gespräche zugleich und könne sich daraus entnehmen, was ihm Spaß mache. Die Sehenden, die ihre Augen auf den Menschen richten, zu dem sie sprechen, sind, so meinte er, dadurch nicht imstande, auf andere Gespräche neben oder hinter ihnen zu lauschen.

Stimmungen und Charakter von Menschen erkenne er an ihren

Stimmen. Schon in der Blindenschule hätten sie das als Spiel getrieben: neue Menschen seien von ihnen gleich beurteilt worden, nach der Stimme und der Art des Sprechens allein, und was sie später ausfindig machen konnten, hätte zu ihrem Urteil ganz gepaßt.

Blinde Frauen hätten es nicht so gut wie Männer. Ein Sehender entschließe sich nur selten, eine Blinde zu heiraten, das sei doch zu umständlich.

Gesten fielen Blinden schwer. Für ein Theaterstück, in dem er auftreten sollte, hätte man ihm jede einzelne Bewegung künstlich beibringen müssen. Es sei nicht zu glauben, wie ungeschickt er sich da aufgeführt habe. Auch darin sah er aber einen Vorteil für die Blinden. Sie sparten Energie, die andere Menschen auf nutzlose Gesten verschwendeten.

Taube seien viel schlimmer daran als Blinde. Sie seien sozusagen nach allen Richtungen blind. Hinten, nebenan, vorne. Der Blinde aber sei nur in einer Richtung blind, da er ja sonst überall höre.

Farben könne er sich überhaupt nicht vorstellen; aber er habe ein tiefes Interesse für alles, was mit bildender Kunst zusammenhänge und höre gern davon sprechen. Sein inneres Gesicht sei weder dunkel noch hell, etwas Merkwürdiges dazwischen, das er schwer schildern könne.

Wenn niemand sehen könnte, wären auch die Blinden verloren. Da aber dann alle blind wären, wären alle verloren. Es ist fraglich, wie lange die Menschen, falls sie alle durch einen Unglücksfall plötzlich blind würden, mit den Erinnerungen aus der sehenden Zeit auskommen könnten. Ein Schatz von alten Erfahrungen müßte sorgsam behütet und weitergegeben werden. Er würde allmählich den Charakter einer religiösen Offenbarung annehmen; so wie die Angehörigen eines Glaubens von den Wundern erzählen, deren seine frühesten Urheber teilhaftig wurden. Man könnte sich denken, daß die Erinnerung an Sehende und Gesehenes die Blinden auf viele hundert Jahre zusammenhält. Es wäre sonderbar, wenn dann plötzlich ein einziger von ihnen wieder sehen könnte und den anderen allen von der Wahrheit ihres alten Glaubens erzählte.

Die Kernfrage aller Ethik: soll man den Menschen sagen, wie schlecht sie sind? Oder soll man sie in ihrer Unschuld schlecht sein lassen? Um diese Frage zu beantworten, müßte man erst entscheiden können, ob die Kenntnis ihrer Schlechtigkeit den Menschen eine Möglichkeit beläßt, besser zu werden, oder ob es eben diese Kenntnis ist, die ihre Schlechtigkeit unausrottbar macht. Es könnte ja sein, daß das Schlechte schlecht bleiben muß, sobald es einmal als solches ausgesondert und bezeichnet worden ist: es vermöchte sich dann zwar wohl zu verbergen, aber es wäre immer da.

Drei Grundhaltungen des Mannes im Werben: der Prahler, der Versprecher, der Mutterbettler.

Den Menschen, der sich einmal ans eigene Denken gewöhnt hat, kann nur eines vor Verzweiflung retten: die Mitteilung, die er den anderen entzieht, die er für sich verzeichnet und vergißt, die er nur mit Staunen später wieder findet. Denn alles, was er bewußt weiterführt, woran er täglich gleichmäßig weiterdenkt, steigert seine Verflochtenheit in die Welt, die ihn bedrängt. Er kann nur frei bleiben, indem er vergeblich denkt. Seine Widersprüche müssen ihn retten, ihre Vielfalt, ihre unergründliche Sinnlosigkeit. Denn der schöpferische Mensch wird das Opfer seiner Genauigkeit; sein Gift ist die Fortsetzung, in die er sich verstrickt, selbst die Lektüre wird ihm zu *eigenen* Fortsetzungen, als seien die Blätter, die er wendet, in ihm vorgebildet. Ein einziges kann ihm helfen: das selbstgeschaffene Chaos seiner Gedanken, soweit sie vereinzelt geblieben, nicht weitergeführt, soweit sie vergessen sind.

Freunde braucht man hauptsächlich, um frecher, nämlich mehr man selbst zu werden. Vor ihnen übt man seine Prahlereien, seine Eigenmächtigkeiten, seine Eitelkeiten; vor ihnen gibt man sich schlechter und besser, als man wirklich ist. Da schämt man sich keiner Unwahrheit: der Freund, der einen kennt, weiß, wie wahr sie werden könnte. Die allgemeinen Regeln und Gebräuche, denen man sonst zu folgen hat, langweilen den Freund, der sie in ordentlichen Augenblicken seines Lebens genau so gut ausübt wie man selbst. So lange er mit einem ist, will er davon absehen: die Freiheit, die er einem gönnt, gibt man ihm zurück. Er ist es sehr zufrieden, auch er wird gern er.

Es ist sehr sonderbar zu denken, daß Leute unter uns herumlaufen, die Tag für Tag menschliche Körper in allen Einzelheiten besehen, häßliche, unbekleidete, entstellte, jeden Geschlechts und Alters, und daß sie nie genug davon haben: Ärzte. In der Zwischenzeit sitzen sie unter uns, mit unschuldigen Gesichtern, und sprechen zu uns wie andere, und wir fürchten sie nicht, grüßen sie und geben ihnen freundlich die Hand.

Wie gerne würde ich mir als Fremder einmal zuhören, ohne mich zu erkennen, und später erst erfahren, daß ich es war.

Alle Menschen, die man kennt, als Zwillinge sehen: jeder hat seinen Zwillingsaspekt, jeder sucht sich als einen anderen; da er von jedem verschieden ist, sucht er sich auf eine andere Weise. Für die meisten Menschen ist diese Suche etwas gesundes. Für die aber, die wirklich Zwillinge sind, verwirrt sie sich: das was sie suchen könnten, ist bereits da, als falscher Zwang.

Eine neue Musik erfinden, in der die Töne in schärfstem Gegensatz zu den Worten stehen und die Worte auf diese Weise verändern, verjüngen, mit neuem Inhalt erfüllen. Worten ihre Gefährlichkeit nehmen, durch Musik. Worte mit neuen Gefahren laden, durch Musik. Worte verhaßt, Worte beliebt machen, durch Musik. Worte zersprengen, Worte vereinigen, durch Musik.

Wenn man besser wäre, brauchte man keine Musik. Es ist auch die Schlechtigkeit der Menschen, die sie der Musik so geneigt macht. Was könnten sie noch von sich halten, wenn sie keine Musik hätten. Ein Mörder wüßte sich zu trösten, wenn er die richtige Musik zu hören bekäme. Während der Musik sind alle Wertungen und Urteile andere, aufgehoben, gehoben, umgefüllt, erfüllt, was immer man denkt, bedeutet weniger oder mehr; besonders sind neue Verbindungen möglich, und unter solchen Auspizien sind sie wie für ewig.

Es gibt keinen starken Wunsch, für den man nicht zahlen muß. Doch sein höchster Preis ist, daß er in Erfüllung geht.

Man kann mehr und mehr wissen wollen; aber es wird der Punkt erreicht, wo das Gewußte unerträglich wird und sich dafür rächt, daß es zu viel vorgefunden hat.

Die Länder so kennen lernen, als gäbe es keine anderen; aber viele kennen lernen.

Man muß sich, um leben zu können, mancherlei Unrechts bewußt sein; einiges davon muß bereits begangen und abgeschlossen sein, anderes, das offen ist, muß man immer noch begehen. Die Summe an Unrecht, die sich aus beidem ergibt, darf weder zu groß noch zu klein sein. Ein Heiliger muß sich künstliche Sünden erfinden. Wer sich ehrlich sagen kann: »Ich habe nichts Böses getan«, ist verloren. Denn das Böse ist da und hat Anspruch, und nicht umsonst hat es der Glaube an eine Erbsünde zu solchem Ansehen gebracht.

Das Enttäuschende an den Sprachen: daß sie so verbindlich erscheinen, mit ihren Lauten und Worten und Regeln, und daß man dann beinahe dasselbe sagen kann, auf eine ganz andere Weise, in einer anderen Sprache.

Am Übersetzen ist nur interessant, was *verloren* geht; um dieses zu finden, sollte man manchmal übersetzen.

Noch sind die unzähligen Länder da, nach denen man sich sehnt, die Form und Härte ihrer Berge, die Beugungen ihrer Flüsse und die transparenten Städte, von gesprächigen Menschen voll, die zu verschiedenen Zeiten, nicht auf einmal, nicht alle plötzlich, sterben, noch kann man sich verwirren an der vermeintlichen Bedeutung ihrer Worte und der Sinnlosigkeit ihrer Schicksale, noch ist alles reicher, bunter, verschiedener als es je war, genau bevor es ganz Eins und zu Ende ist.

Am besten sitzt es sich unter Menschen, die man nie wieder sehen wird, man hält sie genau so lange aus, als man glaubt, daß sie einem nie etwas tun werden.

In einer wirklich schönen Stadt läßt es sich auf die Dauer nicht leben: sie treibt einem alle Sehnsucht aus.

Es ist nichts schwerer zu bemeistern als das Lernen, die Leidenschaft fürs sinnlose Lernen, als wäre man der erste Mensch und hätte die Kenntnisse der ganzen kommenden Menschheit für sie anzulegen. Es will nicht glücken, sich an den Gedanken zu gewöhnen, daß man viel eher der letzte als der erste Mensch ist.

Etwas ungeschehen machen, ein einziges Geschehnis, einen einzigen winzigen Vorgang, ein Nichts beinahe: die Geschichte eines Mannes, der solch ein Nichts ungeschehen machen will. Seine verzweifelten Bemühungen; so wie andere in rätselhafter Konzentration auf ein bestimmtes Ziel aus sind, etwas das sie gewinnen oder haben müssen, so hat dieser Mann sein negatives Ziel, etwas herauszulösen aus der Abfolge seiner Erlebnisse und neben sich zu werfen.

Es muß aber ein Geringes sein, nicht eine Schuld; denn für Schulden gibt es festgesetzte Sühnen.

Alte Drohungen, wie gekochte Fische, man kann ihnen die Gräten herausnehmen.

Wenn man sehr viel Worte gemacht hat, verliert man das Gefühl dafür, wie viel sie den anderen bedeuten. Da erst beginnt die eigentliche Schlechtigkeit des Wortmenschen.

Seit ich einen menschlichen Magen gesehen habe, neun Zehntel eines menschlichen Magens, wie er keine zwei Stunden zuvor herausgeschnitten worden war, weiß ich noch weniger, wozu man ißt.

Er sah genau so aus wie die Fleischstücke, die die Menschen sich in ihren Küchen abbraten, sogar die Größe war die eines gewöhnlichen Schnitzels. Wozu kommt dieses Gleiche zum Gleichen? Wozu der Umweg? Warum muß unaufhörlich Fleisch durch die Eingeweide eines anderen Fleisches gehen? Warum muß besonders dies die Bedingung unseres Lebens sein?

Eine Stadt, in der die Menschen so alt werden, wie man sie liebt. Ab- und Zuneigung wägen sich genau gegeneinander ab und das Ergebnis ist entscheidend für die Dauer eines Lebens.

Manchmal läßt man das Beste von sich auf der Straße liegen, wie eine alte Zeitung, und ein anderer kommt vorbei, merkt, daß es eine Zeitung in einer anderen Sprache ist, die er nicht lesen kann, und tritt zornig darauf, um sie schmutziger zu machen.

Es gibt einen Punkt, wo man nichts mehr erleben darf, wenn alles Frühere seinen ruhigen und unmißverständlichen Sinn bekommen soll. Denn durch die weiteren Vorgänge und Einflüsse verändert sich das Frühere; es geht nicht ganz verloren, aber es verändert sich so sehr, daß es in seiner Einmaligkeit dann eben doch verloren ist. Die Verwandlungen gebrauchen, was da ist; es verwandelt sich nichts wirklich zurück. Die Stationen zu erkennen, an denen nur noch Rückschau und Ausdruck erlaubt ist, mag als das Höchste dichterischer Lebenskunst gelten. In Wirklichkeit ist es so, daß man die meisten seiner Werke versäumt, weil man auf Weiteres aus ist. Dieser Hunger nach einer Unermeßlichkeit in einem selbst, nach einem Vorrat lebender Welt, der weiter bestünde, auch wenn die Welt selbst nicht mehr wäre, – dieser Hunger ist großartig und eines Menschen durchaus würdig, aber er ist, einmal geweckt, nie mehr zu stillen, und es bleibt dem, der von ihm getrieben ist, nichts anderes übrig, als ihn von Zeit zu Zeit zu überlisten und in Schlaf zu wiegen.

In der Stille, nachts, wenn alle schlafen, die er gut kennt, wird er ein besserer Mensch.

Die Auferstandenen klagen plötzlich in allen Sprachen Gott an: das wahre Jüngste Gericht.

Man würde sich wünschen, daß es noch eine Welt gibt, die völlig unberührt ist; von der wir nichts geahnt haben; auf die wir keinen Einfluß hätten; wir ihnen so unbekannt, wie sie uns; durch keine Legende angenähert; nirgends erwartet; und die doch verständlich ist, wenn sie uns plötzlich zu Hilfe kommt, uns, den Erstickenden, neue Seelen schenkt zusammen mit den Augen, die sie für uns sichtbar machten.

Es ist nichts furchtbarer als der Anblick eines sterbenden Feindes; daß daran allein schon nicht alle Feindschaft der Welt zu Ende gegangen ist, werde ich nie begreifen. – Man sieht das Gesicht des Sterbenden, aber wo man selber zugeschlagen hat, das sieht man nicht. Aber wie man es fühlt, wie man den kleinsten Stich fühlt, den man ihm je versetzt hat, und wie man fühlt, daß er ohne diesen Stich vielleicht drei volle Augenblicke länger gelebt hätte.

Der tiefste Sinn der Askese ist, daß sie das Erbarmen erhält. Der Essende hat immer weniger Erbarmen und schließlich keines.

Ein Mensch, der nicht essen müßte und doch gedeiht, der sich geistig und gefühlsmäßig wie ein Mensch benimmt, obwohl er nie ißt, – das wäre das höchste moralische Experiment, das denkbar ist; und nur wenn es glücklich gelöst wäre, könnte man ernsthaft an die Überwindung des Todes denken.

Das Dümmste sind die *Beschwerden*: Immer grollt man jemand. Immer ist der oder jener einem zu nahe getreten. Immer hat einem der oder jener ein Unrecht zugefügt. Wie kommt man dazu, was heißt das und das läßt man sich nicht gefallen. Dieser kleinliche Unsinn geht einem im Kopf herum, kleinlich, denn er betrifft einen selbst, und auch da nur den geringsten Teil der eigenen Person, die immer künstliche Grenze. Mit diesen Beschwerden füllt sich das

Leben an, als wären es Weisheiten. Sie nehmen überhand wie Ungeziefer, sie vermehren sich rascher als Läuse. Mit ihnen schläft man ein, mit ihnen wacht man auf; das »Geschäftsleben« der Menschen besteht aus nichts anderem.

Wie ist es möglich, daß man Zerrissenes in den Mund tut, es lange darin weiterzerreißt und daß dann aus demselben Munde Worte kommen? Wäre es nicht alles besser, man hätte eine andere Öffnung für die Nahrung und der Mund wäre für die Worte allein da? Oder ist in dieser intimen Verquickung aller Laute, die wir bilden, mit Lippen, Zähnen, Zunge, Kehle, eben den Gebilden des Mundes, die dem Nahrungsgeschäft dienen, – ist in dieser Verquickung ausgedrückt, daß Sprache und Fraß für immer zusammengehören müssen, daß wir nie etwas Edleres und Besseres werden können, als wir sind, daß wir im Grunde, in allen Verkleidungen, eigentlich dasselbe Schreckliche und Blutige sagen, und daß sich der Ekel in uns nur meldet, wenn mit dem Essen etwas nicht stimmt?

Dann kam einer, der bewies, daß alle Experimente, vom ersten angefangen, eben durch das erste, falsch waren; daß sie in sich, in ihrer Folge, später wohl stimmten, und nur da das erste unbestritten blieb, war man nie auf den Fehler gekommen. So war plötzlich die ganze technische Welt als Fiktion entlarvt und die Menschheit konnte aus ihrem bösesten Traum erwachen.

Einer lebt im Glauben, daß alles, was ihm durch den Kopf geht, vergiftet ist und von diesem Augenblick an für immer gemieden werden müsse. Die Reduktion alles Vorhandenen auf das Unbekannte wird seine einzige Rettung. Um das Unbekannte vor sich zu schützen, erfindet er eine Methode, *nichts zu denken*. Es gelingt ihm, sie durchzuführen: die Welt um ihn blüht wieder auf.

Jedes deiner Worte setzt sich bei ihr in einen Mückenschwarm um; und du wunderst dich, wenn sie als Stiche zu dir zurückkehren.

Austausch der Gewohnheiten: ich schenke dir diese, du mir jene; daraus soll dann eine Ehe werden.

Der Moralkitsch des Puritaners: in seiner tiefsten und ganz zerknirschten Selbst-Anklage stellt er sich immer noch hundertmal besser dar, als er wirklich ist.

Wieviel Gewohnheiten einer braucht, um sich im Ungewohnten zu bewegen?

Ein Land, in dem riesige Weiber mit ihren winzigen Männern in der Tasche herumlaufen. Wenn diese Weiber streiten, ziehen sie ihre Männer plötzlich aus der Tasche heraus und halten sie einander wie kleine Schreckgötter entgegen.

Er stellt sich vor, daß er jeden Satz, den er je gesagt oder geschrieben hat, ändern muß. Es genügt nicht, die Sätze vorzunehmen, die erreichbar sind; er muß auch alle finden, die verloren gegangen sind; sie aufspüren, packen, zurückholen. Er darf nicht zur Ruhe kommen, bis er sie nicht alle hat. – Höllenstrafe für alle, die eines falschen Glaubens waren.

Am Letzten des Monats steige ich in meine Ruinen hinunter, die lächerliche Lampe in der Rechten, und sage mir, je tiefer hinunter ich gelange: es ist umsonst. Welcher Glaube soll in den Kern der Erde führen. Was immer du, was immer ein anderer, was immer jeder von uns tut, es ist umsonst. O Eitelkeit aller Bemühungen, die Opfer fallen weiter, zu Tausenden, zu Millionen, dieses Leben, dessen Heiligkeit du vortäuschen willst, ist niemand und nichts heilig. Keine geheime Macht wünscht es zu erhalten. Vielleicht wünscht keine geheime Macht, es zu zerstören, aber es zerstört sich selbst. Wie soll ein Leben Wert haben, das als Darm angelegt ist. Unter den Pflanzen mag alles besser angelegt gewesen sein, – aber was weißt du in Wirklichkeit von den Qualen des Erstickens?

O der Ekel greift um sich, und der Ekel entstammt dem Fraß.

Es ist alles vom Fraß angesteckt, es ist alles dem Fraß verfallen. Heuchlerisch der friedliche Tag, den manche erleben. Das Zerrissene ist wahrer. Die Friedlichen überziehen die Erde mit den Blättern und der Langsamkeit der Pflanze, aber diese Netze sind schwach, und selbst wo sie siegreich sind, geht unter ihren grünen Hüllen die fleischliche Zerstörung weiter. Der Mächtige stolziert mit seinem größten Magen, und der Eitle schillert in allen Farben seines Eingeweides. Die Kunst spielt den Verdauenden und Erstickenden zum Tanze auf. Sie macht es immer besser, und ihr Erbe wird als das kostbarste Gut gehütet. Manche schmeicheln sich mit dem Gedanken, daß es zu Ende gehen könnte, und Katastrophen über Katastrophen werden ausgerechnet. Aber die tiefere Absicht dieser Qual ist eine ewige. Die Erde bleibt jung, ihr Leben vervielfältigt sich und es ersinnen sich ihr neue, kompliziertere, schärfere oder vollständigere Formen des Elends. Einer geht flehend den anderen an: hilf mir, mach es schlimmer!

Die Leute, auf die man sich verläßt, und die Leute, die sich auf einen verlassen, ein Lustspiel.

Zu denken, daß es ein anderes Leben hinter diesem gäbe, und unseres wäre noch das Beruhigende, in dem jene sich erholen!

Einen Kometen finden für alle Angst der Erde und ihn damit beladen in die Wildnis des Weltalls entsenden, einen Sünden-Kometen.

1948

Der Selbst-Hasser. Eine Figur, die mit einer wütenden Rede gegen sich selbst auftritt. Es gibt nichts Böses, es gibt nichts Gemeines, das der Selbst-Hasser sich nicht zuschreibt. Er weckt damit die einmütige Liebe aller. Wer immer seine Rede gehört hat, rennt ihm nach und ist ihm verfallen. Er aber wütet nur immer mehr, um sich der Nachläufer zu erwehren. Er beginnt so zu sein wie seine Behauptungen. Seine Selbstbeschuldigungen werden wahr, sein Erfolg wächst. Seine Gefährlichkeit steht in genauem Verhältnis zu seiner Anziehung. Sein Erfolg verschlägt ihm den Atem, er weiß sich nicht mehr zu helfen. In seiner Verzweiflung vergißt er sich einmal und läßt sich ein paar *gute* Worte über sich entschlüpfen. Auf der Stelle fallen alle von ihm ab und er ist erlöst.

Deus ex machina: Gott hat zugewartet und tritt jetzt aus dem Atom hervor.

Es ist etwas Furchtbares um die Erschöpfung von Göttern.

Ein Reich, in dem die Menschen sich nur auf Entfernung lieben, ohne sich je zu sehen. Ein Liebender darf nie erfahren, wie seine Geliebte wirklich aussieht. Indiskretionen in dieser Richtung werden schwer bestraft, wie bei uns Notzucht. Auch im Leben dieser Menschen gibt es Tragödien: wenn einer z.B. erfährt, daß er die Frau, die er sich zu seiner Liebe ausgesucht hat, von irgendwoher kennt. Er ist dann so entsetzt über sich, wie ein Ödipus bei uns. Es ist manchmal nicht leicht für Liebende, sich zu vermeiden. Aber sie wissen, mit der ersten Begegnung ist alles zu Ende. Es ist ihnen nicht möglich, einen Menschen zu lieben, den sie kennen; sie sind gute Beobachter und mit wem sie einmal gesprochen haben, der ist durchschaut. Wie sollten sie für ein solches erkanntes Geschöpf noch Liebe aufbringen können. Am angenehmsten ist es ihnen, an fremde Länder zu denken, deren Sitten sie nicht begreifen; dort könnte es noch etwas zu bewundern geben. So malen sie sich die Fremden aus und schreiben ihnen unverständliche Briefe.

Sehr viele überall, die ich sehe: sie fühlen es nicht. Sehr viele überall, die fühlen, wie ich sie sehe: ich sehe sie nicht.

In einer Stadt so lange leben, bis sie einem fremd ist.

Porzellan als Verzierlichung und Verteilung von Katastrophen-Angst. Wer viel Porzellan um sich hat, dem kann selber kaum etwas passieren. Und wie hübsch sind seine tausend kleinen Ängste! Wie kann er auf sie aufpassen, sie hegen und pflegen!

Eine Bitte Anandas, im rechten Augenblick, hätte das Leben Buddhas verlängern können. Aber sie wurde nicht getan und Buddha beschloß, innerhalb von drei Monaten ins Nirwana einzugehen. Am Bericht von der letzten Lebenszeit des Buddha hat mich nichts mehr ergriffen als diese versäumte Gelegenheit. In der Hand des Jüngers lag das Leben des Meisters. Hätte Ananda ihn noch besser geliebt, wäre seine Liebe noch aufmerksamer gewesen, Buddha wäre noch nicht gestorben. Es wird hier gezeigt, wie sehr es auf die Genauigkeit der Liebe ankommt. In seiner Genauigkeit gewinnt dieses Gefühl erst seinen Sinn und rettet oder erhält dem geliebten Wesen das Leben.

An einer Religion von der Art des Buddhismus, wo der Tod hingenommen, auf alle Weisen beredet und abgewandelt, zu einem vielfachen Übertod gesteigert wird, berührt einen nichts tiefer als jede Regung des Lebens, *gegen* die Lehre sozusagen, eine spontane Flamme, da alles erloschen sein sollte. Hier, gerade hier, hat dann das Leben etwas Unauslöschliches. Der 80jährige Buddha, von einer schweren Krankheit genesen, spricht von der Schönheit der Gegenden, in denen er gewandert war; er nennt sie alle bei Namen, in der heimlichen Hoffnung, daß sein Jünger ihn am Leben zurückzuhalten versuche. Er wiederholt seine Rede dreimal, aber der Jünger merkt nichts, und die stumme Traurigkeit, mit der dann der Buddha auf sein Leben verzichtet, ist beredter als jede Predigt.

Gott sein und dann darauf verzichten, als wäre es nichts. Ist auf uns so verzichtet worden?

Von Zeit zu Zeit faßt sich einem das ganze vergangene Leben in eine knappe Folge ähnlicher Situationen zusammen: Menschen tauchen auf, die einem viel bedeutet haben, versammeln sich, wie es ihrer wirklichen Reihenfolge in einem entspricht, wiederholen und bestärken sich, und sind plötzlich, wenn auch für kurz, so sehr da, daß einem Tag und Nacht von ihren Worten brennen. In solchen Augenblicken lernt man sein Leben am meisten hassen. Denn die einem am nächsten waren, hätten einem nie nah sein dürfen. Die man verehrt hat, waren nicht verehrungswürdig. Die man schön fand, sind häßlich, vielleicht waren sie es immer. Die einem geholfen haben, nehmen ihre Hilfe jetzt mißgünstig zurück. Denen man selber geholfen hat, die bezeugen, daß es gegen ihren Willen geschah. Alles, wenn nicht umsonst, war doch sicher falsch. Und wenn es damals so war, und man nahm es damals doch alles sehr ernst, was gibt einem die Gewähr, daß es nicht jetzt auch so ist?

Die Liebe im Tausendjährigen Reich des *Bosch* ist aus der Welt der Werte und Preise gelöst. Statt kalter Ansätze und Schätzungen gibt es merkwürdige Gewächse und Tiere; Früchte sind ins Riesenhafte gewachsen und *sie* drücken den Wert der Liebe aus. Jedes Tier, jede Frucht ist etwas Besonderes. Man möchte nicht immer wissen, wofür es steht: man fühlt, daß es immer für sehr viel steht. Sein Aussehen ist manchmal mehr als sein Sinn. Der Maler zeigt sich den Worten überlegen. Alle gedanklichen Systeme leben von der Neu-Einfüllung einiger weniger Worte, auf deren Kosten andere entleert worden sind. Der Maler, der sich nicht an natürliche Größenverhältnisse hält, hat ein mächtigeres Mittel an der Hand. Eine Erdbeere kann bei ihm größer werden als ein Mensch.

Erstaunlich bei Bosch ist die *Farblosigkeit* der Liebenden. Der farbige Reichtum seiner Tiere und Früchte, die phantastischen Erfindungen von Felsgebilden und kristallenen Brunnen, die Gebilde, in die er seine Liebespaare steckt, die Qualen, die er sich für die Hölle ersinnt, haben alle etwas Ausgelassenes, Üppiges, Reiches und Bodenloses, verglichen mit den bleichen, immer gleichen Figuren der Menschen. Nie ist das Massenhafte und Egalitäre des Menschen in der Kunst so überzeugend zum Ausdruck gekommen. Die Menschen werden bei ihm wie zu Spiegelbildern, sobald sie nackt sind. In Kleidern haben sie ihre unterschiedlichen Gesichter; nackt sind sie alle Adam und Eva. Wahre Adamiten, haben sich die Menschen der Mitteltafel vom ersten Menschenpaar abgezweigt, durch Verknospung. Alle lieben sie einander, aber wo ist eine schwangere Frau? Selbst in den Strafen der Hölle knüpft nichts an Schwangerschaft an. Die Liebe ist für sich da; entlassen aus der Welt der Werte und Preise, herausgelöst aus der Welt der Folgen. Darin ist es wirklich das Tausendjährige Reich des Joachim da Fiore; es sind Geschlechtslose, die sich lieben. Ihre Werkzeuge haben sie mehr außerhalb ihrer Leiber, in tropischen Pflanzen, Stacheln und Früchten. Sie sind das Gegenteil der Inder; denn in deren Kunst hat jeder einzelne Leib die Sinnlichkeit von tausend.

Prinzip der Kunst: mehr wiederfinden, als verlorengegangen ist.

Große Männer kann man sich nur allein vorstellen, in einer ganzen Generation einen: Neid und Niedrigkeit der Großen, selbst in der Vorstellung, die wir von ihnen haben.

In keine Sprache ist so viel Hochmut eingegangen wie in die englische. Es wäre gut, vergleichen zu können und zu wissen, wie die Römer nach einigen Jahrhunderten ihrer Macht zu sprechen pflegten; man wird es nie erfahren. Unter denen aber, die heute da sind, ist die Sprache der Engländer der Hochmut selbst. Ihre Worte werden wie an Stäben aneinandergereiht; sie fallen nicht zu hoch, sie fallen nicht zu tief. Die Sätze können wie Stäbe überall abgebrochen werden; ein Gattungsgefühl der Sicherheit und Überlegenheit strahlt von ihnen aus, das mit den Verdiensten und Eigenschaften des einzelnen gar nichts zu tun hat. Der Hochmut darf nur selbstverständlich sein, anders ist er verpönt; wer zum allgemeinen seinen privaten hat, verbirgt ihn, der allgemeine ist so viel wichtiger. Jeder Aussagesatz, in seiner scheinbaren Trockenheit, ist ein Urteil; das Urteil hat die Sprache aufgegessen. Der Respekt, der jedem Individuum und seinem Satze gebührt, ist der Respekt vor dem *Richter*. Leidenschaft in der Sprache erregt Mißtrauen; wie könnte sie unparteiisch sein? Aber es sind diese Richter alle bereit, sich zu Kindern herabzulassen und ihnen Verschiedenes zu erklären; ihre Freundlichkeit darin kennt keine Grenzen. Der Urteilende hier hat Geduld; in der Vollstreckung läßt er sich Zeit. Sie mag ganz aufgeschoben werden; es genügt, daß das Urteil ausgesprochen worden ist. Was immer es noch daneben auszusprechen gab, hat wenig Bedeutung; es ist vielleicht nur ein Gefühl, eine Stimmung, es ist vorläufig, und auf jeden Fall vergeht es. Die Einordnung in das Hoheitsgefühl einer ganzen Kaste nimmt der Sprache allerdings jede Eitelkeit; der private und boshafte Schimmer des Französischen fehlt völlig. Man spricht hier weniger Böses über andere; oder genauer gesagt, das Böse, das man spricht, könnte auch von jedem anderen gesagt sein und wirkt darum nicht so gehässig wie anderswo. Das kalte Vornehmtun des Engländers in seiner Sprache ist unnachahmlich; es gehören alle oder doch recht viele dazu; und man muß lange unter diesen Vielen gelebt haben, um es sich anzueignen.

Die Gedanken mit Gewalt auseinanderhalten. Sie verfilzen sich zu leicht, wie Haare.

Die Menschen, die tief nur atmen können, wenn *alle* gefährdet sind.

Und wenn es immer die Schlechtesten wären, die übrig blieben? – der umgekehrte Darwinismus.

Das eigentlich Geschichtliche wird in der Prähistorie getötet. Die Prähistorie handelt von mythenlosen Gegenständen; es ist von ihnen die Rede, als wären sie von uns erzeugt. Unsere moderne

Trennung von Glauben und Produktion wird so zurückverlegt in eine Zeit, für die sie nicht gilt. Die Art, wie man solche Gegenstände in Museen aneinanderreiht, raubt ihnen das Beste von der Zeit und der Geduld, die an ihre Herstellung gewendet wurden. So Vieles und so Verschiedenes liegt da dicht beieinander; die Ordnung *nimmt* den Gegenständen ihre Geschichte.

Die vielen Städte, die man sieht, Landschaften, Räume und Wege! Irgendwo treffen sie sich und bilden ein neues Paradies.

Ein Vater hat das Gefühl, daß die Erziehung durch Eltern Kinder zerstört. Er schickt seine drei kleinen Kinder in die Welt und verkleidet sich, um sie zu beobachten. Ihr Leben unter den Augen des ungesehenen Vaters.

Gott war ein Fehler. Aber es ist schwer zu entscheiden, ob er zu früh oder zu spät war.

Zu denken, daß die Grausamkeit der Assyrer, gerade diese systematische Grausamkeit, noch verblassen würde, und wir selbst haben erlebt, wie es geschah. So hat sich der moralische Schwerpunkt der Geschichte für immer verschoben, und die Barbaren, von denen wir als Kinder entsetzt lasen, waren wir, unsere Zeit, unsere Generation, nur waren wir es mehr.

Das plötzliche Zusammenziehen von Verhältnissen und Beziehungen, die sich über Jahre eines Lebens fortgesponnen haben, zu einer einzigen Szene in der Wirklichkeit: alles wiederholt sich dann in wenigen Augenblicken, was früher in Wochen und Monaten geschah; alles kommt einem bekannt vor, ohne daß man recht weiß, woher; die rhythmische und zeitliche Veränderung entrückt es der Erkenntnis. Aber dann, wenn die Szene abgelaufen ist, fühlt man sich auf einmal erleichtert und wird der unheimlichen Zusammenfassung gewahr: in ein oder zwei Stunden haben sich Jahre vor einem abgespielt, Jahre, die man genau kennt, weil sie einen sehr geschmerzt haben. Vielleicht kann man sich von Erlittenem überhaupt nur so befreien, und vielleicht liegt darin der Ursprung des Dramas.

Wieviel glaubhafte Äußerungen der Hoffnung und der Güte müßte man finden, um die der Bitterkeit und des Zweifels aufzuwiegen, mit denen man so freigebig um sich geworfen hat! Wer kann es wagen, an den Tod zu denken, solange er weiß, daß er die Summe der Bitterkeit nur vermehrt hat, und sei es aus den besten Motiven? Hätte man immer geschwiegen, so dürfte man wenigstens sterben. Aber man wollte gehört sein und man schrie laut. Jetzt heißt es, das andere sagen, und doch gehört werden, denn man kann es nicht schreien.

1949

Ein Wettrennen, das jeden Abend zu einer bestimmten Zeit unterbrochen wird. Ein Signal wird gegeben. Jeder bleibt stehen; sinkt nieder; schläft ein. Am Morgen kommt dann das Signal zur Fortsetzung. Jeder erhebt sich und rennt los. Am Abend wird wieder stehen geblieben und wieder schläft man an Ort und Stelle ein. So geht es Tag um Tag; Woche um Woche; Monat um Monat; Jahr um Jahr. Manche gewöhnen sich das Niedersinken abends ab und schlafen stehend ein. Diese haben einen Vorsprung.

Die Sicheren auf der faulenden Erde, und wie die Fäulnis langsam ihre Beine ergreift.

Unverfrorenheit des Menschen: er stellt sich, als wäre er allein.

Jonas zeigt zwei wichtige Züge des Propheten: die Angst vor diesem Amt, die ihn bis in den Magen eines Walfisches treibt; und den Zorn darauf, daß seine Prophezeiung nicht eintrifft. Dieser letztere Zug ist das Abstoßendste und Gefährlichste an den Propheten. Sie müssen das Schlimmste wollen, sobald sie es einmal vorausgesagt haben. Ihre Rechthaberei macht sie erbarmungslos. Die Drohungen Gottes nehmen sie ernster als dieser selbst. Ein Prophet hat es schwer: er wird nur in dem Augenblick für voll genommen, in dem seine Voraussage eintrifft; so kann er auf diesen Augenblick nicht verzichten. Gott, der ihm seinen Triumph entreißt, hat ihn getäuscht; und der Prophet, der von den furchtbarsten Dingen spricht, mag alles, nur nicht lächerlich sein. Das Gefühl der Menschen um ihn, daß er das Böse, mit dem er droht, auf seine Weise verkörpert und mit herbeiführen hilft, ist also nicht ganz unberechtigt; wenn sie ihn zu einer anderen Voraussage *zwingen* könnten, möchte manches anders kommen; immer wieder versuchen sie ihn unter diesen Zwang zu setzen.

Ein anderer auffälliger, aber ungewöhnlicher Zug am Buche Jona ist die Einbeziehung der Tiere: sie sollen mit den Menschen Buße tun, indem sie fasten wie diese und wie diese Säcke um sich hüllen. Gott aber erbarmt sich nicht nur der Menschen in Ninive, deren es mehr als 120000 gibt, sondern auch der vielen Tiere.

Haben die Tiere weniger Angst, weil sie ohne Worte leben?

Es schmerzt mich, daß es nie zu einer Erhebung der Tiere gegen uns kommen wird, der geduldigen Tiere, der Kühe, der Schafe, alles Viehs, das in unsre Hand gegeben ist und ihr nicht entgehen kann.

Ich stelle mir vor, wie die Rebellion in einem Schlachthaus ausbricht und von da sich über eine ganze Stadt ergießt; wie Männer, Frauen, Kinder, Greise erbarmungslos zu Tode getrampelt werden; wie die Tiere Straßen und Fahrzeuge überrennen, Tore und Türen einbrechen, in ihrer Wut sich bis in die höchsten Stockwerke der Häuser hinauf ergießen, wie die Waggons in der Untergrund von Tausenden von wildgewordenen Ochsen zerquetscht werden und Schafe mit plötzlich scharfen Zähnen uns zerreißen. –

Ich wäre schon erleichtert über einen einzigen Stier, der diese Helden, die Stierkämpfer, jämmerlich in die Flucht schlägt und eine ganze blutgierige Arena dazu. Aber ein Ausbruch der minderen, sanften Opfer, der Schafe, der Kühe wäre mir lieber. Ich mag es nicht wahrhaben, daß das nie geschehen kann; daß wir vor ihnen, gerade ihnen allen nie zittern werden.

Diese Helden! Immer wissen sie, wer zuschaut.

Es vergeht nicht, das täglich Gegessene, es singt wie die Männer im Feuer.

Alles wird von Jahr zu Jahr bedeutungsvoller: der Alternde wird in Bedeutungen ertrinken.

Er verbrannte alle seine Bücher und zog sich als Eremit in eine öffentliche Bibliothek zurück.

Hobbes. Unter den Denkern, die nicht durch eine Religion gebunden sind, können mich nur die beeindrucken, die extrem genug denken. Hobbes gehört zu ihnen; im Augenblick ist er mir der wichtigste.

Nur wenige seiner Gedanken erscheinen mir richtig. Er erklärt alles durch Selbstsucht, und obwohl er die Masse kennt – er erwähnt sie des öfteren –, hat er eigentlich nichts über sie zu sagen. Meine Aufgabe aber ist es gerade zu zeigen, wie zusammengesetzt die Selbstsucht ist; wie das, worüber sie herrscht, ihr gar nicht zugehört, es entstammt anderen Bezirken der menschlichen Natur; eben denen, für die Hobbes blind ist.

Warum beeindruckt mich dann seine Darstellung so? Warum freue ich mich über seinen falschesten Gedanken, wenn er nur extrem genug gefaßt ist? Ich glaube, ich habe in ihm die geistige Wurzel dessen gefunden, wogegen ich am meisten ankämpfen will. Er ist der einzige Denker, den ich kenne, der die Macht, ihr Gewicht, ihre zentrale Stellung in allem menschlichen Gebaren nicht verhüllt; er verherrlicht sie aber auch nicht, er läßt sie einfach stehen.

Der eigentliche Materialismus, des Erfindens und Erforschens, hat zu seiner Zeit begonnen. Er hat Respekt dafür, ohne ältere menschliche Interessen und Qualitäten darum aufzugeben. Er weiß, was Angst ist; seine Rechnung enthüllt sie. Alle Späteren, die von Mechanik und Geometrie herkamen, sahen weg von der Angst; so mußte diese wieder dorthin zurückfließen, wo sie ungestört und ungenannt im Dunkel weiter wirkte.

Er unterschätzt nicht das furchtbare Gewicht des Staates. Wie kläglich wirken, gemessen an ihm, viele politische Spekulationen späterer Jahrhunderte. Rousseau erscheint neben ihm wie ein kindlicher Schwätzer. Die früheste Periode der modernen Geschichte, die uns, die wir heute sind, wirklich schon enthält, ist das 17. Jahrhundert. Hobbes hat diese Periode bewußt und denkend erlebt. Die scharfen Partei-Spaltungen, denen er sich durch ein langes Leben hindurch zu entziehen hatte, waren verpflichtend und gefährlich genug, ihn zu bedrohen. Einen anderen hätten sie ganz angesteckt oder gebrochen. Er verstand es, sie von innen und außen zugleich zu sehen und ihre erklärte Feindschaft so lange hinauszuschieben, bis seine Gedanken sich geformt und festgelegt hatten.

Er steht wirklich allein als Denker. Es gibt wenige psychologische Richtungen der späteren Jahrhunderte, als deren Vorläufer man ihn nicht beanspruchen könnte. Er hat, wie ich schon sagte, sehr viel Angst gekannt und diese Angst so offen zur Sprache gebracht wie alles übrige, mit dem er sich auseinandersetzte. Sein religiöser Unglaube war ein Glück ohnegleichen; mit billigen Verheißungen war seiner Angst nicht beizukommen.

Seine Anlehnung an bestehende politische Macht, die des Königs erst, später die Cromwells, kann man gerade ihm nicht zum Vorwurf machen: er war von der Richtigkeit solcher Machtkonzentrationen überzeugt. Seine Abneigung gegen den Schrei der Masse hat er nicht erklärt, aber verzeichnet. Man kann von niemand erwarten, daß er alles erklärt.

Machiavelli, aus dem so viel Wesens gemacht wird, ist kaum wie die eine Hälfte, die klassische Hälfte von Hobbes. Thukydides war für diesen, was für jenen Livius. Von Religionen hat Machiavelli, der mit Kardinälen umging, überhaupt nichts verstanden. Die Erfahrung der religiösen Massenbewegungen und Kriege in den gut hundert Jahren zwischen ihm und Hobbes konnte er sich nicht mehr zunutze machen. Seit es Hobbes gibt, hat es nur noch historische Bedeutung, sich mit Machiavelli zu befassen.

Eine Ahnung von Hobbes' Bedeutung hatte ich seit langem. Ich habe ihn mir schon gelobt, bevor ich ihn genau genug kannte. Jetzt, da ich mich ernsthaft mit dem »Leviathan« beschäftigt habe, weiß ich, daß ich dieses Buch in meine »Denk-Bibel«, meine Sammlung der wichtigsten Bücher – und damit meine ich besonders die Bücher der Feinde – aufnehmen werde. Es sind die Bücher, an denen man sich schärft und nicht die, an denen man erlahmt, weil sie längst schon ausgesogen und erschöpft sind. Zu dieser »Bibel« werden, das weiß ich gewiß, weder die »Politik« des Aristoteles noch der »Principe« des Machiavelli noch Rousseaus »Contrat Social« gehören.

Mohammed ist etwas wie die Erfüllung für alle Propheten: er wird Gesetzgeber und faktischer Regent, durch ihn erst haben es die

Propheten zur wirklichen Macht gebracht; niemand zuvor hat Gott so konsequent und erfolgreich verwendet. Glaube ist für ihn Gehorchen. Mit Gottes Gut, den Belohnungen, die er fürs Jenseits verspricht, geht er verschwenderisch um, er wäre gern freigebig wie ein König. Er nennt sich den Propheten Gottes: ebensogut oder besser hieße er dessen *Befehl*.

Unter seinen Vorgängern läßt er nur die gelten, die es sehr weit gebracht haben: Abraham, Moses, Jesus. Er hat seinen Vater nie gekannt, sein Respekt für fremden Besitz ist der eines braven Waisenkindes; er trägt ihm eine reiche Witwe als Frau ein, die ihn auf jede Weise vergöttert.

Im Tempel der Kaaba fängt er die Pilger ab, Fremden-Prophet statt Fremden-Führer, und es lockt ihn immer mehr, sich selber dort zu installieren; die Oligarchie der Koreischiten durch eine Tyrannis abzulösen. Seine Verhandlungen mit den Leuten von Medina haben von Anfang an etwas Politisches, er sichert sich durch Bündnisse und bereitet planmäßig einen Krieg gegen seine Heimatstadt vor.

Mohammeds Interesse für *Gräber*: unter Gräbern holt er sich auch seine Todeskrankheit. Leichen beschäftigen ihn als Gegenstände der Auferstehung. Das Jüngste Gericht ist ihm die äußerste Zusammenfassung und Konzentration der Herrschaft. *Alle* werden gerichtet und es wird *für immer* über sie entschieden. Es ist die größte denkbare Masse, als Objekt eines endgültigen Urteilsspruchs. Der Haufen der Toten, eigentliches Ziel der Kriege, wird so groß, daß er alle Toten umfaßt. (Mohammed zieht Kriege entschieden Krankenheilungen vor.) Vom Jüngsten Tag an, da nicht mehr gestorben werden wird, schlagen die Toten alle zu Lebenden um, und der einzige Zweck ihrer Erweckung ist, daß sie zusammen unter den unmittelbaren und sofortigen Befehl Gottes kommen.

Im Islam hat der Befehl Gottes viel von einem Todesurteil an sich. In der Bibel bezieht sich das »Schlachte dies und schlachte jenes!« meist auf Opfertiere; nur manchmal trifft auch den Menschen der Befehl Gottes als unmittelbarer Blitz. Der Schritt vom Judentum zum Islam ist der einer stärkeren Betonung und Konzentration des Befehls.

Einen anschaulichen Ausdruck für das Verhältnis von Kriegern und Toten, und zwar als *Haufen*, gab es bei den alten Kelten. Wenn sie zum Krieg auszogen, nahm jeder Mann einen Stein und warf ihn mit den andern zusammen auf einen Haufen. Wenn sie vom Kriege heimkehrten, holte sich jeder Mann wieder einen Stein: die Steine der Gefallenen, die das nicht mehr tun konnten, blieben liegen. So entstand von selber ein Steinmal für die Toten. In dieser genauen Subtraktion der Zurückkehrenden von der Zahl der Ausgezogenen drückt sich ein merkwürdig klares Gefühl für den Haufen der Toten aus: statt ihrer, die auf dem Schlachtfeld oder beim Feind geblieben sind, steht das Mal von Steinen.

Masse und Übertönen. Eine bedeutende Funktion der Masse ist das Übertönen von Gefahren: von Erdbeben wie von Feinden. Man tut sich zusammen, um *lauter* zu schreien. Wenn das Andere dann verstummt, das Beben etwa oder der Feind, hat man gesiegt. – Es ist wichtig, hier daran zu denken, daß das *Meer* sich nicht übertönen läßt. Denn selbst wenn es einer starken Masse gelingen sollte, für den Augenblick lauter zu werden als das Meer, es wäre dadurch trotzdem nie zum Verstummen zu bringen. Das Meer ist darum immer im Sinne der Menschen, die es kennen, die größte Masse geblieben, der man nie wirklich gleichkommen kann.

»Wenn die Menschen ihre Verwandten wenigstens verheimlichten«, meinte der Fremde, »so daß man nie wüßte, wer zu wem gehört. Herrlich wäre es, eine geheime Familie zu haben, wirklich ganz für sich, von der niemand etwas weiß, die man nur mit Vorsicht erreichen kann, weil jemand darauf kommen könnte, Vater, Mutter, Brüder, Schwestern wie lauter geheime Geliebte!«

Worte, ohne die man nicht leben kann, wie Liebe, Gerechtigkeit und Güte. Man läßt sich von ihnen täuschen und durchschaut es, um noch heftiger an sie zu glauben.

Seinen tiefsten Schmerz halte jeder geheim.

Die eigentümliche Bewegung des Wissens. Es hält sich lange still, wie Stein oder wie scheintotes Leben. Es bekommt dann plötzlich unerwartet pflanzenhaften Charakter. Man blickt zufällig hin: es hat sich zwar nicht von der Stelle bewegt, aber es ist gewachsen. Ein großer Augenblick, aber noch nicht das Wunder. Denn eines Tages blickt man woanders hin und jenes Wissen ist dort, wo es bis jetzt bestimmt nicht war, es hat seinen Ort verändert, es ist *gesprungen*. Auf dieses springende Wissen wartet jeder. In der Nacht, von der man erfüllt ist, horcht man auf das Fauchen der neuen Raubtiere und im Dunkel leuchtet gefährlich und gierig ihr Auge.

Gott aus einem Ei, und der Philosoph, der es gelegt hat.

Meinen Ohren am ekelhaftesten ist der Dialekt der Sattheit.

Im Nebel sind Gestalten wie *Worte*. Wer immer daherkommt im Nebel, erregt mich wie ein neues Wort.

Ihn kann ein Wort versammeln.

Es ist etwas so Niederträchtiges um die Klugheit, daß man lieber als Tor weise wäre.

Dann werden die Tüchtigen verpönt sein, und wer immer etwas erreicht, wird bestraft.

Seit einer Woche befasse ich mich mit einem Buche, das mich zutiefst beunruhigt: es sind die »Denkwürdigkeiten eines Nervenkranken« des früheren Senatspräsidenten Schreber, ein Buch, das vor bald fünfzig Jahren, 1903, auf Kosten des Verfassers erschien, von seinen Angehörigen aufgekauft, aus dem Handel zurückgezogen und vernichtet wurde, so daß nur wenige gezählte Exemplare übrig blieben. Eines davon fiel mir 1939 unter sonderbaren Umständen in die Hände und lag seither bei mir. Ich fühlte, ohne es noch zu lesen, daß es mir wichtig werden würde. Es hat wie manche andere Bücher seinen Augenblick abgewartet und jetzt, da ich daran bin, meine Gedanken über Paranoia zusammenzufassen, habe ich es vorgenommen und gleich dreimal gelesen. Ich glaube nicht, daß jemals sonst ein Paranoiker, der als solcher jahrelang in einer Anstalt interniert war, sein System so komplett und überzeugend dargestellt hat.

Was habe ich alles bei ihm gefunden! Belege für einige der Gedanken, die mich seit Jahren beschäftigen: so den unlöslichen Zusammenhang zwischen Paranoia und Macht. Sein ganzes System ist die Darstellung eines Kampfes um Macht, wobei Gott selbst sein eigentlicher Antagonist ist. Schreber hat lange in der Vorstellung gelebt, daß er der einzige überlebende Mensch in der Welt sei; alles übrige waren Seelen von Toten und in mehreren Verkörperungen Gott. Die Vorstellung, daß man der Einzige ist oder sein möchte, der Einzige unter Leichen, ist für die Psychologie des Paranoikers wie des extremen Machthabers bestimmend. Dieser Zusammenhang wurde mir zum erstenmal klar, als ich 1932 in Wien dem Prozeß des Eisenbahnnattentäters Matuschka beiwohnte.

Aber Schreber hat auch die Ideologie des Nationalsozialismus schon fertig als Wahn in sich getragen. Er betrachtet die Deutschen als das auserwählte Volk und sieht ihre Existenz gefährdet durch Juden, Katholiken und Slawen. Als den »Kämpen«, der es aus dieser Gefahr erretten soll, bezeichnet er oft sich selbst. Eine solche Vorwegnahme dessen, was später in der Welt der »Geistesgesunden« geschah, wäre für jeden Grund genug, sich mit seinen Denkwürdigkeiten zu befassen. Aber er hat sich noch vieles Andere ausgedacht. Der Gedanke an den Weltuntergang verfolgt ihn, er hat großartige Visionen von ihm, die sich nicht vergessen. Es ist müßig alles aufzuzählen, was bei ihm vorkommt, ich befasse mich damit in ausführlichen Kapiteln für »Masse und Macht«. Aber manche Aspekte, die mich im Zusammenhang mit der »Blendung« interessieren, will ich hier doch erwähnen. Da ist die Schilderung einer Periode der »Unbeweglichkeit«, sie erinnert an das entsprechende Kapitel »Die Erstarrung« aus der »Blendung«. Auch die Gespräche mit erdichteten Gestalten könnten aus der »Blendung« stammen. –

Diese Befassung mit Paranoia hat ihre Gefahren. Nach wenigen

Stunden packt mich ein quälendes Gefühl des Eingesperrtseins, und je überzeugender das Wahnsystem ist, um das es sich handelt, umso stärker wächst meine Angst.

Zweierlei kommt hier zusammen: einmal die Fertigkeit und Abgeschlossenheit des Wahns, die ein Entrinnen sehr schwierig macht; nirgends Türen; alles fest verschlossen; vergeblich hält man nach etwas Flüssigem Ausschau, in das man untertauchen kann, mit dem man forttreiben könnte; selbst wenn es sich fände, wäre es ausgesperrt; alles ist wie Granit; alles ist finster, und wie natürlich geht diese harte Finsternis auf einen über. In allem, was ich selbst versucht habe, habe ich mich vor eben diesem Abschluß gehütet; nur Öffnungen, nur Platz, war mein oberster Gedanke, so lange viel Platz bleibt, ist nichts verloren. Hier aber hat einer als seinen Wahn gerade das gedacht, was mir das Leichteste wäre, was ich spielend, ohne Anstrengung zustande bringen könnte. Nie fürchte ich mich mehr vor mir selbst als in der Fertigkeit und Abgeschlossenheit eines fremden Wahns, den ich begreife.

Das Zweite und viel Gefährlichere ist, daß ich an der Gültigkeit meiner eigenen Gedanken zu zweifeln beginne. Wenn es möglich ist, selbst diesen manifesten Wahn so überzeugend darzustellen und zu verschließen, daß er einen packt, – was wäre dann nicht so darzustellen, vorausgesetzt, daß man etwas von dieser »paranoischen« Kraft besitzt. Die Evidenz, die ich für mich oft fühle, ist für jenen genau so vorhanden. Der Unterschied besteht allerdings darin, daß ich sofort abbiege, ohne abzuschließen, was mir zu überzeugend erscheint, es verschiebe, weglege, mit etwas ganz anderem beginne, das selbe Problem später von immer neuen Seiten angehe; nie mich *einer* Methode und schon gar nicht einer eigenen verschreibe; der Enge etablierter Disziplinen durch Rösselsprünge in andere entweiche; durch Erlernen von immer Neuem private Verhärtungen auflöse; und vor allem, den wohlmeinenden Freunden zum Trotz, die Arbeit über mehr und mehr Jahre hinausziehe, so daß dem Weltlauf jede Gelegenheit gegeben ist, diese Entdeckungen und einen selber zu widerlegen oder zu zerbrechen.

Es bleibt aber trotzalledem wahr, daß ich ohne den Glauben an diese Entdeckungen nicht leben kann. Irgendwelchen Spielarten des Wahns kann ich sie nicht gleichstellen. So hasse ich mich für die Gefahr, in die ich neue Gedanken bringe, wenn ich mich in fremde und enge Wahngebilde vertiefe.

Man kann nur ein Stück von dieser Welt erleben; du aber zählst nichts als das Ganze: deine Beschränktheit.

Ein Liebesbrief aus Schweden. Strindberg auf den Briefmarken.

Liebe in Kübeln, einer schüttet sie dem andern über den Kopf.

Er hat in ihrem Geiste eine Wüste angelegt. Da blühen seine Gedanken.

Diese mörderische Geschichte des Sultans von Delhi! Man macht aus einer Art von Gewissenszwang mit und läßt es alles über sich ergehen, und plötzlich ist einem zumute, als wäre man selbst ein Mörder; bloß weil man darauf eingegangen ist, weil man es nicht sofort mit Kraft und Widerwillen weggestoßen hat. Das Ärgste, immer, ist Geschichte, und ich darf ihr nicht entgehen; daß sie in Wahrheit immer ärger geworden ist, zwingt mich dazu, ihr Anatom zu sein; ich schneide in ihrem faulenden Leib herum und schäme mich für diesen Beruf, den ich selbst gewählt habe.

Du kannst nichts mehr hinnehmen, es sei denn, du zwingst dich, es gleich zu formulieren; es ist zuviel da, und du bist in Fluß geraten. Aus diesem Flusse wirst du nicht mehr heraussteigen, bevor du seine Mündung erreicht hast. Es ist besser, du schwimmst freiwillig mit, statt dich immerfort dagegen zu stemmen.

Ein Mann sprach zu seiner Frau: »Es regnet, ich will angenehm träumen.« – Beginn einer Erzählung aus Surinam.

Abend für Abend ging er hin. Sie empfing ihn freundlich. Er blieb stundenlang. In einer Wüste von zerstörten Geheimnissen ließ er sie liegen und ging.

›Gnade‹ wie ›Knie‹ enthalten die Beugung des ›n‹.

Das Verlorengegangene im anderen Menschen, der lebt, besteht, einen anblickt, zu einem spricht; die Suche in ihm hat etwas Verzweifeltes: »Wo hast du es?« sagt man zu ihm, »versteckst du es? es ist doch noch da?« und so erforscht und durchsucht man ihn vergeblich und alles ist versunken; aber kein Meer weit und breit, in das es hätte versinken können; und nichts mehr ist wichtig, außer dieser Suche, es ist die Suche nach dem Nichts, zu dem man im Andern geworden ist.

Der Restaurator. Kreuzung aus einem Schauspieler und einem Archäologen. Er hat die Rolle des Malers zu spielen, dessen Bild er restauriert. Indem er Schicht um Schicht abhebt, vorsichtig und sehr darauf bedacht nichts zu verrücken, gelangt er schließlich zum Bild dessen, den er spielt. Seine Ehrfurcht durchdringt sich mit seiner Erwartung. Aber er ist auch tätig: vieles bleibt in seiner Macht. Je mehr kaum Erkennbares er wiederherstellt, umso größer ist sein Erfolg als Archäologe. Diese demütige Seite seiner Natur kann in ihr Gegenteil umschlagen, wenn er seiner Willkür die Zügel schießen läßt und, was nicht mehr wirklich zu ergänzen ist, nach seinen Vermutungen präsentiert. Er mag sich schließlich so viel zutrauen, daß er Bilder ganz erfindet, aber immer wird er dabei in einer angenommenen Rolle bleiben, wie jene große Mehrzahl von Schauspielern, die nie selber Dramatiker sind.

Die Verwandlungen des Restaurators sind vorgeschrieben; die Kunstgeschichte enthält die volle Liste seiner Personen, er fügt ihr keine neue hinzu. Er akzeptiert auch ihre Hierarchie: mit den größten Namen legt er am meisten Ehre ein.

1950

Ich gäbe viel darum, wenn ich mir die historische Betrachtung der Welt wieder abgewöhnen könnte. Erbärmlich ist diese Abteilung nach Jahren und ihre Rückerstreckung ins Leben der Tiere und Pflanzen, als es von uns noch nicht belastet war. Die Krone der menschlichen Zwingherrschaft ist die Zählung der Jahre; die niederdrückendste aller Sagen die von einer Erschaffung der Welt für uns.

Jedes Jahr macht einen unverschämter.

Ein Land, das sein Gesindel als Fahnen zu den Fenstern hinaushängt.

Menschen als Schiffe und ihre ekelhafte Fracht.

Die furchtbarste Masse, die sich denken ließe, wäre eine aus lauter *Bekannten*.

Der wahrhaft vornehme Arzt, der für jeden seiner Patienten eine neue Krankheit erfindet.

Das Gierige mancher Krankheitsnamen: Meningitis.

Die Psychiatrie von sich selbst erlösen: fünfhundert oder tausend genaue Berichte, und dazu kein Wort der Einteilung oder Erklärung!

Er malt sich aus, wie die Menschen sich gegen einen bösen Gott behauptet hätten. *Gegen* ihn wären sie gut geworden. Sie hätten nie etwas von ihm erwartet und erbeten, sie hätten immer gegen ihn gekämpft. Manche hätten sich vor ihm verborgen – Höhlenkünstler, andere hätten ihn gehetzt – verwegene Jäger.

Ihr Glaube, daß es ihnen noch einmal gelingen könnte, Gott zu bessern.

Vielleicht ist jeder Atemzug von dir der letzte Hauch eines anderen.

Die Stadt, in der niemand weint. Um eine tausendjährige Träne als Reliquie erbaut man ihre Kathedrale.

Auch an den besten Satirikern stört mich ihre Vernünftigkeit, der schale Teich, dem ihre ungeheuerlichen Einfälle entsteigen.

Ein Philosoph, der ohne eine einzige Antwort durchs Leben kommt. Aber wie er frägt!

Weiber auf Stelzen, die sich hoch von oben in die Arme ahnungslos Erwählter herunterwerfen.

Die Geschichte stellt alles so dar, als hätte es nicht anders kommen können. Es hätte aber auf hundert Arten kommen können. Die Geschichte stellt sich auf die Seite des Geschehenen und hebt es durch einen starken Zusammenhang aus dem Nichtgeschehenen heraus. Unter allen Möglichkeiten stützt sie sich auf die eine, die überlebende. So wirkt die Geschichte immer, als ob sie fürs *Stärkere* wäre, nämlich fürs wirklich Geschehene: es hätte nicht ungeschehen bleiben können, es mußte geschehen.

Ranke anerkennt die Macht, und die Erfüllung durch Macht ist für ihn Geschichte. Historiker, die keine Machtanbeter sind, können keine zusammenhängende Staatengeschichte schreiben. Rom hat für viele von ihnen ausgereicht, als es längst dieses Rom nicht mehr gab. Von den vier großen Perioden der Geschichte, wie Voltaire sie sah, war die Ludwigs XIV. die letzte: der Gegner der Königs- und Schlachtengeschichte war von der Macht nicht weniger beeindruckt als ein gewöhnlicher Kriegschronist. –

Rankes Eigenart als Historiker beruht auf seinem Pluralismus; er ist ein Polytheist der Macht. Da es in den Jahrhunderten vor ihm, wie in seinem eigenen, ihrer mehrere gab, die groß waren, ist er der Verkünder von ihnen allen. Für die, die nicht mehr groß waren, Spanien und die Türkei, scheint er etwas wie Scham empfunden zu haben.

Wieviel wird man dann noch töten, wenn man alles wiederbeleben kann?

Er hat so viel Geld, daß ihm die Bomben aus der Hand fressen.

Nun hat das Erhängen schon alle Sanftheit des Angelns.

Es stellt sich heraus, daß es gar keine Atome gibt. Doch die Atombomben bleiben.

»Wie soll man zu jemand gerecht sein, der nicht ahnt, was Gerechtigkeit ist?« – »Ja, zerstört man denn damit die Gerechtigkeit? Ist sie so empfindlich?«

Für jeden, den man liebt, braucht man einen Schimpfabnehmer, und man müßte nur, um Personen zu sparen, die Paare Schimpf und Liebe richtig kombinieren.

Dieses dringliche Gefühl, daß ich alles über alle Menschen wissen muß, wann und wie immer sie gelebt haben, als hinge meine Seligkeit von jedem ab, seiner Eigenart, seiner Einmaligkeit, seinem Verlauf, und dann noch von dem, was sie zusammen sein sollten.

Eine Stadt werden, ein ganzes Land, ein Erdteil, und nichts erobern.

Ein besonderer Blitz nur für Geizige, der ihnen alles auf einmal wegnimmt.

Der beste Mensch wäre nicht, wer am wenigsten braucht, sondern wer durch das, was er braucht, am meisten verschenkt.

Daß die Erde unter *Beobachtung* steht, ist die wohlverdienteste Dichtung, die ihr widerfahren ist.

Es könnte sein, daß wir von Mehreren beobachtet werden, und es könnte sein, daß sie sich den Besitz auf ihr streitig machen.

Fronvögte eines fremden Sterns auf der Erde, die einen hören, zu denen man auf keine Weise sprechen kann.

Zu denken, daß die technische Entwicklung der Erde die Aufmerksamkeit der Fremden auf uns gelenkt haben könnte; daß sie uns als wahre Gefahr erst sehen, seit die erste Atombombe explodiert ist; daß sie seither unseren Untergang beraten und daß dieser vielleicht in ganz kurzer Zeit bevorsteht.

Ein paar restliche Primitive werden dann die Einzigen sein, die zwischen uns und den Erdfremden nicht unterscheiden, die von allem, was geschehen wird, *nichts* verstehen, die letzten unbefangenen Erdbewohner, Einheimische, Verlorene und Unschuldige in einem.

Staunen und Ekel, wenn die Entdecker den ersten stinkenden Balg eines Menschen öffnen. Vorführung einer Fütterung bei ihnen, Erleuchtung der Verdauung.

Nimm an, sie hätten Lichteinheiten statt Personen, und alle Grenzen, auch die zwischen Personen, wären ihnen ein Ekel, Licht statt Fett.

Und wenn sie sich die Erde als *ihren* Friedhof ausgesucht hätten?

1951

Was mich an den Philosophen am meisten abstößt, ist der *Entleerungs*prozeß ihres Denkens. Je häufiger und geschickter sie ihre Grundworte anwenden, um so weniger bleibt von der Welt um sie übrig. Sie sind wie Barbaren in einem hohen, geräumigen Haus voll von wunderbaren Werken. Sie stehen in Hemdsärmeln da und werfen methodisch und unbeirrbar alles zum Fenster hinaus, Sessel, Bilder, Teller, Tiere, Kinder, bis nichts übrig ist als ganz leere Räume. Manchmal kommen zuletzt die Türen und Fenster nachgeflogen. Das nackte Haus bleibt stehen. Sie bilden sich ein, daß es um diese Verwüstungen *besser* steht.

Der Weise vergißt seinen Kopf.

Vom Jenseits ist das Nichts übriggeblieben, sein gefährlichstes Erbteil.

Unermüdlich wirfst du dich, Taucher, in die Verwirrungen der andern. Kannst du von ihnen noch lernen? Kannst du ihnen helfen? Sind sie dir mehr als das Siegel deiner eigenen Verwirrungen?

Ein Traum ist wie ein Tier, aber ein unbekanntes, und man übersieht nicht seine Glieder. Die Deutung ist ein Käfig, doch der Traum ist nie darin.

Eine Person, die dich nie trifft, ohne etwas zu *verlangen*. So gehoben kommst du ihr vor; so wenig hält sie von sich und will so viel. Die Figur des Forderns. Am rätselhaftesten sind mir die Menschen, die alles für sich in Anspruch nehmen, sehr viel brauchen und doch gar nichts von sich halten.

Der kläglichste Mensch, den ich gekannt habe, war ein Krämer, der unter die Worte verschlagen wurde; der sie körnerweise in den Mund nahm und wiederkäuend ein Gedicht schrieb.

Die Ehrgeizigen, denen es um Macht zu tun ist, sind immer auf der Suche nach *Stichworten*. Sie fassen auf, was jemand zufällig in Gesellschaft sagt, und legen es sich als eine Art von Omen zurecht. Der Unbekannte, der ihre Frage beantwortet, ist ihnen gleichgültig. Sie haben gar nicht den Wunsch, ihn wiederzusehen; oft wissen sie nicht, was er treibt, und selbst sein Name mag ihnen entfallen. Er ist für sie vielleicht »ein Pole« oder »ein Psycholog«. Sie brauchen von ihm nichts als ein Wort, das ihnen auf rätselhafte Weise nützlich erscheint. Sie werden dazu neigen, sich aus der Gesellschaft zurückzuziehen, sobald dieses Wort gefallen ist; es könnte durch andere, die folgen, von seiner Kraft verlieren. Sobald sie allein sind, lösen sie das Wort ganz von dem Urheber ab und wenden es so lange hin und her, bis es etwas Absolutes hat; als käme es von einer höheren Macht, ihnen zu dienen.

Bangigkeit der Sterne, die von uns gesehen und verzeichnet sind.

Jeder Krieg enthält alle früheren.

Rom und Paris und London werden vergessen sein. *Ein* Meer wird sie bedecken. Niemand wird englisch verstehen. Ein paar Pferde werden eine Messe für Epsom lesen. Die Friedhöfe von Verdun werden den Meeresgrund erleuchten.

Die Erkenntnis, daß man keine Macht über einen Menschen mehr hat, kann einen glücklich machen. Je intensiver man ihn beherrscht hat, umso größer wird dieses Glücksgefühl. Freiheit, so kommt es mir immer mehr vor, ist eine Freiheit *loszulassen*, ein Aufgeben von Macht.

Von Menschen, die ich gut kenne, laß ich mir gerne immer wieder die selben Geschichten erzählen, besonders wenn es um die zentralen Ereignisse ihres Lebens geht. Ich ertrage den Umgang nur solcher Menschen, bei denen diese Geschichten jedesmal etwas anders lauten. Die übrigen sind mir Schauspieler, die ihre Rolle zu gut gelernt haben, ich glaube ihnen nichts.

Sehr schöne Augen sind unerträglich, man muß sie immer ansehen, man ertrinkt darin, man verliert sich, man findet sich nirgends mehr zurecht.

Immer fragt man dich, was du denn *meinst*, wenn du den Tod beschimpfst. Man will die billigen Hoffnungen von dir, die in den Religionen bis zum Überdruß abgespult werden. Ich weiß aber nichts. Ich habe nichts darüber zu sagen. Mein Charakter, mein Stolz besteht darin, daß ich dem Tod noch nie *geschmeichelt* habe. Wie jeder habe auch ich ihn mir manchmal, sehr selten, gewünscht, aber kein Mensch hat je ein Lob des Todes von mir vernommen, keiner kann sagen, daß ich den Nacken vor ihm gebeugt, daß ich ihn anerkannt oder bereinigt habe. Er scheint mir so nichtsnutzig und böse wie je, das Grundübel alles Bestehenden, das Ungelöste und Unverständliche, der Knoten, in dem alles von jeher geschürzt und verfangen ist und den niemand zu zerhauen gewagt hat.

Es ist um jeden schade. Niemand hätte je sterben dürfen. Das ärgste Verbrechen war nicht todeswürdig, und ohne die *Anerkennung* des Todes hätte es nie ärgste Verbrechen gegeben.

Eine Welt wäre auszudenken, in der es Mord nie gegeben hat. Wie sähe es, in einer solchen Welt, um alle übrigen Verbrechen aus?

Das Wichtigste trägt man vierzig oder fünzig Jahre in sich, bevor man es artikuliert zu sagen wagt. Schon darum ist gar nicht zu ermessen, was mit denen verloren geht, die früh sterben. Alle sterben früh.

Das Verhalten der Märtyrer erscheint niemand verächtlich, obwohl sie alles, was sie taten, im Hinblick auf ein *ewiges Leben* getan haben. Wie verächtlich würden den Anhängern des Christentums die selben Märtyrer erscheinen, wenn es ihnen um ein ewiges Leben *hier*, statt irgendwo gegangen wäre.

Selbst die Vorstellung von einer Seelenwanderung erscheint sinnvoller als die von einem Verbleiben im Jenseits. Die Verfechter des Jenseits-Glaubens merken gar nicht, daß es ihnen dabei um etwas geht, das sie nicht einmal beim Namen nennen: um ein *Beisammenbleiben* im Jenseits, um eine Masse, die nie zerfällt. Sie wollen, einmal dort versammelt, nicht mehr auseinandergehen müssen.

Wie wäre ein Paradies, in dem die Seligen einander nie zu Gesicht bekämen, in dem jeder für sich als eine Art Eremitenseliger bestünde, weit von den andern entfernt, so daß keine Stimme zu ihnen hinübertragen könnte; ein Paradies ewiger Einsamkeit, ohne leibliche Not und Beschwerde; ein Gefängnis ohne Mauern, Gitter und Wärter, wo man nirgends entspringen würde, weil man nirgends hingelangen könnte. – Da würde jeder sich selber Reden halten, sein eigener Prediger, Lehrer, Tröster, und niemand sonst hörte zu. Eine selige Existenz, der Viele die Qualen der Hölle vorziehen würden.

Ich kann es nicht erklären, warum bei mir ein klares Empfinden für die Schlechtigkeiten dieses Lebens mit einer immer wachen Leidenschaft dafür Hand in Hand geht. Vielleicht fühle ich, daß es weniger schlecht wäre, wenn es nicht willkürlich zerrissen und abgeschnitten würde. Vielleicht erliege ich der alten Vorstellung, daß die *bleibenden* Insassen des Paradieses gut sind. Der Tod wäre nicht so ungerecht, wenn er nicht *zum voraus* verhängt wäre. Es bleibt für jeden von uns, auch den schlechtesten, die Entschuldigung, daß nichts, was einer tut, der Schlechtigkeit dieses vorausverhängten Urteils nahekommt. Wir müssen böse sein, weil wir wissen, daß wir sterben werden. Wir wären noch böser, wenn wir von Anfang an wüßten, wann.

Die Religionen sind es alle zufrieden. Gibt es keine Religion der immer akuten Verzweiflung? Ich möchte den sehen, der *keinem* Tode ruhig ins Auge blickt, nicht einmal seinem eigenen; der aus diesem Haß dem bleibenden Fluß seiner Unzufriedenheit ein immervolles Bett gegraben hat; der nicht schläft, weil während seines Schlafes welche nicht mehr aufwachen; der nicht ißt, weil während seines Mahles welche gegessen werden; der nicht liebt, weil während seiner Liebe andre auseinandergerissen werden. Ich möchte den sehen, der nur dieses eine Gefühl ist, aber dieses Gefühl immer; der während andre sich freuen, für ihre Freuden zittert; der das nichtssagende Bedauern über die »Unbeständigkeit« wieder scharf als Pein, als die Pein des Todes, des Todes überall faßt und in dieser Pein allein atmet.

Der Blinde spricht von den Großen, die er sehend gekannt hat, und gibt zu verstehen, daß er sie jetzt nachträglich besser kennt, seit er blind geworden ist, sie sind ihm durch nichts bedrängt, überlagert, verfärbt, verzerrt und besudelt worden. Jede fremde Erinnerung an die selben Menschen lehnt er ab, sie hat keinen Teil an der Reinheit seiner eigenen Sphäre.

Als ihm die Augen zufielen, begann er zu leben. Er sah nichts mehr. Er stieß sich an nichts. Er ging von einem zum andern und wußte nicht, wer er war. Alle falschen Sachen, die gesagt wurden, kamen von niemand. Wenn er traurig wurde, hielt er sich an einen Tisch. Wenn er zornig wurde, zog er das Tischtuch herunter. Frauen glitten wie Wasser von ihm ab; er sah sie nicht und ließ sie laufen. Seine Blindheit fand immer das Ziel, dieses wechselte den Ort und kam ihm entgegen. Er sagte danke, setzte sich ans Klavier und spielte den freundlichen Zielen einen sumerischen Walzer vor. »So war es schon damals so fröhlich auf der Welt«, sagten sie und staunten.

Am überraschendsten ist die sprunghafte Zunahme der Weisheit in einem Menschen, der immer mit einem war, an dem sie nicht auffiel, von dem man Vieles, aber gerade nicht Weisheit erwartet hatte. Man glaubte ihn ganz zu kennen und zu übersehen, und es war immer noch mehr in ihm geheim enthalten. Dieser geheime Gehalt des Menschen ist das Beste an ihm, – so geheim, daß er sich niemand, dem Nächsten wie dem Fernsten nicht erschließt, es sei denn, er habe die Blüte seiner Form erlangt und gehe plötzlich auf, für immer. Nach diesem geheimen Gehalte forscht man beharrlich, aber gewöhnlich in den *falschen* Menschen. Was man *dort* mühselig gesucht hat, war *hier* immer da, Kehrseite aller Enttäuschungen, Belohnung, Gnade.

Die Zwiesprache wechselt ihre Pole, der Nächste, zu dem man lange nur noch schweigen konnte, wird einem plötzlich wieder der Nächste.

Quadratische Tische: die Selbstsicherheit, die sie einem einflößen, als wäre man zu viert verbündet allein.

Was soll das heißen, du bist aus Lehm, sagte Adam zu Eva und warf sie weg. Ich bin deine Rippe, sagte sie, mein Lehm stammt von deinem. Er glaubte ihr nicht und biß in den Apfel. Da wußte er, daß sie die Wahrheit sprach, hob sie auf und schenkte sie der Schlange.

Männer nackt an der Leine von prunkvoll gekleideten Frauen: Schoßmänner wie Pekinesen.

Alle Ratschläge, die er gegeben hat, und die Beratenen in Person treten auf. Sie handeln so, wie er es ihnen geraten hat, aber miteinander, eine lebhafte Gemeinde. Endlich, da er sie alle zusammen sieht, erkennt er, was er selber wollte.

Der Mann, der nur Frauen ansieht, die ihm besonders mißfallen, aber so, als ob sie ihm gefallen würden. Sein Schicksal.

Die Geste des wahren Idioten, der nicht anders sein kann, ergreift mich mehr als die des Allmächtigen.

Sein Traum: alles zu wissen, was er weiß, und es doch noch nicht zu wissen.

Die Freunde zusammenrechnend, findet er *sich*; nach Zunahmen, Abzügen, Vervielfachung, Teilung, – das Ergebnis, die Summe ist unerwartet *er*. Hat er sie sich so ausgesucht, daß nichts andres dabei herauskommen kann? *So viele*, und dieses *alte* Ergebnis?

Das Meer ist nie einsam.

Wie gern er in einer Welt wäre, in der er nicht existiert.

Manche Ausdrucksweisen im Englischen sind mir in tiefster Seele verhaßt, etwa wenn man über einen Menschen sagt: »He is a failure«, weil nichts Eindrucksvolles aus ihm geworden ist. Auf wen dann dieses Wort noch angewendet wird! P., die voll von solchen englischen Eigentümlichkeiten ist, sagte einmal zu mir über Benjamin Constant: »He was a failure.« Ja wer war es denn nicht? Hat nicht jeder eitel gelebt? Und ist nicht jeder gestorben?

Die lange Kellnerin, die sich mit Fingerbewegungen an Bestellungen ermahnt, die sie vergessen könnte. »Ich komme«, nickt sie und blickt verstohlen auf ein paar gespreizte Finger. Andre Finger bestätigen dann, woran die ersten erinnert haben, und sie ist ganz glücklich über dieses Einverständnis mit sich. Es sind nicht die Fremden, die sie herumschicken und ihr befehlen, sie hört etwas und berät es friedlich mit sich; sie entscheidet, wann ein Finger dem andern erwidert und sorgt dafür, daß sie nicht miteinander streiten. Wenn die Leute ungeduldig werden, spreizt sie die ganze Hand, und dann weiß man, es gibt gar nichts: die Finger lehnen es einfach ab, sich miteinander zu beraten.

Die dümmsten Frauen: die alles sofort berichten kommen; dem nächsten Ohr; es ist noch gar nicht ganz geschehen.

Der Mann, der für Lob zu allem zu haben ist, man muß ihm nur oft genug sagen, wie gut er ist. Er ist bereit, einen Mord zu begehen, um als gut zu gelten.

Nur das Unerwartete macht glücklich, aber es muß auf viel Erwartetes stoßen, das es zerstreut.

Noch immer zieht mich an *Hobbes* alles an: sein geistiger Mut, der Mut eines Mannes voll von Angst; seine selbstherrliche Gelehrsamkeit, die mit einem Instinkt ohne gleichen spürt, was sie *in sich* zu konfrontieren hat und was sie als leer und ausgesogen seitab liegen lassen soll; seine Zurückhaltung, die ihm erlaubt, reife und kräftige Gedanken jahrzehntelang zurückzubehalten, ihren Augenblick allein, unbeeinflußt und erbarmungslos zu bestimmen; die Freude an diesem geschlossenen Ring von Feinden um ihn, – er seine eigene Partei, der zwar manche im Glauben seiner Verwendbarkeit beläßt, aber sich doch gegen Mißbrauch zu wehren weiß, und ohne auf niedere Macht je aus zu sein, nur genau das tut, was seinen Gedanken Gehör verschafft; seine Konstanz bei so viel Lebendigkeit und Frische seines Geistes; sein Mißtrauen vor Begriffen – was ist sein »Materialismus« anderes? – und auch sein hohes Alter. Manchmal frage ich mich, ob in meiner Neigung zu ihm diese 91 Jahre, die er alt geworden ist, eine übertriebene Rolle spielen. Denn mit den Ergebnisssen seines Denkens als solchen bin ich fast gar nie einverstanden: sein mathematischer Aberglaube sagt mir nichts, und eben seine Auffassung von der Macht ist es, die ich zerstören will.

Aber ich *traue* ihm; die Prozesse seines Lebens und Denkens scheinen mir unverfälscht. Er ist der Widersacher, den ich höre; er langweilt mich nie und ich bewundere die Gedrungenheit und Kraft seiner Sprache. Der Begriffsaberglaube späterer Philosophen ist mir tausendmal unangenehmer als sein mathematischer. Ich traue ihm und ich traue seinen Jahren. Ich wünsche mir, es ist wahr, so viel Jahre wie er sie hatte, denn wie soll ich es anders zur selben Konstanz bringen, zu der selben Prüfung, Bekräftigung, Bestätigung *meiner* Grunderlebnisse, – die für jeden heute die gleichen sind, man muß ihnen nur die Zeit lassen, einen vollkommenen zu durchdringen.

Ein Mensch, der nie einen Brief bekommen hat.

Die Hölle des Diebs ist die Angst vor Dieben.

Während des ganzen Abendessens sprach die uralte Frau von Poltergeistern. Das Abendessen dauerte lang. Ich versuchte sie um ihre Erlebnisse zu beneiden. Warum hat sich noch kein Poltergeist um mich bemüht? Ich versuchte abzulenken, aus purem Trotz. Sie ließ nicht locker. Ein Telefonbuch war verrückt worden, von der Stelle gerückt. Schuhe waren auf einem Bett versammelt worden. Ich fand das arm. Ich hätte es hübscher gefunden, wenn der Poltergeist Namen und Adressen im Telefonbuch durcheinandergebracht hätte, denn einen einfachen kleinen Tritt kann ich dem Ding von selber geben. Aber ich schämte mich geradezu für die auf dem Bett versammelten Schuhe. Warum waren sie nicht lieber alle in verschiedene Richtungen davonspaziert? Ich hörte ungern zu. Dem Poltergeist war nichts eingefallen. Die uralte Frau, die meine Enttäuschung spürte, kam dann auf andres zu sprechen. Ich verließ sie schließlich, sie war müde. Es dauerte Stunden, bis ich darauf kam, daß sie selber der Poltergeist war. Sie bereitete sich auf ihre künftige Laufbahn vor. Sie erzählte von ihren Plänen.

Ein Nachtbuch, von dem keine Zeile je bei Tag geschrieben wurde. Parallel dazu ein wirkliches Tagebuch, immer bei Tag geschrieben. Die beiden einige Jahre auseinanderhalten, sie nie vergleichen und nie durcheinanderbringen.

Ihre schließliche Konfrontation.

1952

Alle paar Wochen einmal überfallen ihn die »Befristeten«. Wie still sie ihr Leben in ihm weiterführen! Wie dankbar sie ihm dafür sind, daß er ihnen Zeit läßt! Sie wissen, daß er sie nie vernachlässigt, daß er sie nie vergessen kann. Sie wollen ihr Dasein in ihm erschöpfen und dazu fordern sie ein wenig Zeit. Er hat sie alle gern, jeden einzelnen von ihnen, und er denkt verwundert an jene Periode seines Lebens, da er seine Figuren mit Haß und Erbitterung hinwarf. Was hat ihm, selbst für diese Schemen, so viel Zärtlichkeit gegeben?

Man mag drei- oder viertausend Menschen gekannt haben, man spricht immer nur von sechs oder sieben.

Manches merkt man sich bloß, weil es mit nichts zusammenhängt.

Die Ereignisse in Everton 1759 machen klar, daß die Predigt *John Wesleys* und seiner wilden Anhänger *Massen von Sterbenden* erzeugt, von Verdammten, die sich in Angst vor den Folgen ihres Todes winden. Man denkt bei der Schilderung des ›Journal‹ an ein Schlachtfeld, aber ein eingebildetes oder gespieltes, ein provisorisches Schlachtfeld sozusagen, das gespielt wird, um dem wahren zu entkommen. Insofern ist Wesley zweifellos einem Feldherrn zu vergleichen, einem, der die Befehle und das Zeichen zur Schlacht gibt, eine Ein-Massen-Schlacht allerdings, die von selber zum Massaker wird. Doch ist dieser Zustand beherrscht von der Vorstellung, daß das Schauspiel des Massakers heilsam wirkt und vor dem wirklichen Untergang errettet.

Wenn sie den Himmel offen sahen, war er so voll, daß sie nur noch einen Wunsch hatten: Platz darin zu finden.

Kann man die Fanatismen alle selber fühlen? Schließen sie einander nicht aus?

Er schnüffelt allen Sekten nach, vielleicht ist er ein ganz gewöhnlicher Inquisitor.

Historiker am Tage des Jüngsten Gerichts.

Welche Gabeln, welches Fleisch, und wer ist es, der uns röstet?

Die psychiatrische Betrachtung von Menschen hat etwas Verletzendes, das mehr in der Klassifizierung des Abnormen als in seiner einfachen Feststellung liegt. Es gibt keine wirkliche Norm mehr; unter den Menschen, die Urteil und Erfahrung haben, hat sich die Überzeugung festgesetzt, daß jeder, daß alles auf irgendeine Weise abnorm ist. Der Wert dieser Erkenntnis liegt im Gefühl für das Einzigartige jedes Menschen, das sie fördert: so möchte man jeden Einzelnen achten, lieben und schützen, auch wenn seine Verhaltensweise weder zu begreifen noch vorauszusehen ist. – Der Psychiater aber, der Kategorien des Abnormen schafft, dem erst an Klassifizierung und dann an Heilung gelegen ist, nimmt dem oft Gedemütigten auch noch seine Einzigartigkeit weg. Diese Macht, andre zu *gruppieren*, wird nicht nur vom Betroffenen als schmerzlich empfunden; es ist auch für den beteiligten Betrachter bedrükkend, sie am Werke zu sehen und nicht rückgängig machen zu können.

Von einem bestimmten Alter ab erscheint jeder kluge Mensch gefährlich.

Er weiß immer schon vorher, was in der Zeitung stehen wird und muß sie deswegen auf das genaueste lesen.

Er versteht es, selbst den Haß einer Mücke zu erregen.

Diese Geschichte, die hauptsächlich aus teuflischen Grausamkeiten besteht, – was befasse ich mich mit ihr, der ich mit keiner einzigen ihrer Grausamkeiten etwas gemein habe? – Quälen und töten, töten und quälen, und ich lese es auf tausend Arten immer wieder; immer dasselbe, – ohne die Jahreszahlen, die wie Stecknadeln darin stecken, könnte man es überhaupt nicht auseinanderhalten.

Er wartet auf ein Wort, das ihm alle Worte rehabilitiert und rechtfertigt.

Ich will mich so lange zerbrechen, bis ich ganz bin.

Vielleicht war es ein Glück, daß ich mich in früheren Jahren von meinem ›Material‹ nie überwältigen ließ, daß ich es immer wieder in einiger Distanz von mir gehalten habe. So hatte jedes einzelne Stück seine eigene und nachhaltige Wirkung. Ich konnte über Dinge nachdenken, die sich sonst gegenseitig erstickt hätten. Es hatte Vieles Zeit, sich in der Erinnerung zu treffen und zu verbinden, das sonst nur ein kurzes und turbulentes Dasein an der Oberfläche geführt hätte. – So kann ich auch begreifen, warum das ungeheure Material, das ich in den vergangenen Monaten eingesehen habe, mich auf keinen einzigen wirklich neuen Gedanken gebracht hat, – es hat mir nur das bereits Gedachte bestätigt und neuen, ich möchte sagen *wissenschaftlichen* Mut gegeben.

O Sätze, Sätze, wann werdet ihr euch wieder ineinanderfügen und nie mehr von einander ablassen?

Ich bin von Feinden umgeben, die mich trösten wollen. Sie wollen meinen Trotz brechen, auf zweierlei Weise. Einmal sagen sie, über die Aufgegebene, für die keine Rettung möglich scheint: da es sein *muß*, wäre es besser, *es ist*. Oder sie schreien: *Ich* sterbe! *Ich* sterbe!

Aber ich habe noch nie anerkannt, daß es sein muß, bei niemand, die Zunge soll mir verdorren, die es je anerkennt, und ich will mich eher in stinkende Schwaden auflösen als dazu ja sagen. Und daß die andern alle auch sterben werden, weiß ich, ich nehme es ernst genug, aber daß sie mich damit *bedrohen*, um meine Angst für sich allein zu haben und sie einem andern, der *jetzt* bedroht ist, wegzunehmen, das verarge ich ihnen sehr, das will ich niemandem verzeihen.

Ist Sentimentalität die Liebe für alles, was man gut kennt? Soviel Vertrautes sammelt sich im Laufe eines Lebens an, daß dann alles von Sentimentalität überzogen scheint. Je bekannter etwas ist, um so mehr zuckrige Schichten lagern sich darüber. Es dauert sehr lange, bis die Sedimente des Bekannten sich ganz verhärten. Niemand kann, bis dahin, der Sentimentalität entkommen; er kann nur dafür sorgen, daß die Gebiete des Bekannten weit auseinander liegen: dann bleibt vieles dazwischen, das noch *staunenswürdig* ist. Erst das Zusammenhängend-Vertraute, der geschlossene Kontinent des Bekannten ist gefährlich. Wer da angesiedelt ist, – wo soll der noch hin, an welche Fremde kann der überhaupt noch gelangen?

Es ist notwendig, Erdbeben nicht immer auszuweichen. Der Schmerz um das unverdient und blindlings Zerstörte ist unstillbar, und kein Leben ist lang genug, um es in das Sediment des Vertrauten, das einem sicher erscheint, wieder ganz einzubeziehen.

Manche machen sich ihre Erdbeben selbst, wagemutige Naturen, die von Angst zerfetzt sind. Andere finden wie im Traum an gefährdete Stellen hin, *leise* Propheten. Aber es gibt auch Opfer, die sich in der Gewalttätigkeit ihrer Lebensweise übernehmen, die sich schwach und fern wandern, bis das Unglück sie *allein* überkommt, und es ist dann alles für sie sinnlos zu Ende, sinnlos, nämlich ohne jeden Zeugen.

Jeder Ausbruch muß etwas Verlogenes haben. Die Dynamik des Ausbruchs erfordert, daß man seinen Anlaß vergrößert. Es ist einem wild zumute, gewiß, aber was zieht man nicht alles an den Haaren herbei, um diese Wildheit anzufachen und zu rechtfertigen. Die Augenblicke der Wildheit haben nur einen Sinn, wenn sie *voll* werden, wenn der ganze Mensch und alle seine Reserven plötzlich in Flammen aufgehen. Wer dafür zu geizig oder zu ängstlich ist und dieses Erlebnis nicht kennt, ist unglücklich. Jeder braucht die Erinnerung an sein eigenes Feuer; mit geliehenem fremdem Feuer allein kann Keiner sein Auslangen finden.

Das Glücksspiel, bei dem alles eingesetzt wird, ist eine Art von Zorn. Es wirkt nur anders, weil es sich innerhalb eines festen Rituals abspielt, ein kalter Zorn, aber ein Zorn.

Manche Menschen ziehen diese Form vor, weil der hohe Preis, um den es geht, einen Rest von Vernünftigkeit vortäuscht. Es sieht aus, als wollte man etwas ganz Besonderes *haben*; in Wirklichkeit will man etwas Besonderes riskieren und braucht dazu das Feuer des Zorns. Die scheinbare Kälte gilt dem vorweggenommenen Verlust. Man vergreift sich an dem, was man hat; je mehr es ist, um so stärker wird der Zorn; wer alles aufs Spiel setzt, ist der Wütendste.

Sehr schwer verständlich ist mir der höchste Einsatz, der des Lebens. Vielleicht bin ich zu neugierig und wundersüchtig dazu; ich erwarte unaufhörlich das Unerwartete. Was ich weiß oder will, ist mir wertvoll hauptsächlich dann, wenn es aufgehoben oder widerlegt wird. Am Ziel jeder Richtung steht verborgen das *Andere*, von dem ich nur fühle, daß es überraschend sein wird. Ich *weiß*, damit es sich plötzlich *anders* weiß. Ich *will*, damit der Wille mir *abgelenkt* wird. In allem ist ein solcher Reichtum an Erwartung, daß ein Abschluß, welcher Art immer, mir unvorstellbar ist. Es gibt kein Ende, denn alles wird immer mehr. Der eigentliche Mensch ist für mich der, der kein Ende anerkennt, es soll keines geben und es ist gefährlich, eines zu erfinden.

Was die Religionen treiben, scheint manchen nützlich. Es ist wahr, sie mildern die furchtbare Schärfe der Trennung und flößen den weniger Betroffenen, denen, die am Leben bleiben, Hoffnung ein. Ihre Hauptsünde aber geht gegen die Gestorbenen, über die sie *verfügen*, als hätten sie ein Recht darauf und irgendein Wissen über deren Schicksal. Mir ist jede Fiktion recht, die die Lebenden in ihrem Verhalten zu *einander* bessert. Aber Aussagen über die völlig entschwundenen Toten erscheinen mir gewissenlos und leichtfertig. Indem man irgend etwas, das über sie behauptet wird, hinnimmt, gibt man sie ganz auf, und sie können sich auf keine Weise wehren. Die Wehrlosigkeit der Toten ist die unbegreiflichste Tatsache. Ich liebe meine Toten zu sehr, um sie irgendwo zu placieren (ich finde es schon entwürdigend, daß man sie wegsperrt und begräbt). Ich weiß nichts über sie, gar nichts, und bin entschlossen, sie in der vollen Pein dieser Unsicherheit weiter zu lieben.

Die Photografie hat das Ebenbild zerstört.

O Leichtigkeit, Leichtigkeit, wird er alt und immer leichter werden, bis er alle begreift, ohne es zu sagen, alle liebt, ohne es zu wollen, alle hält, ohne daß sie es spüren?

Es kann schon darum keinen Schöpfer geben, weil seine Traurigkeit über das Schicksal seines Erschaffenen nicht auszudenken und nicht zu ertragen wäre.

Die Sattheit des Siegers, seine Überfressenheit, Zufriedenheit, sein langes Verdauungsbehagen. Manches sollte man nicht sein, aber das Einzige, was man *nie* sein darf, ist ein Sieger.

Aber man ist es, über jeden Menschen, den man gut kennt und überlebt. Siegen ist Überleben. Wie soll man es machen: weiter leben und doch nicht Sieger sein? – Die moralische Quadratur des Zirkels.

Zur Voraussetzung der »Befristeten«: Ich begreife nicht, daß die Menschen sich nicht *mehr* mit diesem Geheimnis ihrer Lebensdauer beschäftigen. Aller Fatalismus bezieht sich im Grund auf diese eine Frage: Ist die Lebensdauer des Menschen vorherbestimmt oder ergibt sie sich erst aus dem Verlauf seines Lebens? Kommt einer mit einem bestimmten Quantum Leben zur Welt, sagen wir 60 Jahren, oder ist dieses Quantum lange unbestimmt, so daß derselbe Mensch, nach derselben Jugend, noch immer 70 oder bloß 40 werden könnte? Und wann wäre dann der Punkt erreicht, wo die Begrenzung *klar* ist? Wer das erstere glaubt, ist natürlich ein Fatalist; wer es nicht glaubt, schreibt dem Menschen ein erstaunliches Maß von Freiheit zu und räumt ihm einen Einfluß auf die Länge seines Lebens ein. Man lebt vage so, als ob diese zweite Annahme die richtige wäre, und man tröstet sich über den Tod mit der ersten. Vielleicht sind beide notwendig und müssen alternierend eingesetzt werden, damit mutlose Menschen den Tod ertragen.

Die meisten Religionen machen die Menschen nicht besser, aber vorsichtiger. Wieviel ist das wert?

Der Himmel will *durchschaut* sein, und erinnert die Menschen daran durch Blitze.

Personen, alle paar Jahre eine, an denen man sich *zusammenfaßt*; denen man alles Frühere darstellen muß, wie von einem Aussichtspunkt aus. Personen, die für Berge mit weitem, freiem Blick stehen, die selber so wenig sehen wie der Berg, auf denen *man* sieht.

1953

Alles an den »Befristeten« ist geheimnisvoll für mich. Ich kann die Wirkung keiner Szene auf das Leben selbst absehen. Ich fürchte *unmittelbare* Zusammenhänge, als wäre ich inmitten eines Netzes von strengsten Verboten, die ich mit jeder neuen Szene übertrete. Um gutzumachen, was ich so sündige, müßte ich jedesmal eine andere Szene erfinden, die die frühere ausgleicht, nämlich schwerer als sie wiegt. Wie weiß ich, daß mir solche ausgleichenden Szenen gelingen werden?

Vielleicht sind alle Gedanken bis heute um einen herum gedacht worden, der noch darauf wartet, gedacht zu werden. Vielleicht hängt alles davon ab, daß dieser Gedanke wirklich gedacht wird. Vielleicht ist es noch gar nicht sicher, daß er gedacht werden wird.

Einer, der sich nach Hause nur verirren kann. Er muß jedesmal einen *anderen* Weg hinfinden.

Es ist eine entsetzliche Friedlichkeit, die über einen kommt, wenn mehr und mehr um einen fallen. Man wird ganz passiv, man schlägt nicht mehr zurück, man wird ein Pazifist im Krieg gegen den Tod und hält ihm die andere Backe und den nächsten Menschen hin. Daraus, aus dieser Ermattung und Schwäche, schlagen die Religionen ihr Kapital.

Einer wird zum Massenmörder, weil eine Krankheit, an der sein liebster Mensch starb, kurze Zeit nach dessen Tode heilbar wird.

Ich kann über kein primitives Volk mehr lesen. Ich bin selber ein ganzes primitives Volk.

Er liest, um vernünftig, um sich selber verständlich zu bleiben. Sonst, – wohin wäre er sonst schon geraten! Die Bücher, die er in der Hand hält, betrachtet, aufschlägt, liest, sind seine Bleigewichte. Er klammert sich mit der Kraft eines Unglücklichen an sie, den ein Tornado daran ist zu entführen. Ohne die Bücher würde er zwar stärker leben, aber wo wäre er? Er wüßte seinen Ort nicht, er fände sich nicht mehr zurecht. Die Bücher sind ihm Kompaß, Gedächtnis, Kalender, Geographie.

Gott als Vorbereitung zu etwas viel Unheimlicherem, das wir noch gar nicht kennen.

Passanten und ›Ewige‹. Mich verfolgt die Vorstellung von einer sonderbaren Welt, in der die Menschen bei einem ganz bestimmten Alter *stehen* bleiben, jeder bei einem andern. Da wird Einer in ziemlicher Eile 30, und bleibt es. Der Andere humpelt sich bis 70 durch und bleibt dann 70. Manche laufen als Kinder von 12 herum und bringen es nie weiter. Es gibt zweierlei Klassen von Menschen, die Einen sind noch auf dem Weg zu ihrem Ziel, die Anderen haben es erreicht. Viele Kinder mögen ihr zwölftes Lebensjahr durchlaufen, aber dann gibt es noch andere, sozusagen *ewig* Zwölfjährige.
Von diesen ›Ewigen‹ finden sich alle Arten, Kinder, Männer, Frauen, Greise. Sie haben ein gewisses Überlegenheitsgefühl, ihnen kann nichts mehr geschehen. Sie verlieren das Interesse an ihren Jahren, einmal in der zweiten Hauptperiode angelangt, rechnen sie nicht mehr nach und *bleiben*, was sie wurden. Sie haben die Vorrechte ihrer Dauer, sie erkennen einander und begrüßen sich auf eine eigens respektvolle Art. Ihre Tätigkeit ist dem, was man ihr Grundalter nennen könnte, angemessen. Sie sind die Vorbilder für die Andern, die man als die ›Passanten‹ bezeichnet. Jeder von den Passanten hat einen ›Ewigen‹ zum Taufpaten, und dieser bestimmt sein Ziel.

Passanten und ›Ewige‹ leben durcheinander und sind nicht getrennt. Ehen zwischen ihnen sind nicht verboten, aber mit Schwierigkeiten verbunden. Ein ›Ewiger‹ kann sich in eine Passantin verlieben, seine Liebe zu ihr ist dann all *ihren* Veränderungen ausgesetzt. Sie mag eine Anzahl von Jahren zu durchlaufen haben, bevor sie in seine Klasse aufsteigt; von diesem Augenblick an wird sie ihn nicht mehr interessieren. Ein Passant, im Gegensatz dazu, kann vom Ehrgeiz besessen sein, nur ›Ewige‹ zu lieben und eine solche Frau nach der andern verführen, bis er schließlich als ›Ewiger‹ selbst zur Ruhe kommt. Und nur in dieser Welt ist eine Art von Glück möglich, nach der wir durch und durch Vergänglichen uns manchmal sehnen: ein ›Ewiger‹ kann eine andere ›Ewige‹ finden, und sie verändern sich nie, zusammen können sie die gleichen bleiben. Sie können ihr Gefühl für einander erschöpfen, ohne daß es durch die Einflüsse der Zeit ausgehöhlt wird. Sie können erfahren, ob sie einander wirklich zugehören; sie, aber nur sie, können ihr Gefühl erproben und bewähren.

Wem Liebe in diesem überhöhten Sinne wichtig ist, der mag sie finden und halten. Wen der Wechsel am andern reizt, obwohl er für seine eigene Natur Beständigkeit erlangt hat, der bemüht sich als ›Ewiger‹ um Passanten. Wer fließend leben will, aber anbeten muß, was sich gleich und faßbar bleibt, der sucht als Passant nach einem ›Ewigen‹. Jene aber, die in ihrer eigenen Veränderlichkeit nur Veränderliches ertragen mögen, die halten sich als Passanten an Passanten.

In dieser Welt könnte jeder finden, was er zu seinem Glücke braucht.

Ein Land, in dem die Leute beim Essen weinen.

Der fromme Freund meint, daß Gott für jede gute Tat einen neuen Menschen geboren werden läßt und für jede schlechte einen anderen sterben.

Er glaubt, daß es Engel gibt, die einem im rechten Augenblick die Ohren zuhalten.

Nimm an, daß *jedem* die Verheißungen abgeschnitten sind wie dir, daß niemand etwas Weiteres wittert, daß für alle mit dem Augenblick ihres Todes alles zu Ende ist, daß die Menschen durch und durch, hier, überall und für die Zukunft *diesseitig* geworden sind, – was, genau was würde sich dann in ihrem Zusammenleben ändern?

Wären sie weniger unternehmend oder mehr? Verschlagener? Verschlossener? Würde es ihnen genügen, ihre Schlechtigkeiten zu verbergen, bis zum letzten Augenblick, wohl wissend, daß sie es dann ohnehin mit einem Schlage alles los sind? Oder würde auch dann das Andenken, das sie hinterlassen, ganz die Stelle des Nachlebens übernehmen?

Ich glaube nicht, daß es sich präzis entscheiden läßt, da Reste von Gläubigkeiten, die sich in jedem finden, die Meinung darüber mitbestimmen. Aber ich könnte mir vorstellen, daß die Lust, Gutes zu tun, in einem jener Glaubenslosen zur wahren Leidenschaft wird, so als stünde er selber für eine einsichtige höchste Macht und für alles, was man von dieser erwartet.

›Menschlich‹, – wird es ihnen nie gelingen, einem das Wort für sie auszutreiben? Gibt es einen unerschütterlichen Menschen?

Nichts ist langweiliger, als angebetet zu werden. Wie hält Gott das nur aus?

An Montaigne stört mich oft das Fett der Zitate.

Der Dämpfer. Ein Mensch, der alle Äußerungen, Wünsche und Handlungen der andern *dämpft*, bis es ihm gelungen ist, sich eine Umgebung zu schaffen, die ihn durch nichts mehr reizt. Seine Gesten, seine Behutsamkeit, die Beruhigung, die von ihm ausstrahlt. Seine angstlose Heiterkeit, seine Freiheit von Neugier. Obwohl er alles dämpft, *weiß* er von nichts, er geht herum wie ein Blinder. Er spürt nur, was sich entkräften läßt und seine gemessene Tätigkeit wendet sich diesem ausschließlich zu. Er geht nicht zu rasch und nicht zu langsam; seine Worte sind wie Noten, jeder seiner Sätze ein paar Takte wohlausgesuchter Musik.

Er vermag es, den Einzelnen immer auf das Allgemeine zu verweisen: jemand liebt – wie alle Menschen lieben; jemand ist gestorben – wie alle Menschen. Der gedankliche Gehalt, mit dem er operiert, ist sehr gering, auch darauf beruht seine Wirkung. Er urteilt und verurteilt nicht, weil es immer den Einzelnen betrifft; er beschuldigt niemand und er ist nie erstaunt.

Was immer geschieht, es ist so oft geschehen, daß es sich durch keine Besonderheit auszeichnet. Mächtige gibt es für ihn so wenig wie Arme. Er betrachtet die Menschen wie Blätter, sie sind sich so ähnlich wie diese, durchscheinend freundlich, ihr Schicksal ist sacht. Ihren Fall beachtet man nur als ein Gemeinsames, was ist schon das einzelne Blatt, das fällt?

Er leidet nie Hunger, er versagt sich nichts, und wenn er einmal etwas zu sehr will, biegt er unmerklich ab und vergißt es. Dem Dämpfer stößt nie ein Unglück zu. Wenn er eines durch Zufall mitansieht, anerkennt er es nicht. Wenn man ihn stellt und zwingt, sich dazu zu äußern, beweist er lächelnd, daß es zum Besten geschehen ist. Wer Not leidet, wäre durch Reichtum zugrunde gegangen. Wer stirbt, dem ist ein langwieriges Leiden erspart geblieben. Wer haßt, der ist krank. Wer sehr liebt, der ist auch krank. Alle Nachrichten von alten Schrecken, ja, die ganze menschliche Geschichte ist ein Märchen. Denn nie hätten Menschen tun können, was ihnen von der Geschichte zugeschrieben wird, auch jetzt tut es niemand.

Ich weiß sehr wohl, wie der Dämpfer sich benimmt, aber ich weiß nicht, wie er aussieht.

Die ›großen‹ Leute soll man hart sehen. Man muß zu ihnen sein, wie sie selber sind. Nur wo sie hart sind, sind sie ›groß‹. Das Erbarmen, das sie nicht kennen, darf nicht auf sie strahlen, es setzt sie in ein falsches Licht. Grausam, wie sie untereinander kämpfen, grausam, wie sie nach unten treten, so soll man sie erleben, alles andere ist Betrug.

Die erste Wirkung einer Anpassung an andere ist, daß man *langweilig* wird.

Das untrügliche Kennzeichen eines großen Buches: daß man sich bei seiner Lektüre schämt, je eine Zeile geschrieben zu haben; daß man aber danach doch gegen seinen Willen wieder schreiben muß, nämlich so, als hätte man noch nie eine Zeile geschrieben.

Das Schaukeln in ihrer Schrift, sie ist wie auf Wasser geschrieben.

Wäre es möglich, daß ihr Tod mich von Eifersucht kuriert hat? Ich bin gegen die Menschen, die ich liebe, toleranter geworden. Ich wache weniger über sie, ich gönne ihnen ihre Freiheit. Ich denke mir: tut dies, tut jenes, tut was euch Freude macht, wenn ihr nur lebt, tut, wenn es sein muß, alles Mögliche gegen mich, kränkt mich, betrügt mich, schiebt mich beiseite, haßt mich, – ich erwarte nichts, ich will nichts, nur das Eine: *daß ihr lebt.*

Er riß sich sein Herz in Fetzen. Es war lauter Samt.

Der Hauptleidtragende, der 100 Freunde geerbt hat. Er ist es zufrieden.

Um wilde Tiere zu zähmen, bläst er ihnen die Nase hinauf. Als der Dompteur das sagte, erinnerte ich mich daran, wie weich und süchtig ich wurde, als man mir in die *Ohren* blies.

Gefahren des Stolzes: Man wird so stolz, daß man sich mit niemand mehr mißt. Man vertraut sich niemand mehr an, vor dem man sich fürchtet. Man vertraut sich nur dort an, wo man bewundert wird. Man tut weniger und weniger und tut schließlich nichts, um die Haltung des Stolzes nicht zu gefährden.

Wie erlernt sich das Aufgeben des Beherrschten? Wie öffnet man die Hand, ohne im Gefühl zu schrumpfen? Wie sehnt man sich nach dem Vertrauten, ohne es *herbei*zusehnen? Wie verzichtet man auf seinen Besitz, ohne ihn zu zerstören?

1954

Eine Welt, in der kein Mensch den andern *erkennt*. Das Hauptgeschäft dieser Menschen bestünde darin, einander davon zu überzeugen, *daß sie es sind*.

Nur der Ungläubige hat ein Anrecht auf Wunder.

Welche Sätze, die man in einer Aphorismensammlung findet, schreibt man sich auf?

Da sind einmal die, die einen bestätigen: Dinge, die man selber genau so empfindet, die man sich oft gedacht, die im Widerspruch zur hergebrachten Meinung stehen, die einen rechtfertigen. Es steckt viel Rechthaberei in diesem Drang, durch große oder weise Männer bestätigt zu werden. Aber es kann auch mehr sein: eine reine Freude an der Begegnung mit einem wirklich gleichgearteten Geist. Denn wenn viele Sätze eines einzelnen Mannes mit einem selber übereinstimmen, wird aus der bloßen Rechthaberei ein Staunen: in einer ganz anderen Zeit, unter ganz anderen Menschen hat einer sich ebenso zu erfassen gesucht wie man selbst; die gleiche Form, die gleiche Bestimmtheit und Bestimmung hat ihm vorgeschwebt. Man wäre glücklich, wenn das eigene Beste seinem Besten gleichwertig wäre. Nur eine leise Scheu hält einen davon ab, ihm, dem älteren Bruder, in die Arme zu fallen: das Gefühl nämlich, daß Vieles in einem ist, das ihn erschrecken könnte.

Dann sind zweierlei Arten von Sätzen, die sich nicht auf einen selbst beziehen; die einen sind spaßig, sie belustigen einen durch eine unerwartete Wendung oder Verkürzung, sie sind als Sätze neu und haben die Frische von neuen Worten. Die andern wecken ein Bild, das lange in einem bereit lag, in der Klarheit, die ihm erlaubt emporzusteigen.

In ihrer Wirkung am merkwürdigsten sind vielleicht die Sätze, die einen *beschämen*. Man hat viele Schwächen, über die man sich nie den Kopf zerbricht. Sie gehören so zu einem, daß man sie hinnimmt wie Augen und Hände. Vielleicht hat man sogar eine heimliche Zärtlichkeit für sie; sie mögen einem die Vertrautheit oder Bewunderung anderer eingebracht haben. Nun werden sie einem plötzlich hart entgegengehalten, aus jedem Zusammenhang des eigenen Lebens herausgerissen, so als könnten sie überall vorkommen. Man erkennt sie nicht gleich, aber man stutzt. Man liest ein zweites Mal und erschrickt. ›Das bist doch du!‹ sagt man sich plötzlich scharf und treibt den Satz wie ein Messer weiter. Man wird über sein ganzes inneres Bild von sich rot. Man gelobt sich sogar Besserung, und obwohl man kaum wirklich besser wird, vergißt man diese Sätze nie. Sie mögen einem eine Unschuld benehmen, die vielleicht anziehend war. Aber in solchen grausamen Schnitten spielen sich die Initiationen des Menschen in seine eigene Natur ab. Ohne sie kann er sich nie *ganz* sehen. Sie müssen unerwartet und sie müssen von außen kommen. Allein richtet sich der Mensch alles bequem zurecht. Allein ist er ein unwiderstehlicher Lügner. Denn nie sagt er sich etwas, das wahrhaft unangenehm ist, ohne es auf der Stelle durch etwas Schmeichelhaftes auszutarieren. Der Satz von außen wirkt, weil er unerwartet kommt: man hält kein Gegengewicht für ihn bereit. Man *hilft* ihm mit der selben Kraft, mit der man ihm unter anderen Umständen *begegnet* wäre.

Es gibt noch die unberührbaren oder heiligen Sätze, wie die von Blake. Man empfindet es peinlich, sie unter andern Sätzen zu finden: denn diese können weise sein, im Licht der unberührbaren Sätze erscheinen sie falsch und schal. Man wagt es nicht, den unberührbaren Satz aufzuschreiben. Er verlangt ein Blatt oder Buch für sich, wo nichts anderes steht und nie etwas anderes je stehen wird.

Es gibt ein peinliches Unbehagen, das unverkennbar ist, ein Zustand, in dem sich nichts unternehmen läßt, weil man auf nichts Lust hat; in dem man ein Buch nur aufschlägt, um es wieder zuzuschlagen; in dem man nicht einmal sprechen kann, denn jeder andre Mensch ist einem lästig, und man ist sich selbst auch ein andrer Mensch. Es ist ein Zustand, in dem alles von einem abfallen will, was einen früher auszumachen pflegte, Ziele, Gewohnheiten, Wege, Einteilungen, Konfrontationen, Launen, Gewißheiten, Eitelkeiten, Zeiten. Es ist ein dunkles und zähes Vortasten in einem von etwas, das man überhaupt nicht kennt; nie ahnt man, was es sein wird; nie kann man ihm in seiner blinden Bewegung helfen. Immer ist man überrascht, wenn es schließlich offenbar wird; man begreift nicht, daß man sich damit, gerade damit getragen hat und atmet erleichtert auf, nicht ohne Betroffenheit über die unzähmbare Welt, die man in sich trägt und die es lange vorzieht, sich nicht zu manifestieren.

Der Aberglaube, daß sich in einem Tag nachholen läßt, was in hundert und tausend versäumt wurde. Man könnte es auch den Blitz- und Donnerglauben nennen.

An den Tagebüchern Ludwigs II. von Bayern (die erst 1952 in Liechtenstein veröffentlicht wurden) ist auffallend die Bedeutung eigener Gedenktage, besonders die Tage der Hinrichtung Ludwigs XVI. und der Marie Antoinette. Es sind die Tage *seiner* Märtyrer, sie werden jedes Jahr feierlich hervorgehoben und für Gelübde aus seinem eigenen privatesten Bereich verwendet. – Seine Zukunft ist von *einer* Zahl beherrscht, dem 41. Lebensjahr, das er erreichen will; alles, was geschieht und nicht geschehen soll, wird daraufhin bezogen.

Perioden, festgesetzte Zeitabschnitte, die Wiederkehr gewisser Tage sind in der Paranoia von kardinaler Bedeutung und dienen dem Aufsaugen von Angst. Im Kalender mit seinen unverrückbaren Gedenktagen wird eine Gewähr für das Kommende gesucht. Wenn alles auseinanderfällt, bleibt als einzige und letzte Sicherheit der Kalender mit seinen besonderen Tagen.

Wie klug war Buddhas Vater! Und wie beschämend die Legende von Buddhas erster Begegnung mit Alter, Krankheit und Tod!

Wäre es alles anders gekommen, wenn sein Vater ihm von klein auf einen Alten, einen Kranken und einen Sterbenden gehalten hätte, wie Spielgefährten und Lieblingstiere, wie Tänzerinnen, Frauen und Musikanten?

London nach Marrakesch. Er sitzt in einem Raum mit zehn Frauen an verschiedenen Tischen, alle unverschleiert. Leichte Irritation.

Das *Runde* aller Vorgänge in Marrakesch, wie die Augenhöhlen der Blinden; nichts ist zu Ende, nichts bricht ganz ab, das Abrupteste setzt sich fort durch Wiederholung.

Das Stammeln deines Ohres, als es so viel hörte und nichts begriff.

Zu denken, daß sie jeden Tag, seit du fort bist, weiter gerufen haben, zu denken, daß die Blinden jetzt rufen, während du hier sitzt: Alláh! Alláh! Alláh!

Das Schweben der Blinden, die in keiner Betrachtung gestört werden. Was sieht ein Blinder in sich, wie *lange* sieht er es? Wechseln seine Gesichter *seltener*?

Was ist es, das man an den geschlossenen Städten so liebt, an den Städten, die ganz in Mauern enthalten sind, die nicht allmählich und ungleichmäßig an Straßen auslaufen?

Es ist besonders die Dichte, man kann nicht überall hinaus, immer wieder gerät man an Mauern und wird auf die Stadt zurückverwiesen. In einer Stadt mit vielen Sackgassen wie Marrakesch vervielfältigt sich dieser Vorgang; man gerät tiefer und tiefer in sie hinein und steht plötzlich vor einer Haustüre und kann nicht mehr durch. Das Haus ist einem verschlossen; kein Weg führt hinein, kein Weg führt daran vorbei, man muß zurück. Die Bewohner dieser End-Häuser, obschon es Fenster kaum gibt, sind einander gerade so sehr bekannt, daß ein Fremder auffallen muß. Für Passanten ist kein Anlaß.

Fremde sind hier mehr Fremde, und Bewohner mehr zu Haus.

Manche Menschen spüren so sehr die Qual der Andern, daß sie sonst nichts spüren. Dabei leben sie weiter, vermeiden, wo sie können, eigene Qual, und kommen sich noch gut vor. Sollten das die *schlauesten* Menschen sein? Dient ihnen ihre Feinfühligkeit für Qual vielleicht nur dazu, sie rechtzeitig von sich abzuhalten, durch bessere Witterung, – Qual-Antennen?

Die Sprachen versagen, die immer verwendeten Worte zählen nicht. Für die Engländer, zu denen ich in Marokko sprechen mußte, schämte ich mich, bloß weil ich zu ihnen sprach; sie waren mir dort sehr fremd. Noch fremder waren mir die Franzosen, die dort die Herren sind, und zwar Herren im Augenblick, bevor man sie verjagt. Die Andern aber, die Leute, die immer da gelebt haben und die ich nicht verstand, waren mir wie ich selbst.

Er stellt sich Gott vor, wie er polyglott und höflich jedem Beter in seiner Sprache antwortet.

Es hat sich auch hier, seit ich zurück bin, nichts verwischt. Es nimmt alles an Leuchtkraft noch zu. Ich glaube, durch eine einfache Darstellung des Gesehenen, ohne jede Veränderung, Erfindung, Übertreibung, kann ich etwas wie eine neue Stadt in mir erbauen, in der das stockende Buch über die Masse wieder gedeihen wird. Es ist mir nicht um das Unmittelbare zu tun, das ich jetzt niederzuschreiben gedenke, sondern nur um eine neue Grundlegung: einen anderen, unerschöpften Raum, in dem ich sein darf; einen neuen Atem, ein ungenanntes Gesetz.

Für den Liebhaber der Erfindung ist es wunderbar, plötzlich ganz schlicht und erinnerungstreu zu werden und sich jede Erfindung zu versagen.

Der Schmutz als das *Wertlose*, alles, womit man nicht mehr handeln kann. Aber man entfernt ihn nicht gleich, vielleicht – wer weiß – ergibt sich doch noch irgendeine Möglichkeit, ihn zu verkaufen.

Seit meiner Reise sind manche Worte mit so viel neuer Bedeutung geladen, daß ich sie nicht aussprechen kann, ohne die größten Störungen in mir hervorzurufen. Ich sage zu jemand etwas über ›Bettler‹ und kann am nächsten Tag keine Silbe mehr über Bettler schreiben. Ich lese in einem fremden Buch den Namen ›Marrakesch‹ und die Stadt verhüllt sich und will mir nicht mehr erscheinen. Es ist mir unangenehm, über ›Juden‹ zu sprechen, weil sie dort so eigentümlich waren. In allem, was ich sah, ist eine Energie, die sich sparen will, um sich dann auf *eine* einzig mögliche und bestimmte Weise zu entladen.

Feig, wirklich feig ist nur, wer sich vor seinen Erinnerungen fürchtet.

Alle Sprache ist durchsetzt und belebt von Geschöpfen, denen die größte Verachtung gilt. Man spricht von Kröten und Ungeziefer, von Schlangen, Würmern und Schweinen. Was wäre, wenn alle Worte und Gegenstände der Verachtung uns plötzlich abhanden kämen?

Wenn jeder Mensch ahnte, von wie vielen er durchschaut wird!

In England wird man nicht ins Gesicht gelobt, dafür hält man sich Hunde. Für alles, was man mit diesen unternimmt, ist Lob erlaubt.

Dort gehen die Leute nie allein, nur in Gruppen von vier bis acht, ihre Haare unentwirrbar ineinander verflochten.

Die Religionen stecken einander an. Kaum geht man auf eine ein, wird die andre in einem lebendig.

Zuzweit- und Zudritt-Menschen. Manche suchen die wichtigsten Augenblicke ihres Lebens in Situationen zuzweit, andere in solchen zudritt. Es gibt auch andre bevorzugte Konstellationen – eine wohlbekannte ist die des Vereinzelten –, aber am häufigsten sind Zuzweitmenschen und Zudrittmenschen. Die Letzteren können sich Liebe nicht vorstellen, ohne schließlich auf ein Kind abzusehen, die Ersteren ertragen den Gedanken an ein Kind am wenigsten, wenn sie lieben. Zudrittmenschen bringen Fremde gern zusammen und empfinden sich selbst als Richter zwischen ihnen;

Zuzweitmenschen halten Fremde auseinander und mögen mit jedem von ihnen nur einzeln beisammen sein. Zudrittler denken an ihre Eltern zusammen und verzweifeln daran, sie zu trennen und sich einzeln zuzueignen. Zuzweitler haben einen Vater *oder* eine Mutter und der eine Teil wird über dem andern vernachlässigt oder gering geachtet.

Man könnte, wenn man diese Verhältnisse im Auge behält, leicht die Struktur eines Lebens finden und sogar wahrscheinliche Ereignisse voraussagen.

1955

An den Verwalter der Worte, wer immer er sei: Gib mir dunkle Worte und gib mir klare Worte, aber ich will keine Blumen, den Duft behalte dir selbst. Ich will Worte, die nicht abfallen, Worte, die nicht verblühen. Ich will Dornen und Wurzeln und selten, sehr selten, ein durchscheinendes Blatt, aber andere Worte will ich nicht, die verteile an Reiche.

Wieviel habe ich verlernt, das ich zu wissen glaubte, über wie Vieles bin ich ratlos, das mir einleuchtete wie das Licht der Sonne.

Er hielt die andere Backe so lange hin, bis man ihm einen Orden darauf klebte.

Sie beschloß es ihm vorher zu sagen, wenn sie ihn betrügen wollte. Er war glücklich über ihr Vertrauen.

Dann sagte sie's ihm so oft, daß er vor Langeweile starb.

Wie oft kann man mit demselben Menschen brechen? – Es ist im Bruch selbst etwas, das ihn rückgängig macht. Das Wegspringen reizt zum Zurückspringen, um diese Kraft des Springens geht es und sie bindet wieder.

Wöchentlich wurden neue Figuren aufgerichtet, zu denen alles beten durfte. Da kam jeder gern und jeder war erleichtert. Es wurde dafür Sorge getragen, daß man die Figuren zu Ende der Woche abtrug und gegen neue vertauschte. Diese hatten andere Namen. Nie wurde ein Name länger als eine Woche verehrt, und nie kehrte der selbe Name zur Verehrung wieder.

Die Sternbilder waren als Ratschläge gedacht, doch niemand hat sie verstanden.

»Wenn Kamele an einen Fremden verkauft werden, werden sie krank, aus Ekel über den Preis.«

Alle Zauberei, seit sie in die Technik eingegangen ist, ist einem so lästig geworden, daß man es nicht einmal mehr erträgt, in der Kabbala von ihr zu lesen.

Die Zauberei ist gelungen, es hat sich ausgezaubert. Sonst ist *nichts* gelungen, und darum ist *alles andere* interessanter und wichtiger als Zauberei.

Mit dem dicken Mantel der Güte bekleidet geht er unter die Leute, so ist ihm nie kalt. Lieber gibt er sein letztes Hemd vom Leibe her als diesen Mantel der Güte. Manchmal malt er sich mit Entsetzen aus, daß ein Verbot darauf bestünde, als gut zu gelten. Der Schweiß tritt ihm auf die Stirn und er eilt wie gehetzt unter seine Opfer, die ihn dankbar und glückstrahlend empfangen. Wenn er zwei Leuten, die einander nicht kennen, etwas Gutes getan hat, sorgt er dafür, daß sie sich kennen lernen. Er stellt sich dann vor, wie sie beisammensitzen und über ihn reden. Später läßt er sich berichten, was geredet wurde, von beiden Seiten, und vergleicht es genau. Denn er läßt sich gern um alles betrügen, nur nicht um seine Güte.

Er tritt am bescheidensten auf, wenn er das Allerbeste tut, der Effekt ist so größer. Er überdenkt gern sein ganzes Leben und stellt fest, daß es keine Zeit gab, in der er nicht gut war. Er kann kein Begräbnis sehen, ohne sich in die Lage des Verstorbenen hineinzufühlen, und vielleicht beneidet er ihn ein wenig, weil alle gut über ihn sprechen. Aber er tröstet sich bei der Vorstellung, was sie erst alles über ihn sagen würden, wenn er selber der Verstorbene wäre.

Einmal macht er mit dieser Vorstellung ernst und läßt die Nachricht von seinem Tod verbreiten. Er abonniert sich bei einem Zeitungsbüro und erhält alle Nachrufe auf sich pünktlich zugestellt. Einige glückliche Tage verbringt er damit, diese Zeitungsausschnitte in ein Album zu kleben. Er ist aber gerecht und unterschlägt auch die Nachrufe nicht, die ihm zu kurz erscheinen. Den stattlichen Band legt er sich als Kissen aufs Bett und schläft darauf. Er träumt von seinem Begräbnis am kommenden Tag und wirft sich, da alle damit schon zu Ende sind, eine Schaufel Güte ins Grab nach.

Hunde haben eine Art von aufdringlicher Seelenbereitschaft, die verdorrende Menschen erleichtert.

In der Haydnschen Schöpfung ist Gott alles gelungen, selbst das Menschenpaar. Der Sündenfall steht erst bevor. Gott ist noch unschuldig. Der Preis der Kreaturen klingt nicht hohl, keine ist ihres Unglücks gewahr. Gott selbst weiß noch nicht, was er angerichtet hat und er *glaubt*, daß alles gut ist.

Das schönste Standbild des Menschen wäre ein Pferd, wenn es ihn abgeworfen hätte.

Seine Eitelkeit wächst ihm jährlich wie eine neue Haut. Unsicher fühlt er sich, während er aus der alten Haut schlüpft und niemand die neue noch gesehen hat.

Ein Wespennest als Schloß an der Öffnung des Männerhauses.
(Neu-Kaledonien)

Wie oft muß man sagen, was man ist, bis man es wirklich wird?

Es gibt eine ›Bescheidenheit‹ in der Wissenschaft, die mir noch viel unerträglicher ist als Anmaßung. Die ›Bescheidenen‹ verbergen sich hinter der Methodik und machen Einteilungen und Begrenzungen zum Um und Auf der Erfahrung. Es ist oft so, als würden sie sagen: »Es kommt nicht darauf an, was wir finden, sondern wie wir das, was wir nicht gefunden haben, ordnen.«

Ein neuer Gedanke will sich von Zeit zu Zeit unter den alten seinesgleichen umtun, sonst *verdurstet* er.

Die Porträts von Machthabern habe ich nicht oft genug zu Papier gebracht. Mit wievielen von ihnen habe ich mich nicht beschäftigt! Aber statt meine Eindrücke von jedem von ihnen zusammenfassend zu fixieren, habe ich sie meist als eine Art von Energiequelle benützt. Immer wieder haben sie meinen Haß gegen die Macht entfacht; immer wieder haben sie mich vor eigener Macht über Menschen gewarnt.

Wie weit wird man durch das, was man lernt, in die Richtung eines Glaubens getrieben? Es könnte sein, daß man sich, ohne es zu merken, durch die Kraft der aufgenommenen Worte selbst verändert; was einem erst merkwürdig war, würde schließlich verpflichtend.

Es ist gut, daß man sich immer für viele einander ausschließende Gläubigkeiten interessiert hat.

Der stolzeste Mensch wäre der, der jeden Führer haßt; der selbst vorangeht, *ohne daß man ihm folgt.*

Der niedrige Mensch, weil er folgt, schafft sich selber eine Gefolgschaft.

Sie hinkt so schön, daß die Gehenden neben ihr wie Krüppel erscheinen.

Alle natürlichen Öffnungen des menschlichen Leibes als *Wunden*.

Er hat einen neuen Homunkulus erfunden, den *Befehlsstachel.* Es ist ein gutes Wort, aber das Wort allein kann es nicht schaffen, man muß es in Umlauf setzen und bei seinem Treiben beobachten.

Dort haben die Menschen ein stark alternierendes Leben: zwei Jahre sind sie rege und wach, dann müssen sie zehn Jahre traumlos verschlafen. Das wiederholt sich ihr ganzes Leben lang. Immer nach zehn Jahren geraten sie an neue Menschen und Zustände, und kaum beginnen sie, sich daran zu gewöhnen, schlafen sie wieder ein. In allen Häusern gibt es Räume für schlafende Angehörige, aber manche, die ihren Leuten nicht zur Last fallen wollen, gehen in *Schlafklöster*, wo Zellen für zehn Jahre zu vermieten sind. Wer aufwacht, findet sich dann genau dort, wo er früher war, und braucht sich nicht vor der Fremdheit des ersten Augenblicks zu fürchten.

Freundschaften können immer ganz plötzlich abbrechen. Wenn jemand von einem Tag auf den andern verschwindet, weiß man, er schläft. In dieser Gesellschaft hätte der Tod keine Schrecken mehr. Oft weiß man es jahrelang nicht, daß jemand gestorben ist, wenn's ihn im Schlafe packt, trocknet er einfach ein, wie eine Fledermaus. Das Erstaunliche ist hier immer die Wiederkehr und nicht das Verschwinden.

Es ist verpönt darüber zu sprechen, *wann* man einschlafen wird; und so ist die Dauer jeder Freundschaft und jeder Beziehung immer unsicher. Nichts dauert länger als zwei Jahre, denn nichts übersteht zehn Jahre Schlaf. Selbst die Zärtlichkeit von Müttern ist weniger heftig und manche Kinder wachsen beinahe selbständig auf.

Das Leben der meisten Menschen besteht schließlich nur noch aus Anweisungen, die sie sich oder anderen sinnlos geben.

Er betrinkt sich an den Fehlern der andern, ein Trunkenbold der Moral.

Der Ehrgeiz verstellt dem Menschen seinen ganzen Horizont. Man muß seinen Ehrgeiz *überspringen* können, sei es auch nur, um ihn zu sehen.

Ein Land, in dem keiner es wagt, den Himmel zu erblicken, und wer ins Freie tritt, senkt den Kopf.

Alle geistigen Menschen leben auch von Diebstahl und sind sich dessen bewußt. Aber sie reagieren auf diese Tatsache in ganz verschiedener Weise. Die Einen äußern überschwenglich ihre Dankbarkeit gegen den Bestohlenen; sie erheben seinen Namen in den Himmel und nennen ihn so oft, daß er als Gegenstand ihres überspitzten Kultes ein wenig lächerlich wird. Die Andern *grollen* ihm gleich, nachdem sie ihn bestohlen haben; sie nennen ihn nie; und wenn er von andern vor ihnen genannt wird, greifen sie ihn heimtückisch an. Da sie ihn als seine Leibdiebe intim kennen, ist ihr Angriff treffend und beschädigt ihn schwer.

Die Pausen des Untergangs.

Rückwirkende Diktatoren, eine neue Art von Geschichtsbetrachtung.

Seit Jahren werde ich die Faszination durch primitive Zustände nicht los. Ich weiß nicht, mit welcher Muttermilch ich diesen Hang eingesogen habe. Ein starker Glaube und eine noch stärkere Erwartung treiben mich zu jeder Darstellung primitiven Lebens hin, und wann immer ich über diese Dinge lese, selbst in der vorsichtigen und verdünnten Deutung moderner Autoren, meine ich die eigentliche Wahrheit in der Hand zu haben. Da wird alles bei mir zu Vertrauen, ich zweifle nicht mehr, hier, denke ich, habe ich, was ich immer vergeblich suchte; und wenn ich nach Jahren dasselbe Buch wieder lese, wirkt es genau so auf mich wie das erste Mal, eine unabänderliche und immer lebende Offenbarung. Es sind nicht, wie ich manchmal vermutete, die Namen exotischer Völker und Götter allein, deren Zauber nie erlischt. Es ist das Trugbild der leichteren Überschaubarkeit relativ einfacher Verhältnisse; denn so verwickelt sie im Licht der modernen Forschung erscheinen, der Glaube an ihre eigentliche Einfachheit bleibt stets in einem wach. Es gehört dazu aber auch das Gefühl von ihrer

Abgelöstheit und Ferne: was immer man über sie denkt, scheint frei von den Zwecken und Vorurteilen unseres heutigen Lebens. Ihre Grausamkeit ist weniger grausam, wir haben an ihr keine Schuld. Ihre Schönheit hat mehr Verdienst, sie ruht nicht auf dem verwirrenden Reichtum *unseres* Erbes.

Was ich von ihnen gelernt habe, ist unausschöpfbar, aber manchmal kommt es mir vor, als hätte ich mich der ungeheuren Kraft, die von ihnen strömt, besonders ausgesetzt, um mir zu beweisen, wie wenig ich selber bin. Sie zwingen mich, selber wenig zu tun, denn nichts ist schöpferisch für den, der sie kennt, alles ist bei ihnen schon da. Als Dichter hat der Mensch begonnen, wann immer er begann, und als Dichter ist er seither geringer geworden.

Messen kann sich jeder nur an seinen Zeitgenossen. Wer von ihnen absieht, der *will* sich nicht messen. Es ist möglich, daß ich jeder Art von Wettbewerb ausweichen will, weil er das verfälschen könnte, worauf es mir eigentlich ankommt. Aber es ist auch wahrscheinlich, daß ich zu weit und zu gründlich ausgewichen bin, in einen überwältigenden Ursprung, wo jeder verschwindet.

Es gehören viele Worte dazu, sich selbst in Begeisterung zu versetzen; sie müssen rasch und in einem gewissen Tumult an die Oberfläche gelangen. Kaum ist ein Wort emporgestiegen, kaum richtet es sich auf, wird es vom folgenden ergriffen und zu Boden geworfen. Die Worte sind wie Ringer, und immer siegt das spätere in diesem Kampf, seine Nähe zum Ursprung gibt ihm die größere Kraft.

Aber es sind Worte besonderer Art, die Begeisterung entfachen, solche, die Raum und Zukunft enthalten, Weite überallhin. Was krumm und vergeblich im Menschen eingeschlossen war, dehnt sich plötzlich in ungeheurer Eile nach hundert Seiten hin aus, in seinen Worten berührt er kreuz und quer Anfang und Ende und Mitte der Welt.

Die Kraft falscher Gedanken liegt in ihrer *extremen* Falschheit.

Angst vor der Aristotelisierung meiner Gedanken; vor Einteilungen, Definitionen und ähnlichen leeren Spielereien.

Die alte Kraft wiederfinden, die ihren Gegenstand packt und zum erstenmal betrachtet. Wer gibt sie mir? Die großen Feinde, Hobbes, De Maistre, Nietzsche?

De Maistre sieht durch die sozialen Spielregeln der Menschheit hindurch. Das Entsetzen des Schlachthauses, auf dem alles gegründet ist, ist ihm ebenso gegenwärtig wie mir, aber er nimmt es an, er anerkennt es, und da er sich einmal entschlossen hat, es anzuerkennen, wird er zu seinem Lobredner.

Ich habe Respekt vor De Maistre, aber es ist bestürzend für mich, daß er mit dem, was er ähnlich erlebt und bedenkt wie ich, genau das Gegenteil bezweckt.

Eschbach, Präsident des Straßburger Handelsgerichts, erzählte meiner Freundin Madeleine C., daß er in seiner Jugend einen alten Herrn in Sulz besuchte, der das Schloß dort bewohnte. Dieser war schon etwas verwirrt und sagte einmal: »Dans ma jeunesse quand j'étais en Russie, j'ai tué quelqu'un en duel. Mais je ne sais plus qui c'était.«

Es war Puschkin.

Die Völker tauschen ihre Erinnerungen aus, und jedes erkennt, es war das schlechteste.

Ein Hund wird dazu erzogen, jedem Menschen mißbilligende Gegenstände zuzutragen.

Gérard de *Nerval* wäre mir darum allein schon ein Dichter, weil er von *Nerva* abzustammen glaubte.

Alle rechnerischen Zusammenhänge, Proportionen, elliptischen Schicksale und Bahnen sind mir gleichgültig, alle Zusammenhänge durch Namen sind mir erregend und wahr.

Mein Gott ist der Name, der Atem meines Lebens ist das Wort. Gleichgültig sind mir die Orte, wenn ihre Namen erblassen. Nirgends bin ich gewesen, wohin nicht der Name mich zog.

Ich fürchte die Zerlegung und Erklärung von Namen, ich fürchte sie mehr als Mord.

Es ist merkwürdig, wie man der Wahrheit nur in den Worten näher kommt, denen man nicht mehr ganz glaubt. – Die Wahrheit als eine Wiederbelebung sterbender Worte.

Man muß auch *sinnlos* geben können, sonst verlernt sich das Geben.

Der tolle Schläfer: Einer, der nur in einer ganz gefährlichen Stellung schlafen kann, auf einer Dachrinne, in einer Kanone, unter Tigern, in einem brennenden Haus, während eines Erdbebens, auf einem sinkenden Schiff. – Seine Abenteuer, um Schlaf zu finden.

Alles was gewesen ist, läßt sich verbessern. Das Herz der Geschichtsschreibung, ihr selber verborgen.

1956

Jedes Jahr sollte um einen Tag länger sein als das vorangegangene: ein neuer Tag, an dem noch nie etwas geschehen ist, ein Tag, an dem niemand starb.

Über *Namen* in der Geschichte:

Es sind nur mächtige Namen, die anderen sterben. – Am Namen ist also einmal die Kraft des Überlebens zu messen. Es ist bis heute die einzige wirkliche Form des Überlebens. Aber wie überlebt der Name?

Die eigentümliche Gefräßigkeit des Namens: der Name ist *kannibalisch.*

Seine Opfer werden auf verschiedene Weisen zubereitet. Es gibt Namen, die erst nach dem Tode ihrer Träger zupacken, sie haben vorher keinen Appetit. Es gibt Namen, die ihren Träger zwingen, alles zu fressen, was ihnen zu seinen Lebzeiten unterkommt, unersättliche Namen. Es gibt Namen, die zeitweilig fasten. Es gibt Namen, die überwintern. Es gibt Namen, die lange verborgen leben müssen, um plötzlich mit Heißhunger hervorzutreten, – sehr gefährliche Namen.

Es gibt Namen, die sich gleichmäßig zunehmend ernähren, solide Namen, langweilige Namen. Ihre vernünftige Hygiene verspricht ihnen keine lange Lebensdauer.

Es gibt Namen, die sich nur von Kollegen ernähren, Gildennamen sozusagen, und andere, die nur unter Fremden gedeihen.

Manche *zahnen* unter Fremden und finden dann ihre Nahrung unter den Ihren.

Namen, die leben, weil sie sterben wollen. Namen, die sterben, weil sie nur leben wollen.

Unschuldige Namen, die leben, weil sie sich jeder Nahrung enthalten haben.

Vielleicht wäre es gar nicht so schlimm, wenn man fröhlich stirbt, solange man nur nie fröhlich den Tod eines andern erlebt hat.

Seit sie tot ist, wendet er den Kopf von jeder Knospe ab.

Stimmen: Solche, die selbstverständlich wirken, als ob sie sich immer gleich blieben. Stechende Stimmen. Streichelnde Stimmen. Verwundete Stimmen.

Solange es noch irgendwelche Menschen auf der Welt gibt, die *gar keine Macht* haben, kann ich nicht ganz verzweifeln.

Die kalte Archäologie: Die Sachen ohne die Menschen machen mir keine rechte Freude. Groll gegen die Sachen, die die Menschen überlebt haben.

Gegenstand der Archäologie ist eine ganz neue Art von Zukunft. Sie ist rückläufig, jeder neue Schritt in die Vergangenheit, den sie tut, jedes ältere Grab, das sie findet, wird zu einem Stück *unserer* Zukunft. Das Immer-Ältere wird zu dem, was uns bevorsteht. Eine unerwartete Entdeckung könnte unser eigenes, noch unbestimmtes Schicksal verändern.

Sie konnten die Köpfe einziehen und lugten durch ein winziges Loch in der Brust.

Lähmungen. Es gibt die hilfreiche Lähmung aus dem Gefühl eigener Unzulänglichkeit. Aber es gibt auch die entsetzensvolle Lähmung aus dem Gefühl der Unzulänglichkeit eines andern, an den man gekettet ist, weil man genau der Mensch ist, der ihn nie ändern kann. – An den Leichnam eines andern gefesselt sein, bis man selber stirbt.

Jedes gesprochene Wort ist falsch. Jedes geschriebene Wort ist falsch. Jedes Wort ist falsch. Was aber gibt es ohne Worte?

Gedanken an Tote sind Wiederbelebungsversuche. – Es ist einem mehr daran gelegen, Menschen wieder zu beleben, als sie am Leben zu *erhalten*. Die Sucht nach Wiederbelebung ist der Keim jedes Glaubens. Seit man die Toten nicht mehr fürchtet, fühlt man eine einzige unermeßliche Schuld gegen sie: die, daß es einem nicht gelingt, sie zurückzuholen. An allen lebendigsten und glücklichsten Tagen ist diese Schuld am größten.

Ein Stück, in dem alle Toten auftreten, die einem zugehören. Manche unter ihnen treffen sich wieder, andere lernen sich erst kennen. Es gibt keine Trauer unter ihnen, ihr Glück aufzutreten ist so ungeheuer. (Was soll man über das Glück dessen sagen, der sie auftreten läßt?)

Aber als die Götter dann auf den Knien vor ihm lagen, erschrak er und bat sie aufzustehen. Sie wagten es nicht und wollten so lange vor ihm auf den Knien bleiben, bis er ihnen verziehen habe.

Er verzieh ihnen nicht. Zu viele Menschen hatten sie überlebt, zu alt waren sie geworden und dabei zu jung geblieben. Er ließ sie so auf ihren Knien liegen und wandte sich heftig ab.

Das Alleinsein ist so wichtig, daß man immer wieder neue Orte dazu finden muß. Denn überall wird man zu rasch heimisch. Am gefährlichsten aber ist die versammelte Gewalt der Bücher.

Immer treibt ihn die Sonne zu allem, was häßlich aussieht. Die Hoffnung, daß es nun, in der Sonne, *anders* aussehen könnte!

Die Füße allein wären genug, für ein ganzes Leben, die Füße der Unbekannten.

Seit ich den Gang eines Gepards sah, ist dieser Rausch des Gehens über mich gekommen. Alles leiblich Schöne erlebt man erst an Tieren. Wenn es keine Tiere gäbe, wäre niemand mehr schön.

Den Rest des Lebens nur an ganz neuen Orten verbringen. Die Bücher aufgeben. Alles Begonnene verbrennen. In Länder gehen, deren Sprache man nie erlernen kann. Sich vor jedem erklärten Worte hüten. Schweigen, schweigen und atmen, das Unbegriffene atmen.

Es ist nicht das Erlernte, das ich hasse, was ich hasse ist, daß ich darin wohne.

Er ist den Betrachtern verfallen. Wenn er ihre Augen auf sich fühlt, wird er zu allem, was sie sehen.

Dort lieben sich die Hunde anders, im Laufen.

Das Lächerliche an der *Ordnung* ist, daß sie von so wenig abhängt. Ein Haar, buchstäblich ein Haar, das liegt, wo es nicht liegen sollte, kann Ordnung von Unordnung trennen. Alles, was da nicht hingehört, wo es ist, ist feindlich. Selbst das Winzigste ist störend: der Mann vollkommener Ordnung müßte seinen Bereich mit einem Mikroskop absuchen, und selbst dann bliebe noch ein Rest von Bereitschaft zur Unruhe in ihm zurück. Frauen müßten in dieser Hinsicht am glücklichsten sein, weil sie am meisten Ordnung machen, und immer am selben Ort. Es ist etwas Mörderisches in der Ordnung: nichts soll da leben, wo man es nicht erlaubt hat. Die Ordnung ist eine kleine, selbstgeschaffene Wüste. Es ist wichtig, daß sie begrenzt ist, damit der Inhaber auf die Ordnung genau achthaben kann. Arm fühlt sich der Mensch, der kein solches Wüstenreich besitzt, wo er das Recht hat, alles blindwütig zu ersticken.

Da ich ohne Worte gar nicht sein kann, muß ich mir das Zutrauen zu Worten bewahren, und das kann ich nur, wenn ich sie nicht verkleide. So ist jeder äußere Anspruch, der sich auf Worte stützt, für mich unmöglich. Ich kann sie niederschreiben und ruhig irgendwo bewahren. Ich kann sie niemand an den Kopf werfen und ich kann mit ihnen keinen Handel treiben. Es widerstrebt mir selbst, etwas an ihnen zu ändern, sobald sie einmal aufgeschrieben sind. Alles Gerede über Kunst, besonders von Menschen, die welche machen, ist mir unerträglich. Ich schäme mich für sie wie für Quacksalber, nur sind diese interessanter. Wohl sind mir Bücher heilig, aber mit Literatur hat das nichts zu tun, und mit eigener schon gar nicht. Viele tausend Bücher sind mir wichtiger als die ganz wenigen, die ich selbst geschrieben habe. Eigentlich ist mir *jedes* Buch auf eine physische Weise, die ich schwer erklären kann, das Wichtigste. – Verhaßt ist mir die tadellose Schönheit bewußter Prosa. Es ist wahr, daß manche der wichtigsten Dinge in guter Prosa geäußert worden sind, aber das ist dann sozusagen ohne den Willen des Schreibenden geschehen; weil die Dinge wirklich wichtig waren, wurde die Prosa gut; sie waren so schwer und tief verhaftet, daß ihr Maß sich nicht zu früh nehmen ließ. Die schöne Prosa, die sich in der Sphäre des Angelesenen bewegt, ist etwas wie eine Modeschau der Sprache, sie dreht sich immerwährend um sich selbst herum, ich kann sie nicht einmal verachten.

Musik, das Hohlmaß des Menschen.

Es ist wunderbar zu *studieren*, nämlich Namen und Dinge aufzunehmen und zu bedenken, die man noch nicht bedacht hat; sich zu sagen, was einem an ihnen auffällt; was man sich von ihnen merken möchte; es im großen, absichtslosen Schatz der eigenen Erfahrungen zu verzeichnen; es so zu verzeichnen, daß man vielleicht nie wieder daran denkt. Man schafft so ein Reich der eigenen Abenteuer und Funde, und was einem dann *innerhalb* dieses Reiches zum zweitenmal begegnet, hat einen doppelten Charakter: es ist ein Fund und zugleich ein Stück von einem selbst.

Er war an Alle, denen er gute Worte gab, verloren.

In der »Geheimen Geschichte der Mongolen« habe ich etwas gefunden, das mich besonders nahe angeht: die Geschichte eines großen Machthabers, der bis zum Schluß Glück hatte, *von innen*. Es mag nicht jedes Wort wahr sein, das darin überliefert ist, aber das Ganze hat eine tiefere Wahrheit, von deren Vorhandensein ich nie etwas geahnt hatte. Ich *erkenne*, sonderbar wie es klingen mag, die

Worte, die Dschingis-Chans Mutter zu ihm sprach. Ich rieche ihren Geruch. Ihm bin ich so nahe, daß ich ihn sehe und höre. Ungeheuer ist der Unterschied zwischen dieser Art von mündlicher Überlieferung und der Geschichtsschreibung, mit der man sich gewöhnlich zufrieden geben muß.

Vor allem sind in dieser »geheimen« Überlieferung der Mongolen noch alle die *Tiere* da, die in ihr Leben gehören. Es sind alle die *Namen* da, mit denen sie sich an Orte und Menschen zu wenden pflegten. Es sind die *erregten Augenblicke* da, in ihrer Erregung und Erhöhung übermittelt; statt einer bloßen Verzeichnung der Leidenschaften sind es die Leidenschaften selbst. Man kann diese Geschichten nur mit jenen der Bibel vergleichen, und die Parallele geht weiter. Das Alte Testament ist die Geschichte der Macht Gottes, das geheime Buch der Mongolen die Geschichte der Macht Dschingis-Chans. Es ist eine Macht über eine Gruppe von Stämmen, und Stammesgefühle sind darin so vorherrschend, daß man die Namen vertauschen könnte und dann nicht mehr sicher wüßte, wo man ist.

Gottes Macht, es ist wahr, beginnt mit der Schöpfung selbst, und die Geschichte der Ansprüche dieses Schöpfers ist es wohl, was der Bibel ihre Einzigartigkeit verleiht. Aber Dschingis-Chan selbst ist nicht viel bescheidener. Auch er operiert, wie Gott, mit dem Tod. Er geht so freigebig damit um wie dieser, ja, er läßt noch weniger am Leben. Aber er zeichnet sich auch durch ein kräftiges Familiengefühl aus, was Gott in seiner Einzigkeit nicht zukommt.

Nun bin ich wirklich wieder in der Welt zurück, in der Welt meiner Feinde. Dschingis-Chan hat mich am Haarschopf gepackt und dorthin zurückgestellt, wohin ich gehöre. Ich kann ihn dort herausfordern, betrachten und bedenken, wo er am besten wegkommt, in seiner eigenen Legende.

Diese letzte Woche habe ich in einer Art Verzauberung gelebt, durch ihn war ich verzaubert. Ich hatte ihn in all diesen Jahren gemieden. Was ich über ihn las, war entweder ganz trocken oder oberflächlich, und ich brach es immer ergebnislos in der Mitte ab. Ich habe nie etwas aus ihm abzuleiten gesucht, er diente als Beispiel zu nichts. Am nächsten kam ich ihm noch im Wahnsystem des Senatspräsidenten Schreber, der sich unter einigen anderen Inkarnationen auch als eine solche des Dschingis-Chan empfand. – Nun ist mir die »Geheime Geschichte der Mongolen« in die Hände gefallen (ein Werk, dessen erste deutsche Übersetzung im Reiche Hitlers erschien). Es enthält, für seine Nachfolger auf epische Art erzählt, die Geschichte Dschingis-Chans und des mongolischen Reiches. Es ist viel echter und verläßlicher als irgendwelche Annalen. Es fließt zwar in der Zeit, aber die Zeit hat es nicht zerschnitten.

Je mehr ich darin lese – und ich habe in der vergangenen Woche kaum etwas anderes getan –, umso mehr bin ich davon überzeugt, daß sich aus dieser »Geheimen Geschichte« allein die Gesetze der Macht ableiten lassen. Dieses selbe Gefühl hatte ich schon einmal bei einem Buch, es war die Bibel. Aber die Bibel enthält zu viel; sie enthält so viel anderes, das wichtiger geworden ist, daß eine Deutung von Machtvorgängen aus ihr leicht als Verzerrung erscheinen könnte. In der »Geheimen Geschichte« ist nichts anderes da. Es ist die Geschichte einer rapiden, unwiderstehlichen Macht, der größten und innerhalb *eines* Lebens stabilsten, die je da war. Sie entstand unter Menschen, denen *Geld* nichts bedeuten konnte. Sie war sichtbar an den Bewegungen von Pferden und Pfeilen. Sie kam aus einer frühen Welt von Jägern und Räubern und sie eroberte den Rest der Welt.

Seit ich ein Mongole geworden bin, tags und auch nachts nichts anderes denke, verspüre ich selten den Drang, etwas für mich aufzuzeichnen. Nun lese ich auch alles Übrige über den selben Gegenstand, Stunden und Stunden hintereinander, und wenn ich zu lesen aufhöre, fühle ich etwas wie eine leichte Betäubung.

Es ist nicht mehr die Faszination durch die *Feinde*, wie ich manchmal dachte, es ist einfach die Bemühung um das, was ich nicht begreife: das unaufhörlich und überall vergossene Blut, von dem wir leben. Ich kann es nicht selbst erfahren, meine Hände haben sich mit Abscheu und Entsetzen von jedem Blute ferngehalten. Aber wie kläglich ist der, dem das genügt, wenn alles um ihn her auf die selbe alte Weise weitergeht und er selber von den Morden sich nährt, die andere für ihn täglich begehen! Schlafen und hinnehmen werde ich es nicht. Aber ich werde versuchen, alles darüber zu lernen, und mit bescheidener und anhaltender Mühe dem nahezukommen, was kein plötzlicher Blitz der Einsicht mir erleuchtet.

Die Geschichte der Mongolen erlebe ich persönlich, als die Geschichte einer Expansion, und obwohl ich alles, was da geschehen ist, mißbillige und verabscheue, teilt sich die Atmosphäre der Expansion mir mit. Der falsche Eroberer regt mich wieder zu meiner eigenen Eroberung an.

Es ist sinnlos, in Ablehnung allein zu leben. Auch wenn man keine einzige Handlung sehen könnte, die man *billigt*, müßte man zumindest so heftig mißbilligen und sich solche Mühe damit geben, daß das allein wieder zur Handlung wird. Der Mensch ist zur bloßen Abwehr nicht geboren. Auf irgendeine Weise muß er auch immer angreifen. So kommt es schließlich nur darauf an, *was* er angreift.

Alle Züge der Verschwendungssucht, die vom zweiten Mongolen-Chan Ogotai überliefert sind, erfüllen mich mit Genugtuung. Seine Abneigung gegen Schätze ist so groß, daß er unaufhörlich gegen seine Umgebung kämpfen muß, die ihn zu größerer Vorsicht mahnt. Die *Zerstörung* der Mongolen ist bei ihm zur *Verschwendung* geworden. Er will den Menschen etwas von dem wiedergeben, was ihnen genommen worden ist. Am Regieren liebt er insbesondere die *Verteilungen*.

Es erinnert mich daran, daß eine der frühesten und wichtigsten Arten von Macht sich von der Verteilungsmeute herleitet. Die Regelung von Verteilungen wurde bei vielen Stämmen einem Einzelnen anvertraut, der es lernte, sie gefahrlos durchzuführen. Er verteilte gerecht. Aber er wurde daran immer mächtiger; und zum Schluß war es wichtiger, daß er selbst viel besaß, als daß er verteilte.

Die Macht des Tötens verschwindet vor der Macht des Beschwörens. Was ist der größte und furchtbarste Töter verglichen mit einem Mann, der einen einzigen Toten zum Leben beschwört?

Wie lächerlich muten die Bemühungen der Machthaber an, dem Tod zu entgehen, und wie großartig sind die Bemühungen der Schamanen, Tote zu beschwören. Solange sie es glauben, solange sie es nicht bloß vorgeben, verdienen sie alle Verehrung.

Verächtlich sind mir die Priester aller Religionen, die Tote nicht zurückholen können. Sie verstärken bloß eine Grenze, über die niemand mehr springen kann. Sie verwalten das Verlorene, daß es verloren bleibt. Sie verheißen eine Wanderung irgendwohin, um ihre Ohnmacht zu verhüllen. Sie sind es zufrieden, daß die Toten nicht wiederkehren. Sie halten die Toten drüben.

Es ist oft etwas Beklemmendes und Peinliches um den Totenkult von *Anderen*. Ein Abwenden von der Welt der Lebenden, und da man selbst zu dieser gehört, empfindet man den ausgebildeten Kult eines Toten bei einem Anderen als verletzend, so als könne man ihm gar nichts bedeuten, als könne niemand ihm etwas bedeuten, der lebt.

Es wäre sehr darauf zu achten, daß man sich mit dem Toten nicht einsperrt, man soll ihn ins Freie lassen und vielen andern eine Verbindung mit ihm gönnen. Man soll, ohne aufdringlich zu sein, zu Menschen von ihm sprechen und ihn nicht durch Isolierung entstellen.

Störungen sind gut für den, dem überall Mauern wachsen. Glücklich, die darüber springen, bevor die Mauern zu hoch sind.

Es ist beschämend, wie man allen gegenteiligen Überzeugungen zum Trotz praktischer ist als die meisten Menschen. Aus jeder Erfahrung habe ich gelernt, so sehr, und so von Grund auf, daß ich bald nur noch aus gültigen, wenn auch geistigen Nutzanwendungen bestehe.

Vom *Islam* komme ich nicht mehr los. Meine Vorfahren haben Jahrhunderte lang in der Türkei gelebt und vorher, vielleicht ebensolang, im maurischen Spanien. Immer wieder habe ich mich dem Islam genähert, immer wieder mich von ihm entfernt. Es ist etwas im Fanatismus dieses Glaubens, das meiner früheren Natur gemäß war. Meine Befreiung und Erweiterung als Mensch ist wie eine Befreiung von meinem eigenen Islam. Der Gott des Islams ist konzentrierter als der Gott der Juden. In den Herrschern der islamischen Staaten hat er als Vorbild seine extremste Wirkung geübt. Was mich peinigt und was ich hasse, was ich bekämpfe und was ich zu zertrümmern suche, das finde ich immer wieder am klarsten ausgeprägt in den Herrschern des Islam.

Da ist die doppelte Freigebigkeit im *Töten* wie im *Beschenken*; die Unterwerfung unter das rituelle Gesetz; die Anerkennung des Mächtigeren, Gottes, durch den Herrscher; die Stärkung durch jenen zu jeder Grausamkeit; das vorweggenommene letzte Gesamt-Gericht durch unzählige Einzelgerichte, die vorangehen. Da ist die Gleichheit der Menschen vor dem Glauben, die praktisch sich als eine Gleichheit ihres Getötetwerdens auswirkt. Da ist Gott als Mörder, der jeden einzelnen Tod beschließt und ausführen läßt, und da ist der Herrscher, der Gott auf das naivste nacheifert. Da ist der Befehl, der seinen archaischen Charakter als Todesurteil immer klar zur Schau trägt; die religiöse Anerkennung jeder Macht, die sich zu behaupten vermag, – Gott gibt sie, wem er will, bald diesem, bald jenem, – und ihre religiöse Bestreitung, die aber immer wieder nur der Erlangung von Macht dient.

Es ist eine ungeheure Nacktheit der Herrschaft im Islam, da sonst alles durch das Gesetz mehrfach eingekleidet und verschleiert ist.

Es ist eine Herrschaft über Menschen allein, die darum auch in großen, kosmopolitischen Städten ihren höchsten Glanz erlangt. Die Zeit der Unterwerfung des Tieres ist längst vorüber, sie ist nicht mehr strittig; dieses ist nur noch Opfer.

Nietzsches Ton hat etwas vom Koran. Hätte er sich das träumen lassen!

Im Grunde gelten mir jetzt nur die Tage, an denen ich mich mit irgendeinem der heiligen Bücher abgegeben habe. So wie andere früher täglich beten mußten, muß ich über irgendeine alte Heiligkeit grübeln, als hätte ich dort zu finden, was wir uns einmal Böses antun könnten.

Aber ich will nicht warnen. Ich will auch nicht voraussehen. Ich hasse die Propheten. Ich will nur das *halten*, was wir sind. Ich glaube nicht, daß es sich in Argumenten und Verfechtungen finden läßt. Aber die *Behauptungen* will ich alle kennen. Mich interessieren nur die Behauptungen. Daß sie sich widerlegen lassen, weiß ich. Aber ich will die Behauptungen alle nebeneinander in mir haben, als wären sie unangefochten am Leben. Ich weiß, daß sie es nicht sind und für niemand mehr sein sollen. Aber es ist mein Sinn, meine Aufgabe, sie in mir lebend zu haben und zu bedenken.

Wer aber bist du, daß du prüfen mußt? Was maßt du dir an? Sorge allein gibt dir kein Recht auf Prüfung.

Deine einzige Rechtfertigung ist dein unerschütterter Haß gegen den Tod. Es ist jeder Tod, und so prüfst du für jeden.

Mit der wachsenden Einsicht, daß wir auf einem Haufen von Toten sitzen, Menschen und Tieren, daß unser Selbstgefühl seine eigentliche Nahrung aus der Summe derer bezieht, die wir überlebt haben, mit dieser rapid um sich greifenden Einsicht wird es auch schwerer möglich, zu einer Lösung zu kommen, deren man sich nicht schämt. Es ist unmöglich, sich vom Leben abzuwenden, dessen Wert und Erwartung man immer fühlt. Aber es ist auch unmöglich, nicht vom Tode der anderen Geschöpfe zu leben, deren Wert und Erwartung nicht geringer sind als die unsern.

Das Glück, sich auf eine Ferne zu beziehen, von dem alle überkommenen Religionen zehren, kann unser Glück nicht mehr sein.

Das Jenseits ist in uns: eine schwerwiegende Erkenntnis, aber in uns ist es gefangen. Dies ist die große und unlösbare Zerklüftung des modernen Menschen. Denn in uns ist auch das Massengrab der Geschöpfe.

1957

Respekt vor Unsterblichkeit? Vor wem? Vor Caesar, Dschingis-Khan, Napoleon? Sind die allergrößten und zähesten Namen nicht die furchtbarsten? Und welche Wirkung hatten die Beispiele des Plutarch?

Du versuchst das Richtige: du willst das notgedrungen Mörderische einer bestimmten Art von Größe entlarven. Aber welche Art von Größe setzt du dagegen, die *gefährlich* genug ist?

Denn das Mörderische riskiert selbst den Mord, und das Glück, mit dem es ihm entgeht, macht auch seine Anziehung aus. Was gibst du den Menschen, die andere tot vor sich haben müssen, statt dieser, genau dieser Genugtuung?

Wenn ich sagen müßte, was mir in der Geschichte am allerunheimlichsten ist, so wären es die *Vorbilder*: Caesars persische Pläne vor seinem Tod, die von Alexander stammen. Hitlers russischer Feldzug, um Napoleon zu übertreffen. In dieser Wiederkehr von großen Plänen ist etwas Wahnwitziges, und es wird nie auszurotten sein, da die geschichtliche Überlieferung unausrottbar ist. Es wird also Jedes dann wiederkehren, wenn es am sinnlosesten ist. Wer wird Hitler nachahmen, wer unsere anderen Führer? Wessen Kindeskinder werden für diesen oder jenen Epigonen sterben?

Es gibt keinen Historiker, der Caesar nicht zumindest eines hoch anrechnet: daß die Franzosen heute französisch sprechen. Als ob sie stumm wären, wenn Caesar damals nicht eine Million von ihnen umgebracht hätte!

Ein Vorzug der Plutarchschen *Viten* ist ihre Übersichtlichkeit. Sie sind lang genug, um alles ganz Eigentümliche an einem Leben zu enthalten, und doch kurz genug, daß man sich in ihnen nicht verliert. Sie sind vollständiger als unsere um vieles längeren modernen Biographien, weil sie am richtigen Platze auch Träume enthalten.

Die auffallendsten Fehler dieser Männer werden um ihre Träume klarer, sie sind unverwechselbar und fassen sie zusammen. Unsere moderne Traumdeutung macht die Menschen nur gewöhnlicher. Sie verfärbt das Bild ihrer inneren Spannung, statt es zu erleuchten. – Im Plutarch fesseln mich selbst die Römer, die ich immer verabscheut habe. Er steht seinen Geschöpfen durchaus nicht kritiklos gegenüber. Aber sein Geist hat für viele Arten Menschen Platz. Er ist weitherzig, wie eigentlich nur ein Dramatiker es sein kann, der immer mit vielen Charakteren und ganz besonders mit ihren Verschiedenheiten operiert. Er hat darum auch auf zweierlei Arten gewirkt. Manche haben sich ihre Vorbilder bei ihm ausgesucht, wie in einem Orakelbuch, und ihr Leben danach eingerichtet. Andere haben seine etwa fünfzig Menschen alle in sich aufgenommen und sind so Dramatiker geworden oder geblieben. – Er ist, was mir früher nicht bewußt war, keineswegs zimperlich. Es kommen furchtbare Sachen bei ihm vor, wie bei seinem Nachfolger Shakespeare. Aber ihre Furchtbarkeit bleibt immer eine schmerzliche. Ein Mann, der die Menschen so sicher liebt wie er, darf alles sehen, und er darf es auch verzeichnen.

Manchmal denke ich, daß diese kontinuierliche Beschäftigung mit den Machthabern mich bei lebendem Leibe auffrißt. Es ist wie die persische Strafe der Tröge, von der Plutarch berichtet, und die Machthaber sind die Würmer.

Wieviel ist von mir noch übrig? Was habe ich mit diesen scheußlichen Geschöpfen zu schaffen? Warum muß ich es tun, und wird es mir nicht mißlingen, wie jedem andern bisher? Kann ich der Macht beikommen? Werde ich ihr vielleicht durch meine unerbittliche Feindschaft neue Kräfte einflößen?

Während dieses ganzen Monats habe ich über den Triumph des Tötens oder des Überlebens nachgedacht. Es könnte so aussehen, als ob alles, was ich in großmäuliger Auflehnung zustande gebracht habe, die Feststellung ist, daß der Tod der Anderen kräftigend und darum beliebt sei. Mach dir nicht so viel draus, daß du sterben mußt, scheine ich zu sagen, du wirst erst Viele vor dir sterben sehen.

Als wäre nicht jeder einzelne Tod, wer immer ihn erleidet, ein Verbrechen, das man mit allen Mitteln zu verhindern hätte!

Der Gehenkte im dänischen Torf, den ich nach 2000 Jahren kennenlernte.

Die Sonne ist eine Art von Inspiration, man soll sie darum nicht immer haben.

Den selbstgefundenen Einteilungen nicht zu viel mißtrauen. Wenn man sie lange genug anwendet, bringen sie einen frischen Aspekt der Wirklichkeit ans Licht, sie werden sozusagen wahr und *erneuern* das Leben.

Ich habe die vier Arten der Meute auseinandergelegt und finde sie dann wieder in einem beisammen. Das spricht aber nicht gegen die Einteilung in vier Arten, es spricht nur dafür, daß ich von etwas wirklich Vorhandenem erfüllt war. Es ist nur eine besondere Weise, das zu schildern, was da ist. Man kann auf das Konkrete der Dinge nur eingehen, wenn man es zuvor in sich gesondert und begrenzt hat. – Es ist aber gefährlich, an den Grenzen festzuhalten, sobald man die Dinge selbst gefunden hat, auf die man aus war.

Du wirst die ›Großen‹ nicht um einen Millimeter reduzieren. Du wirst ihnen nicht eines ihrer Opfer entreißen. Sie werden jeden deiner Atemzüge für sich verwenden. So wie du in diesem Leben nicht einen Menschen gerettet hast, so wirst du auch nach deinem Tode keinen einzigen retten. Vielleicht wirst du einen mit derselben Begierde, zu retten, anstecken. Das ist das Meiste, das ist alles.

Das Herz muß auf weit hin schlagen.

Es gibt kein Maß für Empfindungen und darum sind alle griechischen Lehren von der Mittellage falsch.

Die Verantwortung, die der Mensch heute trägt: ohne Orakel, die sie ihm abnehmen, ohne Gottheit, die ihn hin und her schickt, ohne Begrenzung seines Wissens, in der alleinigen Gewißheit unaufhörlicher und immer eiligerer Veränderung alles dessen, was ihn berührt!

Traurigkeiten als Waffen – sie warfen sich ihre Traurigkeiten an den Kopf.

Das Immer-Wieder-Denken von Dingen, die oft gedacht worden sind. Es ist das Vertraute antiker oder biblischer Personen, das sie so anziehend macht. Man ist immer mit ihnen, und da Viele vor einem schon mit ihnen waren, setzt jede neue Deutung, der man sie unterzieht, das Gesamt-Wesen der Welt von *innen* fort.

So sprechen, als wäre es der letzte Satz, der einem erlaubt wäre.

Der hat einen Dichter im Bauch, wenn er ihn nur auf die Zunge kriegen könnte!

Es ist eine unzerstörbare Feierlichkeit in ihm, als hätte er schon im Mutterleib zu sich gebetet.

Erben, die man nicht kennt, sie werden durchs Los gefunden.

Eine Nacht, in der sich einem alle Wesen zu neuen Gestalten krümmen. Der Morgen darauf.

Es gibt nichts, das wunderbarer wäre, als ernst zu einem jungen Menschen zu sprechen. Mit ›ernst‹ meine ich, daß man ihn ernst nimmt. Man muß dazu unsicher werden, in sich, ohne es ihm zu zeigen, und sich allmählich, so als wäre es das erste Mal, vortasten, bis man in die Nähe einer Sicherheit gelangt, an die man auch für ihn und nicht nur für sich selbst glauben kann.

Nächte und Tage der Angst. Ich habe das sonderbare Gefühl, daß alles, was ich erlerne, sich in Angst umsetzt. Nach Tagen, an denen die Gedanken ihr Leben ganz zurückgewonnen haben, kommen Nächte der Angst. Wird je der Augenblick kommen, in dem ich nichts Neues mehr aufnehmen darf? Ist die Ausbreitung des Geistes zu Ende?

Furchtbare Vorstellung: denn ich will weiter und weiter.

Kann ein Feind dich die Freiheit lehren?

Da fahren sie in aller Welt herum, kommen zurück, fahren weg, und ich bin hier, immer derselbe, nichts ist geschehen, ich, immer mit denselben Gedanken und Menschen beschäftigt.

Was ist es, das da nicht stimmt, sind sie es, bin ich es, oder sind es diese selben Gedanken, die mich seit dreißig Jahren nicht loslassen? Werde ich an ihnen sterben, werde ich ihnen je entrinnen?

Denn meine Verfallenheit an diese Gedanken wächst, sie selber wachsen und verflechten sich, und in ihrem Dickicht scheint mir die ganze Welt enthalten: die Welt, die ich nicht kenne.

O Zeichen-Priester, beunruhigtes Wesen, im Tempel aller Buchstaben befangen, dein Leben ist bald um. Was hast du gesehen? Wovor dich gefürchtet? Was ausgerichtet?

Der Herzschlag all derer, die zu früh gestorben sind: so, als sie alle, schlägt sein eigenes Herz bei Nacht.

Ich habe noch keinen Augenblick in der Welt gelebt, ohne in diesem oder jenem Mythos enthalten zu sein. Es hatte alles immer Sinn, selbst die Verzweiflung. Es mag von einem Augenblick zum andern anders ausgesehen haben: immer war es ein Sinn, der weiterwuchs. Ich mag ihn nicht einmal erkannt haben, er erkannte mich. Er mag geschwiegen haben, später nahm er das Wort. Er sprach in einer fremden Sprache, ich habe sie gelernt. Die Alten habe ich darum doch nicht vergessen. Viel hätte ich darum gegeben, etwas zu vergessen, es ist mir nicht gelungen, es hatte nur alles immer noch mehr Sinn. Ich bin in einem unzerbrechlichen Gehäuse auf die Welt gekommen. Irre ich mich und halte ich dieses Gehäuse für die Welt?

Dort bringen die Jungen die Alten zur Welt. Diese werden immer jünger und bis sie soweit sind, kommen sie dann mit neuen Alten nieder.

Hinter Glas ist die Welt wie Erinnerung, unschuldig und ungreifbar. So möchte ich, daß sie an mir vorüberfließen, alle die ich gekannt habe, die Gestorbenen und die Fernen. Sie können nicht zu mir sprechen, sie sehen mich nicht, sie wissen nicht, daß ich sie sehe. Vielleicht daß einer oder der andere es ahnt, aber die Straße geht bergab und zieht sie rasch weiter. So kommen sie alle, sie kennen einander nicht, ich aber habe sie alle gekannt, und keiner, den ich gekannt habe, ist mir zuwider. Denn das Glas, das sie von mir trennt, hat ihnen wie mir alle Schuld genommen.

Ich sehne mich nach denen, die später kommen werden, wenn ich hinter keinem Glas mehr bin. Viele werden es sein, aber jeder wird zählen. Unter allen hat jeder seinen eigenen Gang.

Vielleicht sind es dieselben, die ich jetzt nicht kenne, wenn sie draußen unter den Meinen vorübergehen. Vielleicht hätte ich einmal alle gekannt.

In der Sonne sehen die Menschen aus, als verdienten sie es, zu leben. Im Regen sehen die Menschen aus, als hätten sie sehr viel vor.

Seine Vorstellung von Glück: ein ganzes Leben lang ruhig zu lesen und zu schreiben, ohne jemandem je ein Wort davon zu zeigen, ohne je ein Wort davon zu veröffentlichen. Alles was man sich aufgeschrieben hat, in Bleistift zu belassen, nichts daran zu ändern, als wäre es für gar nichts da; wie der natürliche Ablauf eines Lebens, das keinen verengenden Zwecken dient, aber ganz es selbst ist und sich so verzeichnet, wie man geht und atmet, von selber.

In Tieren, die man aufschnitt, wurde die Zukunft gesucht. Dort *war* sie auch, denn man hat jene aufgeschnitten. Hätte man nicht geschnitten, so wäre es eine andere Zukunft geworden.

Es gibt nichts, was konkret und anders ist, das mir nicht bedeutungsvoll erscheint: als wäre alles, was es gibt, in einem verborgen, und man könne es nur durch das Andersartige sich selber sichtbar machen.

Man könnte sich denken, daß die verlorenen Stunden in spätere schlüpfen und plötzlich aus ihnen heraussehen. So wären sie gar nicht verloren?

Das Selbstgefühl derer, die sich von allen Seiten *zeigen*.

Diese schönen Augenblicke morgens, da alles Persönliche geringfügig und unbedeutend erscheint; da man den Stolz der Gesetze in sich fühlt, nach denen man sucht.

Abneigung davor, die Dinge zusammenzuschließen, immer hältst du alles offen, immer hältst du alles auseinander. Du willst eigentlich nur lernen und unmittelbar aufzeichnen, was du begriffen hast. Von Tag zu Tag begreifst du mehr, aber es widerstrebt dir zu *summieren*: so als sollte es schließlich möglich sein, an einem einzigen Tag in wenigen Sätzen alles auszudrücken, aber dann endgültig.

Unaufzehrbarer Wunsch, daß dieser Tag erst am Ende deines Lebens eintrifft, so spät wie möglich.

Aix. Ein kleines Café gleich gegenüber dem Eingang ins Gefängnis. Spät nachts saß ich einmal dort. An meinem Tisch saß eine armselige alte Frau, mit halbtotem Gesicht. Ein junger Mann, betrunken, machte ihr den Hof; auf die hartnäckigste Art setzte er ihr immer wieder zu; lud sie zum Trinken ein; umarmte sie; machte ihr Anträge; verhöhnte und reizte sie; und ein andrer Mann, kaum älter, ebenso betrunken, zollte ihm begeistert Beifall. Die Alte ließ es alles steinern über sich ergehen; manchmal schüttelte sie sich und zischte: »Laß mich in Ruh!« Aber es nützte ihr nichts. Er war nicht abzuschütteln. Es geschah alles angesichts des Gefängnisses, in dessen Richtung die Alte unaufhörlich blickte, als hätte sie ihren Mann oder Sohn dort.

Ein Vorteil von Reisen in neue Gegenden ist das *Durchbrechen des Ominösen*. Die neuen Orte fügen sich nicht in alte Bedeutungen ein. Für eine Weile öffnet man sich wirklich. Alle vergangenen Geschichten, das eigene übervolle Leben, das an seinem Sinn erstickt, bleibt plötzlich hinter einem, als hätte man es irgendwo in Verwahrung gegeben, und während es sich da stille hält, geschieht lauter Ungedeutetes: das Neue.

Nachts Ankunft in *Orange*. Satte, südliche Nacht, aber die Straßen sauber und klar, etwas Puritanisches, das dem Römischen aufgesetzt war. Wir schlenderten bis vors Theater: die gewaltige Mauer gegen den Platz. Das kleine Tor war offen, wir stiegen die Stufen hinauf und fanden uns oben auf einer Galerie. Vor der Bühne unten standen, verloren im leeren Raum, ein paar Männer und besprachen Beleuchtungseffekte für eine Aufführung, die in wenigen Tagen stattfinden sollte. So war das Theater erleuchtet, für uns zwei allein, die niemand bemerkte. Mich packte ein wildes Gefühl: wie herrlich es wäre, für ein solches Theater Dramen zu schreiben. Wir stiegen hinunter und bewunderten außen wieder die großartige Mauer. A. war müde und ich begleitete ihn bis zum Hotel zurück. Die Straßen waren ganz und gar verlassen und ziemlich dunkel. Wir trennten uns und ich ging dann allein wieder gegen das Stadtinnere zurück. Es war Mitternacht, die Cafés hatten geschlossen, ich begegnete keinem Menschen, ich ging weiter und weiter, ich hoffte auf irgendwelches Leben, die Stadt gefiel mir so gut und das Theater war so groß gewesen, – da plötzlich, sehr plötzlich, gewahrte ich einen dichten Schwarm von Menschen, Männer, Frauen,

Kinder, ganz kleine Kinder, es kamen mehr und mehr, und da ich nicht begriff, woher sie, besonders die Kinder, um diese Zeit kamen, schien es mir alles wie eine Ausgeburt meiner Erwartung. Aber dann gelangte ich an einen großen Platz, – da stand ein Zirkus, die Zeltwand war zurückgeschlagen, es war zu Ende, die Menschen strömten heraus. Ich ging um den Zirkus herum, die ganze Stadt ging familienweise nach Haus, und wenige Schritte dahinter fand ich mich wieder vor der mächtigen Mauer des Theaters. Jetzt war der Platz davor von Heimkehrenden dicht belebt.

So hatte mich die Masse wieder gefunden. Ich war sehr tief bewegt. Die erste Stadt des Südens, das römische Theater leer, und im selben Augenblick, da ich spät nachts durch die tote, stumme Stadt gehe, ihre Menschen, die mir als Masse aus dem Zirkus entgegenströmen.

Daß einer das Leben durchschaut und es doch so lieben kann! Vielleicht hat er eine Ahnung davon, wie wenig sein Durchschauen bedeutet.

Eine Kugel, die immer in die Höhe geworfen wird, um den Himmel zu ärgern, – die Erde.

Ein Zimmer, von drei verschiedenen Menschen bewohnt, die sich nicht kennen und nie sehen.

Almählich begreife ich, *wieviel da ist.* Ich kann es nicht anders sagen, ich meine wieviel auf der Welt da ist, wovon ich erfahren sollte. Ich habe mir Zeit gelassen. Vielleicht hätte ich das Meiste davon früher gar nicht auffassen können. Aber jetzt ist es so, daß ich als ein respektvoller Schüler beginnen könnte. Immer wichtiger wird mir, was ich erfahre. Ich suche nicht mehr mit privaten und irrelevanten Gesten zu erwidern. Alles Erfahrene bleibt Tage und Wochen in mir ruhen und macht sich mit dem vertraut, was es in mir vorfindet. Aber es ist nicht mehr wichtig, daß diese Begegnungen in mir geschehen, es ist wichtig, daß sie überhaupt stattfinden.

Diese Zärtlichkeit, mit der einen alles *Vergebliche* erfüllt.

Der geheime Groll alles dessen, das man hätte kennen können und nie gekannt hat.

Das Wehleidige des Kaufmanns: seine Waren werden zu einem empfindlichen Teil seines Körpers.

Er geht so auf der Straße bedächtig daher und sucht sich bei jedem Schritt eine Lebensstellung.

Der Trickster. In ihm treffen sich die Wirkung des Befehls und der Verwandlung, und wie von keiner anderen menschlichen Figur, die man kennt, läßt sich von ihm das Wesen der Freiheit ablesen. Er beginnt als Häuptling, er erteilt Befehle und sie werden befolgt. Aber er führt den Gehorsam seiner Leute ad absurdum und wird sie so los.

Er schüttelt alle ab, er zerstört Sitte, Gehorsam, sein Gefährt, seine Zaubermittel, schließlich seine Waffen, um sich ihrer zu entledigen, um ganz allein zu sein. Kaum ist er allein, kann er zu allen Wesen und Dingen sprechen. Er will sich isolieren und ist auf *seine* eigenen Verwandlungen aus.

Befreit von allen, die zu ihm gehören, macht er sich auf den Weg. Aber er hat keinen Weg. Er wandert ziellos umher und hat Gelüste. Er unterhält sich mit Teilen seines Körpers, die ein Eigenleben führen, seinem Hintern und seinem Glied. Er schneidet sich ins eigene Fleisch. Er ißt von seinen eigenen Innereien, weiß nicht, woher sie stammen, sie schmecken ihm. Seine rechte Hand gerät in Streit mit der linken.

Er ahmt alles falsch nach, findet sich nirgends zurecht, stellt lauter falsche Fragen, auf die er keine Antworten bekommt oder nur irreführende.

Er adoptiert, nicht um *sie*, sondern um *sich* zu ernähren, zwei winzige Kinder, und betreut sie so falsch, daß sie sterben müssen. Er richtet sich als Frau zurecht, mit falschen Brüsten und falscher Scham, heiratet den Sohn eines Häuptlings und wird mehrfach schwanger. Es gibt keine Umkehrung, die er den Menschen nicht vorführt.

Er legt Tiere und Leute herein, wenn er Hunger hat, aber er wird auch von ihnen hereingelegt, er ist nichts weniger als Held und Sieger.

In seiner Isolierung kann ihm alles geschehen, was es an Lebensmöglichkeiten gibt. Aber eben durch diese Isolierung verfehlt es seinen Zweck, wirkt sinnlos und ist so besonders belehrend.

Er ist der Vorläufer des Schelms, keine Zeit und keine Gesellschaft, die nicht ihren Schelm hervorbringen könnte, und immer wird er die Leute interessieren. Er belustigt sie, indem er ihnen alles durch Umkehrung verdeutlicht.

Seine Erlebnisse müssen aber zusammenhanglos bleiben. Jede innere Folge, jeder Zusammenhang, gäbe ihnen Sinn und müßte ihnen ihren Wert, nämlich ihre Freiheit nehmen.

Manchmal sagt man *irgendwem* seine besten und wichtigsten Dinge. Man muß sich dafür nicht schämen, denn man spricht nicht immer zu Ohren. Die Worte wollen sich sagen, damit sie da sind.

Ich glaube, die Wirkung des neuen ›Mondes‹ wird eine gute sein. Er führt zu einem Ansporn ganz neuer Art in der Rivalität zwischen den technisch aktiven Mächten: ihr Wetteifer verläßt zum erstenmal die Erde. Krieg zwischen ihnen wird immer mehr unmöglich. Gleichgültig wer gerade um einen Schritt voraus ist, der Konflikt bedeutet auf alle Fälle eine vollkommene Vernichtung beider Parteien. Hingegen können sie durch Verlegung ihres Ehrgeizes in den Weltraum viel Ansehen bei den anderen gewinnen, so wie es im Augenblick den Russen gelungen ist. Es wird eine Rivalität daraus, die großartig und kindlich zugleich ist: großartig wegen der Erweiterung des Raums, in dem sie sich abspielt, kindlich, weil alles so sehr aufs *Leere* abzielt, der Mensch aber selber ungeheuer *voll* ist, und von ihm weiß man noch *nichts*.

Denn es ist ein winziger Bruchteil des menschlichen Gedächtnisses, das für die Eroberung des Mondes und der Planeten in Anspruch genommen wird. Alles Übrige daneben liegt brach. Aber die Einfachheit solcher Ziele macht sie allen verständlich. Ein einziges Zwei-Massen-System könnte nun die ganze Erde, ihre sämtlichen Bewohner erfassen. Es ist alles so gut sichtbar wie auf einem Fußballfeld, aber es ist *allen* sichtbar. Die Unruhe der einen, die die erste Runde verloren haben, könnte sie dafür als Erste auf den Mond selber führen. Der Stolz der anderen, die für den Anfang gewonnen haben, wird ihnen Sicherheit genug geben, sich in keinen Krieg zu verirren. Es wäre denkbar, daß aus den explosivsten Drohungen der letzten Jahre nichts als ein riesiges Feuerwerk wird, ein weithin sichtbarer Spektakel im Raum um die Erde, den Menschen ein Ergötzen und den Sternen noch kein Fluch.

Jeder neue Mensch, dessen Existenz man anerkennt, verändert einen. Vielleicht ist es die Unumgänglichkeit dieser Veränderung, die man ahnt und scheut, denn sie geschieht, bevor man *erschöpft* hat, was man vor ihr war.

Gestern las ich einen alten Bericht über die Berufung eines Menschen zum Zauberer bei den Amazulu. Er war kraftvoller, überzeugender, origineller, wahrer als die edelsten Selbstzeugnisse *unserer* Asketen und Ekstatiker. Dabei geht es diesen Negern darum, daß die Zauberer verlorene oder gestohlene Gegenstände wiederfinden, und in der Fähigkeit dazu werden sie erprobt und ernstgenommen. Das Eigentliche wäre also das Gefühl der Berufung, und auf ihren *Inhalt* scheint es nicht anzukommen.

Es quält ihn, daß nicht alles, was er je gewußt hat, *zugleich aufleuchtet.*

1958

Diese Oxforder Philosophen schaben und schaben, bis nichts mehr übrig bleibt. Ich habe viel von ihnen gelernt: ich weiß jetzt, daß es besser ist, mit dem Schaben nie zu beginnen.

Man könnte natürlich statt über Mythen nur über Worte nachdenken, und so lange man sich davor hütet, sie zu definieren, ließe sich ihnen alle Weisheit entnehmen, die sich bei den Menschen angesammelt hat. Die Mythen sind aber *lustiger*, weil sie voll von Verwandlungen sind.

Sein Herz ist die Lampe bei Nacht.

Sie haust nun in seinem alten Zimmer und liebt es, als wäre er tot. Es verstimmt sie sehr, wenn er dann hinkommt.

»Der Reichtum eines Mannes wurde eingeschätzt nach der Zahl seiner Bücher und der Pferde in seinem Stall.«

(Timbuktu, um 1500)

Es kommt mir oft vor, als wäre alles, was ich lerne und lese, erfunden. Was ich aber selber finde, das ist, als wäre es in Wahrheit schon immer dagewesen.

Es gibt nichts Verschlungeneres als die Wege des Geistes. Die Art, wie ein Mensch lernt, wenn er sich davor hütet, gleich zu verwenden, was er lernt, ist abenteuerlicher und geheimnisvoller als jede Forschungsreise. Denn im Geiste kann man sich keine Wege vornehmen und errechnen. Gewiß gibt es auch da etwas wie ungefähre Landkarten, aber unendlich viel mehr lockt einen auf allen Seiten fort, und welches Staunen, wenn man sich wiederfindet, wo man schon war, ein Anderer am alten Orte.

Je *bestimmter* ein Geist ist, umso mehr braucht er das *Neue*.

Es ist etwas Gleichartiges an allen Erzählungen, aber ich weiß noch nicht, was es ist.

Daß du noch immer an ein Gesetz glaubst, obwohl du weißt, daß du es nie finden wirst, obwohl du weißt, daß niemand es kennt.

Gezweifelt habe ich immer wenig, wie kraftvoll und jung ist mir noch der Zweifel.

Ein Mensch, der sich allmählich in ein schlechtes Gewissen verwandelt. Aber es ist ihm so wohl dabei.

»Auch jetzt noch hält man strenge darauf, daß ein Tier nicht eher geschlachtet werden darf, bis es, mit dem Trankopfer begossen, durch ein Nicken mit dem Kopfe seine Einwilligung gegeben hat.«
(Plutarch, Tischgespräche)

»In Ägypten griff im 13. Jahrhundert die Sucht, Menschenfleisch zu essen, unter allen Ständen um sich; besonders aber stellte man den Ärzten nach. Hatte einer Hunger, so gab er sich für krank aus und ließ einen Arzt rufen, aber nicht um sich bei ihm Rats zu erholen, sondern um ihn zu verzehren.« (Humboldt)
»Man fand so großen Geschmack an der entsetzlichen Speise, daß man reiche und ganz ehrbare Leute sie für gewöhnlich genießen, zum Festessen machen, ja Vorräte davon anlegen sah. Es kamen verschiedene Zubereitungsarten des Fleisches auf . . . Man brauchte alle möglichen Listen, um Menschen zu überfallen oder sie unter falschen Vorwänden zu sich ins Haus zu locken. Von den

Ärzten, die zu mir kamen, verfielen drei diesem Los, und ein Buchhändler, der Bücher an mich verkaufte, ein alter, sehr fetter Mann, fiel in ihre Netze und kam nur mit knapper Not davon.« (Abd-Allatif, ein Bagdader Arzt, in seiner Beschreibung Ägyptens.)

Alles Geschehene fürchtet sein Wort.

Es tut ihm um seine Klagemeute leid. Sie ist in England abhanden gekommen.

Wenn schon die Märtyrer, dann aber auch wirklich alle. – Welcher Märtyrer ist wertvoller als der andere?

Zuviel Straßen in der Sprache, alles vorgebahnt.

Der Belesene. Für Anstrengungen hat B. nichts übrig. Er arbeitet nicht gern. Er lernt nicht gern. Er ist neugierig und so liest er manchmal ein Buch. Aber es muß ganz einfach geschrieben sein, in schlichten, kurzen, direkten Sätzen. Es darf keine gesuchten Worte enthalten, und auf keinen Fall Nebensätze. Man soll über nichts stolpern müssen und es soll einem alles gleich eingehen, ohne jede Überlegung. Am besten wäre es, man könnte gleich eine ganze Seite auf einen Blick erfassen. Eigentlich ist B. auf der Suche nach solchen Seiten. Er schlägt einen Band irgendwo auf, hinten, vorn oder in der Mitte und packt mit dem Auge eine Seite. Sie wehrt sich. Sie mag sich nicht auf den ersten Anhieb hingeben. Sie wünscht sich, daß man sich zwanzig oder dreißig Sekunden mit ihr befaßt. Das hält sie für Bescheidenheit, er ist andrer Meinung. Ihr Widerstand ärgert ihn, er blättert um und beißt, wenn er nicht schon zu zornig ist, in die nächste Seite. Meistens erlebt er mit ihr dasselbe. Das ist ihm zu viel und in steigender Empörung läßt er diese Partie des Buches stehen. Er straft sie, indem er eine ganz andere Stelle aufschlägt, hundert Seiten weiter hinten oder vorn.

Er läßt sich von keiner Seite imponieren und liest, wo es ihm paßt. Auf diese Weise springt er kreuz und quer durch ein Buch. Da er *seine* Art hat damit umzugehen, ist es kein Wunder, daß er sich wie ein besserer Kenner vorkommt als alle diese braven Plebejer, die der Reihe nach lesen. Wirklich gewinnt er auf diese Weise eigene Vorstellungen von einem Buch. Wenn es ihn halbwegs anspricht, kennt er Stellen von zehn oder fünfzehn Seiten, aus den verschiedensten Partien aneinandergefügt und immer in ungewöhnlicher Reihenfolge.

Manchmal findet er den Mut, mit seiner originellen Vorstellung herauszurücken und Leute, die ihn nicht kennen, in Staunen zu versetzen. Mit etwas mehr Methode könnte er sich die Reputation eines eigenwilligen Geistes erwerben. Er müßte es nur ein wenig öfters tun, sagen wir jeden Monat *ein* Buch hernehmen. Das ist natürlich zu viel für ihn, und es bleibt bei zwei oder drei Büchern im Jahr. Aber da ist noch ein anderes Hindernis, das nicht verschwiegen werden darf. Es fehlt ihm jede Eigenart in der Auswahl der Bücher. Er interessiert sich nur für die, von denen alle Welt spricht. Erst müssen alle reputierlichen Kritiker aller reputierlichen Blätter ihr einstimmiges Verdikt abgegeben haben, erst muß dieses Verdikt so sein, daß jeder nach dem Buche greift, und die besseren Spatzen müssen es von den vornehmen Dächern pfeifen, erst muß man den Namen des Autors so oft hören, daß es einem ein gewisses Ansehen gäbe, ihn kennen zu lernen, dann, aber wirklich erst dann, verlockt es ihn, mit dem Blättern zu beginnen.

Doch er beginnt nicht gleich. Er geht in seine Buchhandlung, die in der vornehmsten Straße von London liegt, wo Herzoginnen ihre Einkäufe besorgen. Er kennt den Inhaber gut, er ist einer seiner besten Kunden. Dieser schickt ihm manchmal auf eigene Faust ein Buch zu, das ihn interessieren könnte, und selbst wenn er es schon hat, schickt er es nie zurück. Lieber aber, und besonders seit er in der Welt des Geistes lebt, tut er sich selber in der Buchhandlung um. Er läßt sich dies oder jenes vorlegen, lehnt es gelangweilt ab, ohne hinzublicken und verlangt dann mit triumphierender Miene das Buch, von dem alles seit 14 Tagen spricht. Er nennt den ungefähren Titel, den Namen des Autors weiß er nicht genau; man soll Tagesberühmtheiten dieser Art, die nicht auf Generationen von Ahnen zurückblicken können, nie zu viel Ehre erweisen. Meist war es schon unter den Büchern, die ihm der Buchhändler vorgelegt und die er hochmütig weggeschoben hatte. Es gehört Takt dazu, ihn das nicht spüren zu lassen. Denn er weiß, was er will, und er will, daß man es merkt.

So nimmt er das Buch nachlässig untern Arm und wirft es auf den gepolsterten Sitz seines Bentley. Zu Hause, in einem prunkvollen, riesigen Raum, an dessen Wänden die Bilder seiner Ahnen hängen, legt er es flach auf einen großen ovalen Tisch, wo alle Neuigkeiten ausgebreitet sind, die Bücher der vergangenen Monate, die in den Augen der Kritiker besondere Gnade gefunden haben. Da liegt es bei seinesgleichen, und nie liegt etwas anderes da. Alles ist funkelnagelneu und die Neuausgabe eines alten Werkes, das sich dank dem Treiben der Sonntagszeitungen hierher verirrt haben könnte, möchte einem reichlich deplaciert erscheinen. So ist es ihm gelungen, die modische Buchhandlung mitten unter seine Ahnen zu verlegen. *Sie* konnten nicht kennen, was er hier hat; es ist das Einzige, was er vor ihnen voraushat und in stolzen Augenblicken läßt er sie's fühlen.

Nun kann er unter den Meisterwerken des modernen Lebens *seine* Auswahl treffen. Er ist begeisterungsfähig, aber er lobt nicht gern, was ihm nicht wirklich gefällt, auch er setzt Ehre in sein Urteil. Es kommt der Augenblick, da er das neuerworbene Buch entschlossen in die Hand nimmt. Er tut es sehr rasch, wie alles was er tut, mit der kühnen Bewegung eines Raubvogels. Bücher mit Nebensätzen scheiden von vornherein aus. Dafür hat er einen Adlerblick und kennt kein Erbarmen. Aber es kommt auch ein wenig auf den Gegenstand an. Alles, was sich nicht auf ihn bezieht, erscheint ihm unwahr. Er will die Wahrheit; verlogene Autoren entlarvt er rasch.

Zuweilen stößt er auf Dichter, die *ihn* durchschauen. Wenn sie es sehr flink tun, macht ihm das Eindruck. Aber letzten Endes sucht er doch nach einer Seite, die sich ihm auf den ersten Anhieb ergibt. Wenn *er* ihr Gegenstand ist und wenn er die erste Seite, die er aufschlägt, auf den ersten Blick erfaßt, dann braucht er nicht mehr weiterzulesen. Er hat ein Meisterwerk entdeckt, sein Meisterwerk, und sagt es von nun an jedem.

Es sind immer die falschen Menschen, auf die man seine Hoffnung setzt, und wenn man es wüßte, man könnte keinen Augenblick weiterleben. Zum Glück springen immer andere ein, zu denen man so unschuldig war, daß man nicht einmal Hoffnung auf sie setzte.

So geht das Leben auf unerwarteten, auf überraschenden Wegen weiter.

Es gibt keine tiefere Respektbezeugung für die Menschheit als der Hunger nach ihren Mythen, und wenn man mehr gelesen hat, als das Herz erträgt, darf man auf die geheime Kraft dieser Nahrung hoffen.

Die Erfindung der Hölle ist das Ungeheuerlichste, und wie man nach dieser Erfindung noch irgend etwas Gutes von den Menschen erwarten kann, ist schwer zu begreifen. Werden sie nicht *immer* Höllen erfinden müssen?

Alles ist besser als ›ich‹, aber wo tut man's hin?

Sein Gram: daß er sich nicht jeder geringsten Lebensäußerung immer schon geöffnet hat. Sein Gram: die Jahrzehnte des Hochmuts.

Der Größenwahn des Interpreten: er fühlt sich um seine Interpretation reicher als das Werk.

Er hält sich für besser als sich selbst, es ist ihm angenehm, eine so gute und eine so schlechte Meinung von sich zu haben.

Was heißt das: man soll besser werden? – Offener, nachgiebiger? Ist das wirklich besser? Klarer? Ja. Einiger? Nicht zu sehr. Ruhiger? Ich weiß nicht.

Manchmal habe ich mir gewünscht, ich könnte meinen Kopf von allem, was sich darin angesiedelt hat, entleeren und so von vorn zu denken beginnen, als wäre nie etwas dort gewesen.

Ich wünsche das jetzt nicht mehr. Ich anerkenne die Bevölkerung meines Kopfs und versuche mit ihr auszukommen.

Es ist möglich, daß ich ein Kleinstädter geworden bin.

In einer italienischen Zeitung lese ich die Meldung über eine Nonne, die soeben im Alter von 100 Jahren starb.

Sie war schon einmal gestorben, als 17jähriges Mädchen, und der Sarg war über ihr schon zugenagelt worden, als ihre Schwester darauf bestand, daß er noch einmal geöffnet werde. Da kam sie wieder zu sich und richtete sich auf. Dieses Wunder bestimmte sie dazu, Nonne zu werden und ihr Leben Gott zu widmen. So hat sie nach ihrem ersten Tode noch 83 Jahre gelebt.

Sehr groß ist der Mensch, welcher Angst ist er fähig, er kann sie wissen und halten und mit ihr leben, ohne sie je zu vergessen.

1959

Auf einer pazifischen Insel sind kürzlich zu Ehren einer Atom-Explosion zum letztenmal Menschen gefressen worden.

Jeder müßte sich selbst beim Essen zusehen.

Von einem gewissen Alter ab wird das Wort jedes Mannes schwer und zählt. Erlaß dir *diese* Schwere.

Die kostbaren Sätze der Toren.

Das Abgezehrte einer über Jahre hinausgezogenen Arbeit. Sie kann nur stimmen, wenn man ihr Leben entzieht, so muß sie hager und hart werden. Je zwingender sie wird, um so mehr fällt heraus.

Wenn ich das Wort ›Lebenswerk‹ höre, denke ich an eine unmenschliche Askese.

Noch ein Buch, noch ein großes Buch? Tausend aufgeblasene Seiten? In welche Reihe stellst du dich, und ist nicht alles besser, was schon da ist?

Mach dir nichts draus, alles muß wieder gedacht werden.

Das wahre Gefühl der Kraft, wenn keine Triumphe winken.

Alle vergeudete Verehrung.

Das Lazarett, in dem er lebt, unter lauter verschütteten und schwerverletzten Büchern.

Fleiß gefällt mir und gefällt mir nicht, je nach den Tages- oder Nachtstunden. Bei Nacht bin ich selber von leidenschaftlichem Fleiß, bis zum Morgengrauen, bei Tag von ebenso leidenschaftlicher Faulheit.

Viele Eigenschaften entwickelt man aus Eigensinn. Dann, wenn sie einen langweilen, wird man sie nicht mehr los.

Jeder Mensch verrät sich vollkommen in seinen Einteilungen.

Es ist wichtig, sich von Zeit zu Zeit getroffen zu fühlen, nämlich sich selber so zu sehen, wie man von Ahnungslosen gesehen wird.

Ich habe es satt, daß jeder Mensch alle anderen immer nur seiner eigenen schlechten Eigenschaften beschuldigt!

Manchmal scheint es mir, als wäre das Fertigwerden zu einer Art von Selbstzweck geworden. Ich denke an die Ziele, mit denen ich begann; an die Zuversicht, mit der ich etwas Wirkliches ausrichten wollte. Während ich daran gearbeitet habe, hat sich die Welt mit tausendmal mehr Zerstörung geladen. Es ist *verhaltene* Zerstörung, aber macht das einen Unterschied?

Und was ist diese Besessenheit, die mich treibt, gegen jede Zerstörung anzugehen, als wäre ich zum Protektor der Welt ernannt? Was bin ich denn selbst, ein hilfloses Wesen, dem ein naher Mensch nach dem andern stirbt, der nicht sein Eigenstens am Leben halten kann, Schiffbruch auf allen Seiten und klägliches Geschrei!

Wem nütze ich, wem diene ich mit diesem unerschütterlichen Trotz?

Nichts ist übriggeblieben außer diesem Trotz. Neue Menschen gleiten ab, neue Worte und Gespräche entfallen einem, noch ist das Frühere lebendig geblieben, wann wird der Zerfall auch daran greifen? Nichts wird übrig sein, und ich werde noch dastehn, – ein Kind, das sich zum erstenmal auf die Beine gestellt hat, – und aus Leibeskräften schreien: Nein!

Einer sagt: er kann nichts bedauern. Ein Gott? Ein Stein?

Er träumt davon, daß er sein Herz von allen loslöst, die sich darin verbissen haben: plötzlich hält er es intakt in der Hand.

Jedes Wort, das er verzeichnet, gibt ihm Kraft. Es kann sein, was es will, es kann gar nichts sein, bloß daß er es verzeichnet, gibt ihm Kraft.

Warum nur ist es so gut, zu sich selbst zu sprechen? – Weil man gar nichts von sich will? Weil man im Hasse sehr weit gehen kann, ohne einen Groll zu behalten? Weil man tollkühn ist und niemand dabei gefährdet? Weil man etwas über andere erfährt, die man tief in sich versteckt hatte? Weil man seinem Hochmut schonungslos an den Leib rücken kann, ohne ein billiges Schauspiel daraus zu machen? Weil man ernst und rein in der Wahrheit ist, ohne sich mit ihr zu brüsten? Weil man weder bittet noch drängt und ganz auf gleich und gleich ist?

Immer mehr Gesichter, die an andere Gesichter erinnern: das überfüllte Leben versucht sich zu entwirren.

Die Bestandteile der Welt, die man liebt, und das Ganze, falsch Zusammengesetzte, das man verabscheut.

Nichts ist trister als der Erste zu sein, es sei denn, man ist es wirklich und es war noch niemand dort.

Alles liegt am falschen Vorbild, die Verirrungen der Menschen hängen daran, daß sie ihre Vorbilder in irgendeinem Augenblick zufällig ergreifen und nicht mehr von ihnen losgelassen werden.

Man denkt, man denkt, bis sich alles von selber denkt, und dann hat es überhaupt nichts mehr zu bedeuten.

Nicht immer bis zum Letzten vordringen. Es ist so Vieles dazwischen.

Beamte werden Gewitter machen wie Jupiter.

Zuhause fühle ich mich, wenn ich mit dem Bleistift in der Hand deutsche Wörter niederschreibe und alles um mich herum spricht Englisch.

Gestern ist das Manuskript von ›Masse und Macht‹ nach Hamburg abgegangen.

1925, vor vierunddreißig Jahren, hatte ich den ersten Gedanken zu einem Buch über die Masse. Aber der wirkliche Keim dazu war noch früher: eine Arbeiterdemonstration in Frankfurt anläßlich des Todes von Rathenau, ich war siebzehn Jahre alt.

Wie immer ich es ansehe, mein ganzes erwachsenes Leben war von diesem Buche erfüllt, aber seit ich in England lebe, also seit über zwanzig Jahren, habe ich, wenn auch mit tragischen Unterbrechungen, kaum an etwas anderem gearbeitet.

War es diesen Aufwand wert? Sind mir viele andere Werke so entgangen? Wie soll ich es sagen? Ich *mußte* tun, was ich getan habe. Ich stand unter einem Zwang, den ich nie begreifen werde.

Ich habe davon gesprochen, bevor viel mehr als die Absicht zu dem Buche da war. Ich habe es mit dem größten Anspruch angemeldet, um mich besser daran zu ketten. Während jeder, der mich kannte, mich dazu antrieb, es zu vollenden, habe ich es nicht um eine Stunde früher abgeschlossen, als mir richtig schien. Die besten

Freunde, die ich hatte, verloren in den Jahren ihren Glauben an mich, es dauerte zu lange, ich konnte es ihnen nicht verargen.

Jetzt sage ich mir, daß es mir gelungen ist, dieses Jahrhundert an der Gurgel zu packen.

Das Gleichgültige eines einmal gefaßten Beschlusses, als hätte ihn jemand anderer gefaßt.

An der Kostbarkeit seiner Zeit, die sich mit einem Male befristet, erhöht sich der Mensch, aber nur, wenn es seine Natur war, sich sehr viel Zeit zu lassen. Das Versagen seines größten Reichtums macht plötzlich mehr aus ihm, als hätte er nun wirklich alles zu Ende verschenkt und sei als Bettler bei seinen eigenen Überbleibseln zu Gast.

1960

Du bist deiner Sache so sicher, daß man an deinem Verstande zweifeln könnte. Aber solange der Lärm nicht über dich zusammenschlägt, muß diese Sicherheit nicht schaden. Das Schwierigste ist, ein Loch zu finden, durch das du aus dem eigenen Werk hinausschlüpfst. Du möchtest wieder in einer freien und regellosen Welt sein, die von dir nicht vergewaltigt ist. Alle Ordnung ist quälend, aber die eigene Ordnung am quälendsten. Du weißt, daß es nicht alles stimmen *kann*, aber du läßt dir dein Gebilde nicht zerstören. Du könntest versuchen, es zu unterminieren, aber dann wärst du selber noch drin. Du willst draußen sein, frei. Du könntest als ein anderer einen furchtbaren Angriff dagegen schreiben. Aber du willst es ja nicht vernichten. Du willst dich nur verwandeln.

An *Montaigne* ist am schönsten, daß er sich nicht beeilt. Auch Affekte und Gedanken, die voller Ungeduld sind, behandelt er langsam. Sein Interesse für sich selbst ist unerschütterlich, er schämt sich nie wirklich seiner Person, er ist kein Christ. Was immer er beobachtet, ist ihm wichtig, aber eigentlich unerschöpflich ist er sich selbst. Es gibt ihm eine Art von Freiheit, bei sich zu bleiben. Er ist ein Gegenstand, der sich nie verlieren läßt, er hat sich immer. Dieses eine Leben, das er nie aus dem Auge verliert, verläuft so langsam wie seine Betrachtung.

Montaignes Kapitel über Kannibalen, das ich heute las, hat mich wieder sehr für ihn eingenommen. Er hat jene Offenheit für jede Art von Menschheit, die heute allgemein ist und sogar zum Rang einer Wissenschaft erhoben, aber er hat sie *damals*, in einer fanatisch selbstgerechten Zeit. Montaigne preist in diesem Kapitel die Tugend kriegerischen Mutes, an der ihm für seine eigene Umgebung nicht viel gelegen sein kann. Indem er die Brasilianer für ihren Mut bewundert, scheint er die Frage zu stellen: »Sind *wir* es wirklich? Was ist schon unser Mut?« Das indianische Opfer in den Händen seiner Feinde trägt für ihn die Züge Catos. Niemand verehrt er mehr: nicht als Vorbild, sondern als das Unerreichbare, das ihm selber immer versagt bleiben wird. Denn unter den Sternen sind solche, die wir uns herunterholen, andere sind so hoch, daß wir uns nie an ihnen vergreifen.

Doch Montaigne stellt hier auch das Bild des guten Wilden auf, das in Rousseau, fast zweihundert Jahre später, wiederkehrt. Nur ist es bei diesem zu einer Art von Zwangsbild geworden, wie im Sparta des Lykurg.

Der Hofnarr, einer, der am wenigsten besitzt, neben dem Alles-Besitzer. Als eine Art von Freiheit agiert er ständig vor den Augen seines Herrn, ist ihm aber dann doch wieder ausgeliefert. Der Herr *sieht* die Freiheit des Unbelasteten, aber da dieser ihm gehört, mag es ihm vorkommen, als gehöre ihm auch die Freiheit.

Bedeutungsvolle Schmerzen: jeder Schmerz hätte seinen faßbaren Sinn, er könnte nur etwas Genaues bedeuten, und die Remedur läge dann im Verhalten des eigenen Geistes. Die Überwindung des Schmerzes wäre aber schwer und immer eine Verbesserung des Menschen. Statt Warnungen wären die Schmerzen dann Ansporn. Der Schmerzensreichste, der sich richtig benimmt, käme am weitesten: seine Kur wäre seine eigene Erfindung und Leistung.

Du bestehst nur noch aus Strukturen. Bist du geometrisch geboren, oder hat dich die Zeit gepackt und in ihre rettungslos geraden Formen gezwungen? Kennst du das große Geheimnis nicht mehr? Das Geheimnis des *weitesten Weges*?

Es wäre beglückend, Gedanken, die einen ein ganzes Leben lang beherrscht haben, so versinken zu lassen, daß sie nur noch in Träumen aufsteigen.

Zu den ›schrecklichen‹ Denkern, die ich bewundere, gehören Hobbes und De Maistre. Ich bewundere an solchen, daß sie das Schreckliche *sagen* können. Doch darf die Angst, von der sie beherrscht werden, nicht zum Mittel ihrer Selbstvergrößerung werden. Darum nenne ich diese beiden, Hobbes und De Maistre: so verschieden sie voneinander sind, sie beide haben sich von ihren Gedanken nicht immer den Kopf verdrehen lassen, in den Äußerungen ihres Lebens sind sie schlicht geblieben. Es gibt, zum Unterschied von ihnen, eine andere Art von Denkern, die den Schrecken mit Wollust gegen die Menschen wenden, als könnten sie daraus eine eigene Glorie beziehen. Der Schrecken wird für sie zu einer Peitsche, mit der sie alles von sich fernhalten. Sie bewundern ›Größe‹ und meinen damit animalische Größe. Zu diesen gehört Nietzsche, seine Freiheit steht in peinlichem Gegensatz zum Gelüste seiner Natur nach Macht, dem er schließlich erlag. Viele seiner Sätze erfüllen mich mit Abscheu, wie die eines vulgären Despoten. De Maistre hat Sachen ausgesprochen, die furchtbarer sind. Aber er sagt sie, weil sie in der Welt da sind, als ihr Instrument, und nicht aus Lüsternheit. Die Denker, die von ehrlicher Angst vor den Menschen erfüllt sind, sind Opfer dieser Angst wie alle anderen, und trachten nicht verstohlen, sie für sich zu verwenden. Sie verfälschen den Zustand der Welt nicht, sie bleiben in ihr, der Angst, die sie empfinden, selbst am meisten ausgeliefert. Der Widerstand, den ihre Gedanken erwecken, ist gesund und fruchtbar. Die anderen stellen sich gefährlich und herrlich, um sozusagen aus der Welt zu sich hinaufzuspringen. So ist, was sie sagen, bis ins Mark verfälscht und kann nur denen nützen, die sich seiner bedienen, um die Menschheit ihrer Würde und ihrer Hoffnung zu berauben.

In seinen Sätzen über den Krieg hat De Maistre die richtigen Fragen gestellt. Das ist etwas. Er hat sie nicht mit frommen Sätzen beantwortet. Das ist mehr. Die Antworten, die er dann doch findet, sind zwar eigenartig gefaßt, aber auf einen Menschen unserer Zeit, der einiges erfahren hat, wirken sie als reiner Hohn. Schwerlich ist ein Ansporn *gegen* den Krieg zu finden, der wirkungsvoller wäre, als eben diese Sätze von De Maistre.

Es ist ein wunderbares Gefühl, sich Ruhe zum Denken mitten unter sehr vielen Menschen zu verschaffen. Einmal kostet das gewisse Maß von Vereinzelung, auf das man es dabei abgesehen hat,

Mühe; man ist nicht leicht allein, und es hat mehr Gewicht, wenn man sich schließlich so vorkommt. Dann kann man auch nicht umhin, Gegnerschaft gegen die anderen zu empfinden, die einen auf allen Seiten einengen. Es ist aber keine ernste Gegnerschaft, denn man meint für sie alle mitzudenken und die Verantwortung, die man für sie fühlt, erwärmt die Gegnerschaft zu Liebe.

Der Paranoiker als Buddhist: Einzigartigkeit Schopenhauers.

Burckhardt als Atlas: ein Basler Bürger, der die Welt enthält und erträgt.

Man braucht unendlich ferne Sätze, die man kaum versteht, als Halt über die Jahrtausende.

Einen Glauben erfinden, einführen, durchsetzen und wieder abschaffen, bis er ganz aus den Menschen verschwunden ist.

Aber auch einer, dem dies gelingt, wüßte noch immer nicht, was Glaube ist.

Die Atome bei Demokrit haben den Charakter einer Massen-Vorstellung. Es ist merkwürdig, daß die Naturtheorie der Griechen, die sich als die fruchtbarste erwiesen hat, der Obsession durch eine unsichtbare und aus kleinsten Einheiten bestehende Masse ihren Ursprung verdankt.

Ich fühle mich Demokrit in vielem nahe; manche seiner Sätze sind mir aus dem Herzen gesprochen. Es ist ein Unglück, daß statt seiner die vollständigen Werke des Aristoteles auf uns gekommen sind. Wie feindlich ist mir der Geist des Aristoteles! Mit welchem Widerstreben muß ich ihn lesen! Demokrit war nicht weniger allseitig, seine Neugier gibt der des Aristoteles in nichts nach. Aber dieser ist ein Sammler und hat Respekt vor der Macht; auch die Rabulistik des Sokrates ist in ihn eingegangen. Demokrit hat abseits von Athen gelebt: das war gut für ihn. Vielleicht hat er etwas zu viel Gewicht auf die Rechtschaffenheit dessen gelegt, der allein lebt. Eine schlichte Selbstgefälligkeit hält ihn zusammen, aber sie färbt keinen seiner großartigen Gedanken, in denen er zum erstenmal etwas sieht. – Es gibt einen Privat-Satz von ihm, für den ich den ganzen Aristoteles hergebe: er wolle lieber – so sagt er – eine einzige Erklärung finden, als daß ihm das Perserreich zu eigen werde.

Akademien, deren Aufgabe es wäre, von Zeit zu Zeit gewisse Worte abzuschaffen.

Alle Fenster sind für ihn so, als gingen sie auf die Unendlichkeit. – Blickt er aber von außen durchs Fenster irgendwo hinein, so ist ihm, als lasse er sich von der Unendlichkeit im Leben nieder.

Mich interessieren lebende Menschen und mich interessieren Figuren. Ich verabscheue die Zwitter aus beiden.

Der Sprung ins Allgemeine ist so gefährlich, daß man ihn immer wieder üben muß, und von derselben Stelle.

Ohne Bücher verfaulen die Freuden.

Es ist ein Glück, an manche Worte zu denken und sie sich immerzu zu sagen. Es ist nicht gut, daß nur Worte wie »Gott« es zu dieser höchsten Intensität der Wiederholung gebracht haben. – Die Allah-Sager in Marrakesch haben mich daran gemahnt und nun möchte ich vielen Herrlichkeiten der Sprache ebenso dienen.

Man kann jetzt in jeder Richtung immer mehr wollen. Alle Ziele sind wie ins Unendliche verrückt, aber sie scheinen trotzdem erreichbar.

Vom Geiste her, und zwar vom Geiste allein, ist alles zu gewinnen. Mit Geist ist aber hier nur eine isolierte Art von Tätigkeit gemeint, die immer weniger materieller Substrate bedarf. Es genügt, auf eine bestimmte Weise, in einer bestimmten Richtung zu denken. Zur asketischen Natur dieses Denkens gehört seine Unbeirrbarkeit. Die Macht, die es gewährt, ist der zu vergleichen, die geistliche Ratgeber in religiös einheitlichen Staaten hatten. Es ist eine entscheidende Macht, aber sie hält sich gern verborgen und bedarf keines unmittelbaren persönlichen Glanzes.

Der Glanz bewahrt sich für den Augenblick der Vernichtung.

Zur *Verwandlung*, meine ich, habe ich einen Schlüssel gefunden und ins Schloß gesteckt, aber ich habe den Schlüssel nicht umgedreht. Die Türe ist zu, man kann nicht hinein. Es wird damit noch viel Plage geben.

Die Ordnung des Denkens um vier oder fünf Worte kann noch Sinn haben, sie beläßt einigen Raum. Schrecklich sind die Mystiker *eines* Wortes.

Die Subtilität einer dichterischen Figur, selbst wenn ich sie bewundere, erregt als Produkt dieser Zeit in mir Widerspruch: es scheint mir, daß sie sich selbst zu gut gefällt. Damit der Dichter ihr den Tritt geben kann, den sie verdient, muß sie irgendwo imstande sein, ihn zu fühlen.

Selbst nach dem ersten Krieg war es für manche Dichter noch möglich, sich mit Atemholen und Kristallschliff zu begnügen. Aber heute, nach dem zweiten, nach Gaskammern und Atombomben fordert das Menschsein in seiner äußersten Gefährdung und Erniedrigung mehr. Man muß sich der Roheit zuwenden, wie sie immer war und sich Hände und Geist an ihr vergröbern. Man muß den Menschen fassen, wie er ist, hart und unerlöst. Man darf ihm aber nicht erlauben, sich an der Hoffnung zu vergreifen. Nur aus der schwärzesten Kenntnis darf diese Hoffnung fließen, sonst wird sie zum höhnischen Aberglauben und beschleunigt den Untergang, der näher und näher droht.

Immer zierlicher die Uhren, immer gefährlicher die Zeit.

Am schwersten ist es, sich zu reduzieren, nachdem man sich sehr erfüllt hat. Die Einbildung des Erfüllten, daß es besonders auf ihn ankäme, ist so falsch wie die Selbstzufriedenheit des Immer-Leeren. Wer mit dem Furchtbarsten wie mit dem Besten beschäftigt war, der muß wieder schlicht werden wie zu Beginn. Er darf die Einsichten, die er gewonnen hat, nicht für sich privat verwenden, er muß sie den Menschen überlassen und sich selber davon ablösen.

Entfremdung vom Werk, ohne eigentliches Mißfallen. Man liest darin, ohne zu merken, was man liest. Eine Kühle geht davon aus, wie von einer untergegangenen Sonne.

Die Städte, in denen man gelebt hat, werden zu Vierteln der Stadt, in der man stirbt.

Nun taucht er wieder ins Meer des Ungelesenen und kommt prustend und verjüngt zurück an die Oberfläche, stolz, als hätte er Poseidons Dreizack gestohlen.

Galileos Widerruf bei Brecht hat mich an den Widerruf Fünfzigs in den »Befristeten« gemahnt. Es ist ein Widerruf, um Zeit zu gewinnen, der aber an der wahren Gesinnung des Bedrohten nicht das Geringste ändert. Fünfzig ist strenger erdacht und er geht auch weiter: denn er muß noch mitansehen, was er mit seiner Leidenschaft für die Wahrheit angerichtet hat. Brechts Galileo, früher konzipiert, kann noch unbekümmert seinen Gänsebraten essen. Es fehlt ihm eine ganze Dimension, und zwar die, die für uns heute die wichtigste geworden ist. Welches Recht habe ich auf eine explosive Wahrheit, die ich allein kenne, und muß ich sie nicht um jeden Preis unschädlich zu machen suchen? Eben in mir, ihrem noch einzigen Träger, muß der Prozeß ihrer Unschädlichmachung und Auflösung beginnen.

Die Wahrheit hat so ihre doppelte Schwere. Auffindung und Durchsetzen sind nur das *eine* Gesicht dieser Schwere, unendlich viel ernster ist das zweite Gesicht, das der Verantwortung.

Sonst gibt man, auf Umwegen, den Inquisitoren ihr Recht zurück, das sie zur Hälfte schon verloren hatten. Galileo ist nicht kläglich, weil er widerrufen hat, denn er hat noch die Discorsi geschrieben. Aber er ist kläglich, weil er *ahnungslos* seine Gans essen kann: die Zukunft ist ihm erblindet.

Plötzlich war es mit jedem Glauben zu Ende. Ein Gefühl unendlichen Glückes breitete sich unter den Menschen aus. Jeder tanzte mit sich selbst, bis er zusammenfiel. In einiger Entfernung von den anderen stand jeder wieder auf. Die Sonne schien stärker. Aber die Luft war dünn. Das Meer wurde unbegreiflich.

Die Klage um Tote geht auf Wiederbelebung, *das* ist ihre Leidenschaft. Die Klage soll so lange dauern, bis es gelingt. Doch sie läßt zu früh ab: nicht genug Leidenschaft.

Es wäre möglich, daß dem, der sich das Töten versagt, schließlich jeder freie Entschluß verwehrt ist. Und müßte er ganz erstarren: er soll nicht töten.

Wie er die eigenen Worte fürchtet! Was er sagt, hat solche Macht über ihn, daß es ihn nie wieder losläßt. Nach den ersten akuten Stadien des Schmerzes, den es ihm selbst verursacht, legt es sich auf die Seite und lauert. Dann springt es wieder auf, es springt sicher wieder auf, und stürzt über ihn her, als hätte es sich eben erst neu gesagt. Ihre Gewalt erlangen die eigenen Worte erst, wenn er sie *gehört* hat. Sie kommen aus ihm, und doch kommen sie wie von einer Fremde. Er stellt sich ihnen ganz, eine Flucht wäre unmöglich, aber er will auch nicht fliehen. Oft stürzt er sich mitten unter sie, von rechts und links prasseln sie auf ihn nieder, am liebsten ergibt er sich ihnen in Wolkenbrüchen. Es ist nicht ein Chaos, das sie in ihm hervorrufen, aber es sind starke und klare Schmerzen. Was sie sagen, begreift er, auch wenn es ganz dunkel ist, woher sie kommen, ist ihm ein Rätsel.

Einer schmeichelt so lange, bis man ihm freundlich erwidert, um ihn loszuwerden. Aus diesen Erwiderungen baut er sich seine eigene Reputation auf.

Von Hause aus ist jeder Ruhm Schwindel. Manchmal zeigt es sich dann, daß doch etwas dahinter steckt. Welche Überraschung!

In jedem Leben lassen sich die Toten finden, von denen einer gezehrt hat. Bei zarten, guten, rohen, schlechten Menschen, – überall sind die mißbrauchten Toten da. Wie soll einer das Leben ertragen, der das von sich weiß? Indem er seinen Toten sein eigenes Leben leiht, es nie verliert und sie verewigt.

Ein Dichter bin *ich* nicht: ich kann nicht schweigen. Aber viele Menschen in mir schweigen, die ich nicht kenne. Ihre Ausbrüche machen mich manchmal zum Dichter.

Jeder Gläubige, dem ich begegne, wenn er es nur wirklich ist, stimmt mich freundlich. Die schlichte Äußerung seines Glaubens ergreift mich, und wenn sie so absurd erscheint, daß man lachen müßte, ergreift sie mich am tiefsten.

Es darf aber nicht der Angehörige eines Glaubens sein, dem die Welt jetzt gehört. Kaum fühle ich die Macht einer siegreichen Kirche dahinter, kaum merke ich, daß der Gläubige sich mit dieser Macht zu decken versucht, sie zu Drohung und Schrecken verwendet, so packt mich Ekel und Grauen.

Ist es der Glaube, der mich ergreift, oder nur der unterlegene Glaube?

In der Trauer bereitet sich immer etwas vor, doch es hilft einem gar nicht, sich das zu sagen.

Meine Trauer hat nichts Befreiendes an sich. Denn immer weiß ich zu gut, daß ich gegen den Tod gar nichts ausgerichtet habe.

Ataraxie? Die Gleichgültigkeit erlernen? Wo man am verwundbarsten ist? Gerade da sei sie nie zu erlernen!

Träume ertrage ich nur unberührt und ganz, als Geheimnis. Sie sind so fremd, daß man sie sehr langsam begreift. Die Träume anderer kann ich nur vereinzelt auffassen. Man nimmt sie zu sich, behutsam und mit Widerstreben. Wehe dem Narren, der sie gleich deutet, er verliert sie und faßt sie nie wieder, sie welken, bevor sie ihm grün waren.

Man soll aber auch nicht Träume aufeinanderhäufen, die nie zueinander gehört haben. Ihr Blut erhalten sie durch die Ausstrahlung in die Wirklichkeit. Das Wahrwerden des Traums ist alles, aber er wird anders wahr, als die üblichen Deuter sich's vorstellen. Der Traum muß die Wirklichkeit beleben, indem er in sie eindringt, auf alle möglichen Weisen, aus dieser und jener Richtung, und am allermeisten von dort, wo man es am wenigsten vermutet. Als Vogelschwarm läßt sich der Traum da und dort nieder, er erhebt sich und kehrt zurück, er entschwindet und kaum entschwunden, verdunkelt er wieder das Licht der Sonne. Das Unfaßbare des Traums ist sein Faßbarstes, und doch hat er seine Gestalt, aber er muß sie selbst gewinnen, da er in die Gestalten der Wirklichkeit schlüpft, und man darf sie ihm nicht von außen geben.

Unabsehbar ist der Schaden, den gedeutete Träume verursachen. Ihre Zerrüttung bleibt verborgen, aber wie empfindlich ist ein Traum! Es ist kein Blut an den Beilen der Schlächter, wenn sie in die Spinnweben fahren, aber was haben sie zerstört! – und nie wieder spinnt sich dasselbe. Das Einzigartige jedes Traums wird von den Wenigsten geahnt, wie könnten sie ihn sonst zu irgendeinem Gemeinplatz entblößen.

Vielleicht hat von allen nur Klee den Traum mit der Ehrfurcht behandelt, die ihm gebührt, als das Unantastbarste, das sich im Menschen ereignet.

Es ist schwer, zu den Schritten und Tönen unschuldiger Menschen zurückzufinden, nachdem man mit der erbarmungslosen Jagd auf Machthaber beschäftigt war. Wie hat man diese gehaßt, und wie hat man sich an diesen Haß gewöhnt! Und wie schlicht soll man wieder werden, wie sacht und wie gefällig? Es ist, als habe man sich selbst pensioniert und züchte, nach lebenslanger Jagd auf gefährliche Monster, Blumen.

Doch der Jäger wird nie vergessen, was er war, und wird wenigstens im Traum sich selber jagen.

Jedes Wort soll daran erinnern, daß es einmal greifbar war. Das Runde der Worte: sie sind in der Hand gelegen.

Ein Leben, das keine Komödien und Rollen aus sich entwickelt, ist unvorstellbar. Ein Idiot selbst hat seine Gefallsucht, und auch ein Heiliger, der nicht unter Leute geht, wird von ihnen aufgesucht.

Eine Frau, die jeden anlächeln muß, die sich in die größte Verwirrung lächelt, die im Elend ihr Lächeln nicht aufgeben kann, die auf dem Totenbett lächelt und lächelnd stirbt, um allen noch zu gefallen, die sie tot sehen könnten. – Sie lächelt im Sarg und unter der Erde.

Es genügt nicht zu denken, man muß auch atmen. Gefährlich die Denker, die nicht genug geatmet haben.

Wer wirklich wüßte, was die Menschen miteinander verbindet, wäre imstande, sie vor dem Tode zu retten. Das Rätsel des Lebens ist ein soziales Rätsel. Niemand ist ihm auf der Spur.

Mystik: das Durchschauen ist ein für allemal schon geschehen. Es ist dasselbe Durchschauen. Es ist ereignislos. Es kann sich nicht zurücknehmen.

Wer etwas wirklich Neues finden will, muß sich vor allem vor jeder Untersuchungsmethode hüten. Er mag sich später, wenn er etwas gefunden hat, dazu gedrängt fühlen, seine Untersuchungsmethode nachträglich zu bestimmen. Aber das ist eine taktische Frage, besonders wenn es sich darum handelt, seinen Funden schon zu Lebzeiten Anerkennung zu verschaffen. Der ursprüngliche Vorgang selbst zeichnet sich durch absolute Freiheit und Unbestimmtheit aus, und von der Richtung seiner Bewegung kann einer, der sich zum erstenmal auf diese Weise bewegt, überhaupt keine Ahnung haben.

Die Verantwortung liegt im ganzen Menschen und nicht in dieser besonderen Unternehmung.

Ich kann mich nur mit Geistern befreunden, die den Tod kennen. Freilich machen sie mich glücklich, wenn es ihnen gelingt, über ihn zu schweigen: denn ich kann es nicht.

Eine Erkenntnis, der nichts von ihrer Gelegenheit anhaftet, ist wertlos. Die Gelegenheit des Denkenden lebt in der Gelegenheit des Lesers auf. Eine alte Erfahrung wird nach Jahrhunderten plötzlich jung. Der gleiche Stern leuchtet wieder und trifft auf ein gleiches Auge.

Die Dunkelheit senkt sich in seine Buchstaben, und sie gewinnen andere Bedeutung. Sie sehen aus, als seien sie viel länger schon dagewesen, voller, stärker, seit jeher von derselben Nacht erfüllt. Sie lösen sich voneinander und fügen sich wieder zusammen, sicher und liebevoll, nach einem klaren, aber unerschöpflichen Gesetz. Ihre Furcht ist weggeblasen und sie haben sich für nichts zu schämen. Es mag sein, daß sie eines *Tages* sich ebenso fühlen werden, doch dieser Tag ist fern.

Ein Lokal, in dem alle verstummt sind. Die Gäste sitzen stumm, allein oder in Gruppen, und nehmen ihre Getränke zu sich. Die Kellnerin hält einem stumm eine Liste vor, man zeigt auf eine Stelle, sie nickt, bringt einem, was man sich wünscht und stellt es stumm auf den Tisch. Alle betrachten einander wortlos. Die Luft des Raumes, in dem nicht gesprochen wird, stockt. Alles ist wie von Glas. Die Menschen wirken zerbrechlicher als die Gegenstände. Es zeigt sich, daß Worte den Bewegungen ihre Flüssigkeit geben, ohne Worte ist alles starr. Blicke werden unheimlich und unverständlich. Es ist möglich, daß nichts als Haß gedacht wird. Einer steht auf. Was wird er tun? Alles erschrickt. Ein Kind, wie gemalt, öffnet weit den Mund, aber es ertönt kein Schrei. Die Eltern sagen nichts und klappen ihm den Mund zu.

Das Licht geht aus, man hört ein Klirren. Es geht wieder an, doch niemand ist zerbrochen. Es wird in Münzen gezahlt, die so zutraulich sind wie kleine Tiere. Eine Katze springt auf den Tisch und beherrscht das Lokal. Sie ist nie verstummt, denn sie hat schon immer geschwiegen.

Nun belebt sich der Ort mit Toten.

1961

Man müßte es in so wenig Sätzen sagen können wie Laotse oder Heraklit, und solange man das nicht kann, hat man nichts wirklich zu sagen.

Das Wissen verschränkt sich und stellt sich zum Kampf. Ergebenes Wissen ekelt ihn, er erbricht es. Doch wie reizt ihn Wissen als Feind!

Die furchtbarsten Menschen: die alles wissen und es glauben.

Könnte einer, der Hunderte von Jahren gelebt hat, in all seinen Verstrickungen noch wissen, wer er ist?

Wüßte er es *wieder*?

Ist eine dramatische Figur des *Weisen* möglich, und wie müßte sie sein? Dramatisch gesehen wäre der Weise der Einzige, der die andern erkennt; der nie von sich spricht; der nichts über sich zu sagen hat; der im Hören lebt, im Zuhören, der aus Gehörtem weise wird und nichts weiß, bevor er gehört hat; der sich für jeden Menschen zu einer tabula rasa machen kann, aber alle die anderen beschriebenen Tafeln in sich verwahrt, ohne an sie zu denken.

Das Drama spielt Verwandlung und Entwandlung hin und her und aus ihrer Abwechslung entsteht, was man Spannung nennt.

Die Masken müssen Schrecken bereiten, aber sie müssen auch abgenommen werden. Ohne ganz ernst genommene Masken gibt es kein Drama. Aber ein Drama, das in den Masken stecken bleibt, ist langweilig.

Eine Stadt mit geheimen Straßennamen, Polizisten, wenn sie einem trauen, teilen einem mit, wo man ist.

Man nimmt mehr auf, als man weiß. Aber wie verfügt man darüber?

Zehn Himmel übereinander, und in jedem die Engel *beredter*.

Ein Gewaltakt zur rituellen Erinnerung an die Abschaffung aller Gewalt.

Der Übersetzer dringt in eine bekannte Sphäre ein. Alles um ihn ist wohlangebaut und er ist nie einsam. Er bewegt sich wie in einer Parklandschaft oder unter klar abgegrenzten Feldern. Worte wenden sich wie Leute an ihn und wünschen ihm einen guten Tag. Der Weg wird ihm gewiesen und er kann sich kaum verlieren. Er muß für wahr nehmen, was man ihm sagt und darf es nicht bezweifeln. Die Kraft des Durchschauens ist dem Übersetzer versagt. Er wäre ein Narr, wenn er hier sein Vertrauen verlöre. Alles Gelände ist von jeher wohl bezeichnet.

Der Denker dagegen hat Leere um sich. Er stößt alles von sich fort, bis genug Leere um ihn ist, und dann beginnt er von Diesem zu Jenem zu *springen*. In seinen Sprüngen schafft er seine Straße. Der Grund ist nur sicher, weil er auf ihn tritt, dazwischen ist alles Zweifel.

Übertragung von Gedanken, mit denen man sich mehr als zwanzig Jahre befaßt hat, in eine andere Sprache. Ihre Unzufriedenheit, weil sie nicht in dieser Sprache entstanden sind. Ihre Kühnheit erlischt, sie weigern sich auszustrahlen. Sie schleppen Nichtzugehöriges hinter sich her und lassen Wichtiges auf dem Wege fallen. Sie erbleichen, sie ändern ihre Farbe. Sie kommen sich feig und vorsichtig vor, der Winkel, unter dem sie ursprünglich einfielen, ist ihnen verloren. Sie hatten den Flug von Raubvögeln, nun flattern sie wie Fledermäuse. Ihr Lauf war der von Geparden, nun kriechen sie daher wie Blindschleichen.

Demütigend zu denken, daß sie in eben dieser Reduktion, dieser Mäßigung und Entmannung eher Verständnis finden werden!

Um der *Feierlichkeit* des Lesens zu entrinnen, – als wäre alles genau so zu verwenden, wie es sich liest, – soll ein Mensch sich von Zeit zu Zeit in einen Wirrwarr von Büchern stürzen, solche, die er verachtet, weil er sie nicht mehr kennt, und solche, die er verachtet, weil er sie nie gekannt hat. Wenn seine Vorurteile in Verwirrung geraten, ist Hoffnung für ihn, er soll es sich endlich leicht machen.

Alle erleben dasselbe: doch darf es niemand wissen. Identität der Geheimnisse. Die Schicksale schillern in wechselndem Licht. Aber im Dunkel ist es wieder dasselbe.

Er bekennt sich unschuldig oder schuldig, je nach dem Datum.

In jeder Generation stirbt nur noch Einer, zur Abschreckung.

Aus Mißtrauen vor Adjektiven ist er verstummt.

Der Heißeste darf sich die Kälte der Beschreibung erlauben.

Die Erde ein lichtes Blau, der Himmel schwarz, Umkehrung des vertrauten Verhältnisses: denn die Erde war für uns von Finsternis bedroht, dem blauen Himmel galt unser Vertrauen. Aber dem, der einmal draußen ist, wird die Erde zum Hellen und der Himmel schwarz.

Blinde unterm Tisch, Taubstumme in den Winkeln, und er als lahmer Riese erstickend im Lift. Eine Frau dreht den Schlüssel in der Decke herum und bewirft ihn mit Hühnerfutter statt mit Worten. Er schnappt nach Luft und hat den Mund voller Körner. Die Blinden schreien, die Taubstummen schlagen aufeinander los. Er zerbricht den Lift und findet sich in einem Knäuel von Menschen im Zimmer. Sehende und Sprechende lobpreisen ihn geheilt. Er erwacht in einem Ameisenhaufen. –

Traum in der Mittagssonne an einem Hang über Delphi.

Unzerstörbar der schönste, der vielsinnigste Ort der Welt: Ein Diener mit einem Strohbesen fegt den kastalischen Quell. Ein Professor mit seinen Studenten erprobt auf Französisch die Akustik des Theaters. Eine Nymphe, an eine Säule des Apollotempels gelehnt, blättert in einem Führer und fragt auf Amerikanisch: »Where is Delphi?«

Katounia: Frühmorgens der englische Büßer meditierend am Euripus. Dunkel und hager, einem bärtigen Ikonenheiligen gleich, begrüßt er den Spaziergänger mit »Good morning« und unterhält sich mit ihm über Oxford und die Vorzüge der griechischen Kirche.

Lord Byron in der Taverna, sechs Harzsammler um ihn, am Nebentisch zwei Popen. Lord Byron stottert und zahlt für alle.

Johannistag in der Kapelle am Meer. Kleine Brotwürfel werden herumgereicht. Ein Delphin schnellt nicht weit von den Gläubigen hoch, die einander küssen. Überm Euripus in der Ferne zeigt sich der Parnaß.

Am intimsten scheint das Christentum dort, wo es die schlafenden Götter verkennt. Der Feigenbaum in Katounia spricht Griechisch.

Wie jeder Glaube blind den vergangenen enthält, sich in nichts auf ihn bezieht und ihn so besser beschützt, als hätte er ihn offen im Auge.

Ein Herz, das zerbissen durch alle Jahrhunderte gerollt ist.

Eine Hölle aus Schmeichel-Teufeln.

Die verspäteten Reaktionen: Einer spricht immer zum falschen Menschen, weil er zu einem früheren spricht, der nicht mehr da ist. Er kann es nicht im richtigen Augenblick sagen, weil er zu spät erst bemerkt, was er aufgefaßt hat. – Die Figur des *Verschobenen* und was sie anrichtet.

Manchmal, wenn er schon gar nichts mehr sehen kann, rettet ihn eine Stunde im *Nebel*.

Alles was er erlebt hat, war umsonst: das Karma des Verschwenders.

Er sucht das Beste, denn er sucht es für sich. Andern mag weniger Gutes genügen. Er fühlt sich als Aufseher eingesetzt und rechtfertigt seinen Vorrang durch Ablehnung und Strenge. Die Mühe, die andere an ihre Leistung wenden, wendet er an Prüfung. Was er selbst nicht geprüft hat, ist wertlos. Teuer vermögen nur Dinge zu werden, auf die sein Auge fiel. Das Meiste läßt er beiseite; soll es sich auflösen, da er es nicht bemerkt hat.

In der Tracht des Examinators stellt er sich hoch auf und gibt Warnungspfiffe von sich. Man muß ihn sehen, wie er auserwählte Luft einzieht und in Form von hohen Tönchen wieder ausstößt!

Jeden so sehen, als hätte man ihn schon hundertmal gesehen und sähe ihn zum ersten Male.

Das Opfer, das sich im Tode in seinen Töter verwandelt und ruft mit dessen Stimme um Hilfe. (Ramayana)

Das Ohr, nicht das Hirn, als der Sitz des Geistes. (Mesopotamien)

Erleuchtende und *ordnende* Geister. Heraklit und Aristoteles als extreme Fälle.

Der erleuchtende Geist hat die Art des Blitzes, er bewegt sich rapid über weiteste Strecken hin. Er läßt alles beiseite und geht auf ein Einziges los, das er selbst nicht kennt, bevor er es erleuchtet. Seine Wirksamkeit beginnt damit, daß er einschlägt. Ohne ein Mindestmaß an Zerstörung, ohne Schrecken gewinnt er für den Menschen keine Gestalt. Die Erhellung allein ist zu unbegrenzt und zu formlos. Das Schicksal der neuen Erkenntnis hängt vom Ort des Einschlags ab. Für diesen Blitz ist der Mensch noch großenteils unberührte Erde.

Das Erleuchtete wird den Ordnern hinterlassen. Ihre Operationen sind so langsam wie die der anderen rasch; sie sind die Kartographen des Einschlags, dem sie mißtrauen und trachten durch ihre Verrichtungen neue Einschläge zu verhüten.

Eine Stadt, in der die Stände auf verschiedenen Straßen gehen. Die Oberen und die Niederen stoßen nie aufeinander. Notwendige Mitteilungen empfangen sie auf Drähten. Peinliche Arbeiten werden unsichtbar verrichtet. Die Einen blicken auf den Boden, seitwärts die Andern. Die Oberen kleiden sich in Ohren, in Händen die Niederen. Ein Händiger, der sich verläuft, gerät entsetzt unter Ohren; während diese weghören, exekutiert er die Strafe für seine Verirrung und erwürgt sich. Die Ohren öffnen sich für seinen letzten Seufzer und loben sein Standesbewußtsein. Abtrünnige Ohren verhungern unter Händen und bleiben verfault auf den Straßen der Niederen liegen.

Auch ihre Hunde sind geschieden und wagen es nicht, sich zu vermischen.

Selbstauflösung der Geschichte an ihren Racheakten.

1962

Die Anekdoten der Chinesen, mit ihren einsilbigen Namen: alles auf Formeln gebracht, die für uns unnachahmlich sind. Auch das Vieldeutigste stimmt; jedes Wort, in seiner genauen Gestalt, ist wie ein Ton; es klingt vieles mit, und wenn es mit anderen Tönen zusammenklingt, haben sie eine einmalige feste Prägung. Von dieser strahlt etwas aus in die übrige Welt: die Welt ist sicherer, aber nicht versperrt. Von festen Punkten erfüllt, belebt sie sich. Sie spielt Ordnungen vor und bleibt doch frei. Alle einzelnen Prägungen bleiben voneinander unabhängig.

Kunststück: etwas in die Welt zu werfen, ohne daß es einen nachzieht.

Einer, dem alles Gelernte sich in Gegenstände verwandelt, und sie stürzen von allen Seiten über ihn her und erschlagen ihn.

Willst du wirklich zu denen gehören, denen es immer besser geht?

Um sich ernst zu nehmen, stellt er sich bitter.

Er legt Sätze wie Eier, aber er vergißt, sie zu bebrüten.

Worauf hast du vierzig Jahre gewartet? Auf Zeitmangel oder auf Erfahrung?

» . . . Und wieder verschiebt er den Abschluß mit jenem rätselvollen Glauben an eine endlose Lebenszeit.« (Schönberg)

Wo immer ich hingreife, ich kriege Haare zu fassen und ziehe an ihnen Menschen hervor. Manche sind ganz, andere halb, diese kann ich erkennen. Andere sind in Stücken und ich werfe sie rasch zurück. Hätte ich das Herz, sie länger zu betrachten, sie würden sich mit anderen zusammenfügen und als neue Bevölkerung um mich aufstellen. Aber ich bin unsicher geworden, Fremdes drängt sich dazwischen und pocht und fordert Aufnahme; Versprechungen sind gegeben worden und es ist noch immer Platz. Ich kann niemand den Eintritt verwehren, weil ich mich schuldig fühle.

Aus den Menschenresten, die man in sich versperrt hält, ist keine Ordnung mehr zu gewinnen; nur Erinnerung oder Fälschung.

Zum Abschied springt dort jeder auf den Tisch und schweigt.

Seine Verantwortung: daß er auf nichts eine Antwort weiß.

»L'homme est périssable. Il se peut; mais périssons en résistant et, si le néant nous est réservé, ne faisons que ce soit une justice.«
(Sénancour, Obermann)

Er spielt auf zu vielen Instrumenten zugleich. Aber Denken ist *nicht* Komponieren. Im Denken wird etwas rücksichtslos auf die Spitze getrieben. Der Prozeß der Erkenntnis besteht vorerst darin, daß alles über Bord geworfen wird, um rascher und leichter an das eine geahnte Ziel zu gelangen. A. kann nichts über Bord werfen. Er schleppt sich immer ganz mit. Er gelangt nirgends hin.

Alles, was er weiß, ist ihm immer gegenwärtig. Er pocht an alle Türen und tritt nirgends ein. Da er gepocht hat, glaubt er, er ist dort gewesen.

Sein wohltapezierter Verstand.

Seine Gedanken in Wolken, sie geben überall nach; plötzlich sieht man nicht mehr; da weiß man, man ist in einem seiner Gedanken.

Dignität des Streichholzes.

Ihr letztes Kleidungsstück behielt sie an, die verächtlich gekräuselte Lippe.

Unzufriedene Nasen in einer Reihe.

Nacktheit ohne Beifall erst ist Nacktheit.

Ein Berg öffnet sich, heraus kommen achtzig riesige Regenwürmer, geflügelt, gesattelt, auf jedem reitet ein berühmter Dichter.

Wie bleibt einer ohne sein Werk zurück? Andere rühren daran, es ist nicht mehr sein Werk, es ändert sich unter ihren Augen und Fingern. Das entlassene Werk ist Freiwild. Der ehemalige Wärter, blutlos und arm, vollführt nur noch reduzierte, sinnlose Bewegungen. Er, der für die Erde geatmet hat, atmet jetzt verstohlen für sich. Er, der sich von allen Menschen getragen fühlte, geht auf armseligen Füßen. Er hatte Erdteil-Stiefel, jetzt kriecht er Zoll um Zoll. Er war freigebig wie ein Gott, jetzt zittert er um Ziffern. Er trieb alles mit sich hoch, jetzt ist er ein verschrumpfter Ballon. Die ganze Welt hatte er zärtlich in sich, jetzt spuckt sie ihn aus wie einen Kirschkern.

Sie schreiben so, als wäre der Krieg ein Traum gewesen, aber ein Traum von anderen.

Die Angst vorm Jahre 1000. Ein Irrtum, es hätte 2000 heißen müssen, – wenn es dazu kommt.

Alle Tage, die sich auf Tage beziehen, die nie kommen werden.

Die Freude des Schwächeren: dem Stärkeren etwas zu geben.

Der sterbende Napoleon, entsetzlich, als habe er noch nie etwas vom Tod gewußt, als erlebe er ihn zum ersten Mal.

Der deklamatorische Querulant. Er keift ausführlich in wohlüberlegten Perioden, zensuriert Interjektionen und illuminiert sich die Nacht.

Tags schläft er, um keinem Feind zu begegnen. Fragezeichen beleben und bezweifeln seinen Schlaf. Beim Erwachen steckt er schon mitten in der nächsten Periode und benörgelt in anderer Reihenfolge das Gleiche.

An Sätzen fehlt es ihm nicht, aber an Stoff zu Beschwerden.

Klagen, die dem Unglück vorangehen und es verdichten, Donner-Klagen.

Klagen, die das Unglück entmannen, Schneide-Klagen.

Klagen, die dem Unglück nachhängen, Schuld- und Anstands-Klagen.

Vor den Thronen der Tiere standen demütig Menschen und erwarteten ihr Urteil.

Stimmen, die den Himmel verstören.

Schlangen als Wegweiser.

Er tröstet sich für seine Erfolglosigkeit mit Reinheit.

Der Schwätzer als Hinterlassenschaft.

Dort leben die Toten in Wolken weiter und befruchten als Regen die Frauen.

Dort bleiben die Götter klein, während die Menschen wachsen. Wenn sie so groß geworden sind, daß sie die Götter nicht mehr sehen, müssen sie einander erwürgen.

Dort halten sie sich Schlangen als Ahnen und sterben an ihren Bissen.

Das Bellen der Hunde dient ihnen dort als Orakel. Wenn die Hunde verstummen, erlischt ihr Stamm.

Dort radebrechen sie auf dem Markt und erstarren zu Hause.

Dort wird jeder von einem eingeborenen Wurm regiert und pflegt ihn und ist gehorsam.

Dort handeln sie nur zu hundert, der Einzelne, der nie sich nennen gehört hat, weiß von sich nichts und versickert.

Dort flüstern sie zueinander und bestrafen ein lautes Wort mit Exil.

Dort fasten die Lebenden und füttern die Toten.

Dort siedeln sie sich auf riesigen Bäumen an, die sie nie verlassen. Fern am Horizont erscheinen andere Bäume, unerreichbar und böse.

Englischer Altphilologe, 25jährig Professor, wie Nietzsche, aber in Australien, lernt Deutsch, um Nietzsche zu lesen, lernt ihn auswendig. In England zurück, ergibt er sich der Fuchsjagd. Von Dante, den er Italienisch deklamiert, erfährt er, wie sehr Parteien sich hassen sollten. Er läßt sich ins Parlament wählen und ist fleißig wie ein Deutscher, was seine Kollegen befremdet. – Was wird daraus werden?

Von allen Krippen wurde der Mohrenkönig behördlich entfernt.

Rarer Vogel: ein Emigrant, der sich seines früheren Wohlstandes schämt.

Auf seiner Bitterkeit baut er Zuckerrohr an und verkauft die verdächtige Ernte zu Höchstpreisen.

Die Familie stellte sich um sie auf, dicht wie eine Klagemeute, preßte sich an sie, bis sie den Geist aufgab und sang ihre letzten Worte.

John Aubrey, der Menschen im 17. Jahrhundert so sah, wie der gerissenste Dichter heute. Er verzeichnete sie in kurzen Sätzen, ließ nichts aus und fügte nichts hinzu. Er verzeichnete alle, von denen er etwas wußte. Er maßte sich nicht an, sie gut oder schlecht zu finden, es gab ohnehin zuviel Prediger. Über den einen bringt er nicht mehr als einen Satz in Erfahrung, über Hobbes, seinen Freund, hinterläßt er auf zwanzig Seiten das intimste Porträt eines Philosophen, das sich in der Weltliteratur findet.

In seiner schwerleserlichen Schrift bleibt es alles ungeordnet liegen, und als es nach Jahrhunderten endlich entziffert und herausgegeben wurde, war es immer noch seiner Zeit voraus, die Menschen, wie er sie sah, sind erst heute am Leben.

1963

Ich nenne ihn P., den praktischen Pfau, und will eine Weile alles mit *seinen* Augen sehen.

P. will alle Friedhöfe einebnen, sie nehmen zuviel Platz weg.

P. will alle Register zerstören, damit man nicht weiß, wer früher gelebt hat.

P. schafft den Geschichtsunterricht ab.

P. ist sich nicht schlüssig darüber, was mit Familiennamen geschehen soll, sie halten den Gedanken an Väter, Großväter und ähnliche Tote wach.

P. hat nichts gegen Erbschaften, es geht um nützliche Dinge, aber sie sollen nicht an den Namen früherer Besitzer geknüpft sein.

P. geht noch weiter als der chinesische Philosoph Mo-Tse: er ist gegen Begräbnisse überhaupt und nicht bloß gegen den Aufwand, der damit getrieben wird.

P. will die Erde für die Lebenden, weg mit den Toten, selbst der kahle Mond ist ihm zu gut für sie, aber als Übergang könnte man ihn statt eines Friedhofs verwenden. Alles, was tot ist, wird von Zeit zu Zeit auf den Mond geschossen. Der Mond als Kehrichthaufen und Friedhof. Monumente? Wozu? Sie verstellen Plätze und Straßen. P. haßt die Toten, den Platz, den sie einnehmen, überall machen sie sich breit.

P. hat nur junge Geliebte. Beim ersten Zeichen der Erschlaffung schickt er sie weg.

P. sagt: »Treue? Treue ist gefährlich, sie endet bei den Toten.«

P. geht wo er kann, mit gutem Beispiel voran und erfindet haarsträubende Pietätlosigkeiten.

P. zensuriert eine Zeitung: *so* müßte sie sein. Keine Todesanzeigen. Keine Nekrologe.

P., der sehr reich ist, kauft alle Mumien auf und vernichtet sie öffentlich und eigenhändig.

P. ist aber nicht fürs Töten, er ist nur für das Töten der Toten.

P. schreibt die Bibel für seine modernen Zwecke um. Er interessiert sich auch für andere heilige Bücher und reinigt sie alle in seinem Sinn.

P. kleidet sich so, daß er nie an Tote erinnert.

P. erlaubt sich keine Gegenstände in seiner Wohnung, deren Herkunft von Toten bekannt ist.

P. zerstört alle Briefe und Bilder von Menschen, die gestorben sind, noch in derselben Stunde.

P. erfindet eine wirksame Kunst des Vergessens.

P. besucht Kranke nur, wenn sie wieder gesund sind. Für Sterbende gibt es heimliche Orte, die niemand kennt, oder Beauftragte, die damit zu tun haben.

P. meint, daß wir mit den Tieren richtig umgehen. Nur die Umstände mit toten Haustieren lehnt er ab und bekämpft sie.

P. fordert eine Umerziehung der Ärzte.

P.'s besonderes Gebet. Es gibt Züge an Gott, die er billigt. Christus hält er für einen Schwindler.

P. *geht* anders, so als kenne er keine Toten.

P. ist überzeugt davon, daß wir durch den Anblick eines Toten für immer verseucht sind und nie mehr davon genesen.

P. behauptet, daß er nie altern wird, weil er von Toten keine Notiz nimmt.

Die prästabilierte Harmonie der Vernichtung.

Nach jeder Runde tauschten die Völker ihre Namen.

Es war nicht möglich mit dem Wechsel Schritt zu halten. Wohl siegte immer jemand, aber man wußte nicht, wer es war.

Es wäre um ihn geschehen gewesen, hätte er nicht Swift vor Schiller gelesen.

Die Götter, die uns noch von unter Vitrinen schikanieren.

Wenn die Bakairi mit ihrem Häuptling unzufrieden sind, verlassen sie das Dorf und bitten ihn, doch allein zu regieren.

(Von den Steinen)

Man will besser werden, sagt man, man will es nur leichter haben.

Viele jämmerliche Regungen: nimm sie nicht zu ernst, sie wechseln; die guten aber sind dieselben.

Am unerträglichsten wäre ein Gott, der so wäre, wie man ihn sich wünscht.

Das Schwerste: sich aus einem Leben lösen, in das man ganz eingetreten ist. Sich den vielen Namen darin wieder entwinden, die einen gar nichts angehen. Die geraubte Luft ausatmen, da sie schal geworden ist. Die Hände endlich öffnen, die das Falsche festgehalten haben.

Wieviel kann eine Liebe von der anderen wegwaschen? Die Täuschung der Treue.

Verbote, seine Inspirationen.

Ein Mensch findet einen anderen, den er nie gekannt hat, nach dreißigjähriger Suche. Er erkennt ihn sofort. Auch der Gesuchte erkennt den Sucher. Die Raserei des Erkennens zwingt sie, einander zu töten.

Immer wenn er zu weit geht, ist er nicht weit genug gegangen.

Das Allerschwerste aber ist es, andere mit dem zu verschonen, was man an sich selber aussetzt.

Ein Heiliger ist einer, dem es gelungen ist, alle moralische Qual gegen sich selbst zu richten.

Der Weise aber sollte einer sein, der auch sich selbst nicht mehr quält. Er weiß, daß es keine Vollkommenheit gibt und die Leidenschaft dafür hat ihn verlassen.

Das Jahr, in dem der See gefror, das Jahr, in dem der Tod sich an ihm rächte.

Wenn der Geschlagene sich am Boden krümmt, nichts mehr weiß und nur eines will: die Wiederkehr dieser Toten, wenn er bereit ist, für dieses Eine alle Lebenden herzugeben, dann erst, dann, faßt er, daß der Tod ihn vernichtet hat und es wäre ihm besser, er wäre nie geboren.

Sag es oft, sag es dir wieder, es ist das Einzige, was dich hält. Diese Wiederholung, diese rabiate, unablässige Wiederholung ist der Zoll der Trauer an das Leben. In der Wiederholung der Klage schleicht es sich wieder ein. Die Schweigenden ertragen zuviel – oder verstummen sie schon, bevor sie ermessen können, was sie ertragen?

Es ist kein Spiel, denn es läßt nichts außerhalb. Es ist ein Spiel, denn es spaltet dich, um sich zu sagen.

Es macht dich nicht besser, denn du suchst die Schuld in dir, aber du beschuldigst jeden.

Schwarze Wolke, verlaß mich jetzt nicht. Bleib über mir, daß mein Alter nicht schal wird, bleib in mir, Gift des Grams, daß ich nicht der sterbenden Menschen vergesse.

Die Ungebrochenen, wie machen sie's? Die Unerschütterten, woraus bestehen sie? Wenn es vorbei ist, was atmen sie? Wenn es still ist, was hören sie? Wenn das Gefällte nicht mehr aufsteht, wie gehen sie? Wo finden sie ein Wort? Welcher Wind weht ihnen über die Wimpern? Wer öffnet für sie das tote Ohr? Wer haucht den vereisten Namen? Wenn die Sonne der Augen erlischt, wo finden sie Licht?

Man kennt den Menschen, der einem gestorben ist, alle Lebenden verkennt man.

Sein schwarzes Auge, das vom Tode gespeist wird.

Nun ist alles dunkel, aber die Erinnerung dampft.

Die Knoten des Daseins sind dort, wo man sich einen Toten aus den Augen der Lebenden zurückholt. Aber man will, daß diese es *wissen*, man schenkt's ihnen nicht. Man ist unsäglich geizig mit den Toten.

Es könnte sein, daß nur der Unglücklichste eines Glücks wahrhaft fähig ist, und beinahe sähe sich das an wie Gerechtigkeit, – aber dann gibt es die Toten und es scheint, daß sie dazu schweigen.

1964

Gesellschaften

Eine Gesellschaft, in der die Menschen nach Belieben alt oder jung sein können und immer damit abwechseln.

Eine Gesellschaft, in der alle Menschen stehend schlafen, mitten auf der Straße und ohne daß irgend etwas sie stört.

Eine Gesellschaft, in der es ein einziges Auge gibt, es macht unaufhörlich die Runde. Alle wollen dasselbe sehen, sie sehen es.

Eine Gesellschaft, in der die Menschen ein einziges Mal im Leben weinen. Sie sparen sehr damit, und wenn es vorbei ist, freuen sie sich auf nichts und sind matt und alt geworden.

Eine Gesellschaft, in der jeder Mensch gemalt wird und zu seinem Bilde betet.

Eine Gesellschaft, in der die Menschen plötzlich verschwinden, aber man weiß nicht, daß sie tot sind, es gibt keinen Tod, es gibt kein Wort dafür, sie sind es zufrieden.

Eine Gesellschaft, in der Menschen lachen, statt zu essen.

Eine Gesellschaft, in der nie mehr als zwei Menschen beieinanderstehen, alles andere ist undenkbar und unerträglich. Wenn ein Dritter sich nähert, fahren die Zwei, von Ekel geschüttelt, auseinander.

Eine Gesellschaft, in der jeder ein Tier zum Sprechen abrichtet, das dann für ihn spricht, aber er verstummt.

Eine Gesellschaft, die nur aus Alten besteht, die in Blindheit immer Ältere zeugen.

Eine Gesellschaft, in der es keinen Kot gibt, alles löst sich im

Leibe auf. Es sind Leute ohne Schuldgefühle, lächelnd und fressend.

Eine Gesellschaft, in der die Guten stinken und jeder ihnen ausweicht. Doch aus der Ferne werden sie bewundert.

Eine Gesellschaft, in der niemand allein stirbt. Tausend tun sich zusammen, von selber, und werden öffentlich hingerichtet, ihr Fest.

Eine Gesellschaft, in der jeder offen nur zum andern Geschlecht spricht, Männer zu Frauen, Frauen zu Männern; aber ein Mann nicht zu einem Mann, eine Frau nicht zu einer Frau, oder nur ganz verstohlen.

Eine Gesellschaft, in der Kinder als Henker dienen, damit kein Großer seine Hand mit Blut besudelt.

Eine Gesellschaft, in der man nur einmal im Jahr atmet.

Wenn es so wäre, daß *alle* das Falsche glauben? Oder wenn es so wäre, daß *jeder* das Gegenteil von dem bewirkt, was er glaubt?

Sieh sie doch an, die starken Fanatiker, die so glauben konnten, daß sie Abertausende damit angesteckt haben! Der christliche Liebesglaube und die Inquisition! Der Gründer des tausendjährigen Reichs der Deutschen: ihre Zersplitterung und Verstörung! Der weiße Heiland der Azteken in Gestalt der Spanier, die sie vernichten. Die Absonderung der Juden als auserwähltes Volk und das Ende ihrer Absonderung in den Gaskammern. Der Glaube an den Fortschritt: seine Vollendung in der Atombombe.

Es ist, als wäre jeder Glaube sein eigener Fluch. Müßte man davon ausgehen, um das Rätsel des Glaubens zu lösen?

Er kann nicht bewundern, was ihn beruhigt. Da alles in Unruhe zurückbleibt, wie soll *er* sich in Ruhe retten?

O guter Mensch, wen noch willst du in deinen Bettelsack stecken?

Er fühlt sich geeicht, doch er kennt nicht das Maß.

Es scheint, daß Manche nur mit einem starken Gefühl von Schuld zu lieben vermögen. Ihre Leidenschaft enzündet sich an dem, wofür sie sich schämen; sie wird ihnen zur Zuflucht, wie Gläubigen ihr Gott, nachdem sie gesündigt haben. Ihre Liebe ist für sie immer wieder ihre Läuterung, aber vor einem dauernden Zustand der Geläutertheit schreckt alles in ihnen zurück. Sie wollen sich fürchten und lieben nur den, vor dem ihre Furcht nie erlischt. Wenn er ihnen nichts mehr vorwirft, und sie für gar nichts straft, wenn sie ihn so weit gewonnen haben, daß er's zufrieden ist, erlischt ihre Liebe und alles endet.

Einen Menschen erdenken, der so gut ist, daß Gott ihn beneiden müßte.

In der Liebe gibt es am wenigsten Erbarmen. Es gehört zur Liebe, daß das Kleinste zählt und nichts vergessen wird: diese Vollständigkeit und Genauigkeit macht sie aus. Wenn man sagt: ich will alles, *meint* man alles. Vielleicht wäre hier nur ein Kannibale konsequent. Aber der seelische Kannibalismus ist komplizierter. Auch kommt dazu, daß es sich um *zwei* Kannibalen handelt, die einander gleichzeitig essen.

Manches spricht man bloß aus, um es nicht mehr zu sehr zu glauben.

Im Fegefeuer sprechen die Menschen viel. Sie schweigen in der Hölle.

Er sucht mich, um mir zu sagen, daß seine Bosheit wachgeblieben ist und meint mich mit dieser Mitteilung zu unterhalten. Ich suche ihn, um ihm zu sagen, daß seine Bosheit mich nicht unterhält, ich habe genug zu tun, mich gegen meine eigene zu wehren.

Der Elende, den die Leute bewundern, weil er sich nie vergißt.

Die Kunst besteht darin, sich über einiges nicht zu täuschen: winzige Felsinseln im Meer der Selbsttäuschung. An diese sich zu klammern und nicht zu ertrinken, ist das Äußerste, was ein Mensch zustande bringt.

Der Buddhismus befriedigt mich nicht, weil er zuviel aufgibt. Er erteilt keine Antwort auf den Tod, er umgeht ihn. Das Christentum hat immerhin das Sterben ins Zentrum gerückt: was sonst ist das Kreuz. Es gibt keine indische Lehre, die wirklich vom Tod handelt, denn keine hat sich absolut gegen ihn gestellt: die Wertlosigkeit des Lebens hat den Tod entlastet.

Es wäre erst noch zu sehen, was für ein Glaube im Menschen entsteht, der die *Enormität* des Todes sieht und anerkennt und ihm jeden positiven Sinn abspricht. Die Unbestechlichkeit, die eine solche Anschauung des Todes voraussetzt, hat es noch nie gegeben: der Mensch ist zu schwach und gibt den Kampf auf, bevor er den Entschluß gefaßt hat, ihn zu beginnen.

Alles was man vergessen hat, schreit im Traum um Hilfe.

Von den Vielen, die ihn gekannt haben, werden manche Zeugnis ablegen. Wird es darunter ein einziges erkennbares Zeugnis geben?

Die illusorische Wiedergutmachung gegen Tote: man kann nichts besser machen, sie wissen von nichts. So lebt jeder mit unabsehbaren Schulden weiter und ihre Last wächst und wächst, bis man erstickt. Vielleicht stirbt man an seinen wachsenden Schulden gegen Tote.

Es ist keine Beziehung stärker als die von Zweien, die sich unter der Qual solcher Schulden begegnen. Einer kann zeitweilig die Schuld des anderen tragen, ihn entlasten, für kurz nur, aber selbst diese kurzen Augenblicke des Lastenwechsels können ihnen das Leben retten.

Ich kannte ihn, als er mit gehässigen Fingern über die Straße ging und fauchte. Er war noch jung und es schien ihm, daß er niemand brauche. Die Abneigung, die er gegen die alternden Passanten empfand, teilte sich der Art seiner Fortbewegung mit, er ging sozusagen in Fußtritten. Er beachtete jeden, weil ihm jeder mißfiel. Freunde, das wußte er, und es war sein Glück, Freunde hatte er keine. Es regnete auf alle und es demütigte ihn, daß die anderen ebensolche Tropfen wie er auf ihrer Haut fühlten. An Straßenekken hatte er Hunger. Er suchte sich das bestgenährte Opfer aus und sobald er seiner Wahl sicher war, ließ er es verächtlich wieder laufen. Denn eines hätte er nicht vermocht, sich die Finger durch die Berührung eines anderen Menschen zu beschmutzen. In Gedanken aber wischte er sich die Hände immer ab, und dazu schienen ihm Passanten in einiger Entfernung von ihm geeignet. Ich sah ihn zu verschiedenen Tageszeiten, er änderte sich nie, Einflüssen und Stimmungen war er unzugänglich. Er wurde zu einer Art von fauchendem Ornament, wenn er fehlte, erschienen die Straßen chaotisch.

1965

Er möchte ganz von vorn beginnen. Wo ist vorn?

Der sich alles vorstellt, damit es nicht geschieht.

Die Integrität des Menschen besteht darin, daß er sich in jedem Augenblick sagen darf, was er denkt.

Seine Erkenntnisse erscheinen ihm immer dann suspekt, wenn es ihm gelungen ist, sie vor jemand überzeugend zu verteidigen.

Es wäre die Frage, was einer kann, der nicht bereit ist, es für etwas Besseres sofort aufs Spiel zu setzen.

Er spricht in *Preisen*. Da gibt es immer etwas zu sagen. Sie gehen hinauf, hinunter, es gibt auch Preise in anderen Ländern. Er reist viel und berichtet getreulich von Preisen. In fremden Ländern kann er über die Preise hier berichten. Er findet immer Leute, die sich für seine Gespräche interessieren, und wenn er die Sprache nicht kennt, behilft er sich mit Fingern. Er zeigt dann auf einen Gegenstand, macht eine eindrucksvolle Pause und spielt den Preis in der Heimat auf seinen Händen vor.

Ein unerschöpflicher Mensch. Es ist furchtbar, wenn er schweigt. Aber man kann sicher sein, daß er auch dann eine Preisliste memoriert.

Ich kannte ihn noch, als er klein war und Preise stehlen ging. Er lief ganz rasch davon und niemand konnte ihn erwischen. Er war ein pfiffiges Bürschchen und schlich sich bei allen Preisen ein. Die Schule schwänzte er, sonst wäre nichts aus ihm geworden. Eine Zeitlang trug er sich mit dem Gedanken, nach Amerika auszuwandern. Aber dann kam er bald darauf, daß es in Europa mehr Währungen und mehr Preise gibt. Er blieb und hat es nie bereut. Inflationen kamen ihm zu Hilfe, er wurde ein großer Mann. Täglich macht er im Quartier seinen kleinen Spaziergang und pfeift leise Preise vor sich hin.

Man möchte etwas so sagen, daß es ein für allemal gesagt ist, selbst wenn man später das Gegenteil zu sagen hätte.

Man preßt sich an den Menschen, den man liebt, als wäre er der Weltkristall.

Man verwindet nichts und liebt umso mehr.

Am schwersten zu verzeihen sind *Übergriffe*. Sie überspringen das Heiligste, das zugleich das Empfindlichste ist: Nähe.

Wie man die Beteuerung braucht in der Liebe, und wie man sie fürchtet, als *verbrauche* sie etwas, das ohne sie länger am Leben bliebe.

Diese rätselhafte Verfallenheit an Schönheit, selbst bei ganz rohen Menschen, – was ist sie anderes als der Rest der alten Vielgötterei? Es bleibt aber merkwürdig, wie sich auch der Häßlichste und Geringste dem Schönsten zu nähern wagt, als käme es ihm zu, als sei es ihm verheißen.

Es ist wahrscheinlich, daß es, dank der Vermischung aller Kulturen, heute mehr schöne Menschen gibt als je. Sie sind die Überbleibsel der verschollenen Götter. Alle Annäherungen an diese, meist mißlungen, sind in schönen Menschen erhalten geblieben.

Durch Kitsch glaubt er sich vor seiner Zukunft zu schützen. Es gibt seligen und unseligen Kitsch. Er verläßt sich auf den unseligen.

Es scheint, daß man nicht ein ganzes Leben lang *streng* sein kann. Es scheint, daß sich etwas in einem rächt, und man wird wie jeder. Aber eben indem man wie jeder wird, entsteht die Überheblichkeit der Liebe.

Sie hat Fleisch so gern, daß sie im Tod von Raubvögeln zerrissen werden möchte.

Die Geschichte eines Mannes, der den Tod seiner nächsten Angehörigen vor allen verheimlicht.

Schämt er sich ihres Todes? Und wie gelingt es ihm, ihn allen vorzuenthalten? Holt er sich ihr Leben bei allen zurück, die nichts von ihrem Tode wissen? Wo ist sie? Ist sie bei ihm? In welcher Form? Er pflegt sie, kleidet sie, gibt ihr zu essen. Aber sie kann nie die Wohnung verlassen, und nie reist er, nie entfernt er sich für mehr als wenige Stunden von ihr.

Er empfängt keine Besuche. Sie wolle niemanden sehen. Sie sei sonderbar geworden und vertrage niemanden. Aber manchmal am Telefon spricht er wie sie und schreibt auch alle ihre Briefe.

So lebt er für beide, er *wird* zu beiden. Er erzählt ihr alles, er liest ihr vor. Er bespricht mit ihr wie früher, was er tun soll, und ärgert sich manchmal über ihre Verstocktheit. Aber schließlich gelingt es ihm immer, sie zu einer Antwort zu bewegen.

Sie ist sehr traurig, weil sie niemanden sieht, und er muß sie trösten und aufheitern.

Er, mit einem solchen Geheimnis, wird zum sonderbarsten Menschen der Welt, der alle begreifen muß, damit sie ihn nicht begreifen.

Die Rechenschaften verbrennen, wenn sie ihren Dienst getan haben? Und wenn du mitverbrennst?

Wie schön die Großmut wäre, wenn sie nur anders hieße!

Man wird kein Wort, das gefährlich geworden ist, plötzlich los. Man muß sich erst lange plagen, es verkehrt anzuwenden.

Die peinlichste Illusion der psychoanalytischen Behandlung ist das ewige Anhören des Patienten. Stunden und Stunden verbringt er damit zu sprechen, aber er wird eigentlich gar nicht angehört, nämlich nur auf das hin, was man schon weiß, bevor er den Mund aufgetan hat. Ebensogut könnte er bei jeder Sitzung stumm dagesessen haben. Wäre es nicht so, so hätte sich die ganze Theorie der Psychoanalyse schon längst in nichts aufgelöst. Denn ein einziger Mensch, den man wirklich anhört, bringt einen auf vollkommen neue Gedanken. Die Leistung des Psychoanalytikers besteht also im Widerstand gegen seinen Patienten, der sagen kann, was er will, das Resultat ist wie durch einen unerschütterlichen Schicksalsspruch bereits bekannt und vorweggenommen. Die Pose des Hörens ist Überheblichkeit, nichts weiter. Die Änderungen und Spaltungen der Lehre aber sind den wenigen Augenblicken zu verdanken, in denen einer sich so weit vergaß, doch hinzuhören. Sie sind verschiedenartig, je nach dem Ausmaß dieser ›Verfehlung‹ und der Natur dessen, der sich ›verfehlt‹ hat.

Freud selbst muß noch viel gehört haben, sonst könnte er sich nicht so sehr geirrt und gewandelt haben.

Ekel über ›die göttlichen Kriege‹ – ›les guerres divines‹ des De Maistre. Seine Nützlichkeit besteht in diesem Ekel, den er weckt: was man solange geglaubt und gewollt hat, daß es einem schal erscheint, wird einem durch die Überzeugung, mit der er das Gegenteil vertritt, wieder wichtig.

Er gehört unter die unwillentlichen Satiriker, wie Aristoteles mit seiner Sklaverei oder Nietzsche mit seinem Übermenschen. Er hat den Vorzug einer geladenen und doch unmißverständlichen Sprache. Man begreift, was er verteidigt, so genau, als wäre er darauf aus, es zu töten und zu vernichten. Was eigentlich macht das ›Geladene‹ seiner Sprache aus? Es ist einmal die konzentrierte Sicherheit seines Glaubens, er *weiß*, was er für schlecht hält, es gibt nicht den Schatten eines Zweifels, er gehört zu denen, die Gott totsicher auf ihrer Seite haben, seine Meinung hat immer die Glut des Glaubens und obwohl er argumentiert und mit Gründen operiert, sind sie für ihn selber überflüssig. Er schreibt nie wie ein Theologe und wirkt darum modern, er liest sich immer so, als spräche er aus weltlicher Erfahrung. Er geht aus von der Schlechtigkeit des Menschen, sie ist seine unerschütterliche Überzeugung. Der Macht aber, die diese Schlechtigkeit bändigen soll, gesteht er alles zu, aus dem Henker macht er eine Art von Priester.

Allen Denkern, die von der Schlechtigkeit des Menschen ausgehen, eignet eine ungeheure Überzeugungskraft. Sie klingen erfahren, mutig und wahrhaftig. Sie sehen der Wirklichkeit ins Auge und fürchten sich nicht davor, sie bei ihrem Namen zu nennen. Daß es nie die ganze Wirklichkeit ist, merkt man erst später; und daß es noch mutiger wäre, in dieser selben Wirklichkeit, ohne sie zu verfälschen und zu verschönern, den Keim zu einer anderen zu sehen, die unter veränderten Umständen möglich wäre, gesteht sich nur der, der die Schlechtigkeit noch besser kennt, sie in sich hat, sie in sich sucht, sie in sich findet, ein Dichter.

Die Aufspaltung der Klagemeute in den ›Persern‹ des Äschylos: in die, die stark genug ist, den Toten zurückzuholen, in die, die vergeblich mit dem Überlebenden klagt.

Das eigentliche Drama beginnt mit der Königinwitwe Atossa: *ihr* Traum ist der erste Bote des Unglücks, und bis der eigentliche Bote kommt, ist dieser Traum alles. Dann bringt der Bote in seiner Erzählung die wahre Gestalt des Unglücks. Der Chor, durch sie erregt, wird zur Klagemeute und beschwört in Gegenwart seiner Witwe den obersten Toten. Sein Schuldspruch geht der Erscheinung des Schuldigen voraus, und es ist, als hätte der Tote den Lebenden hergeholt, der Vater den Sohn, der Begründer den Verwüster.

So bestehen die ›Perser‹ aus drei aufeinanderfolgenden Beschwörungen, das Geträumte oder Geschaute führt das Wirkliche herbei. Atossas Traum bringt den Boten; der visionäre Bericht des Boten, – über die Klagemeute, die er erregt –, den ehrwürdigsten Toten; und schließlich dessen Spruch den geschlagenen Sohn.

Zehn oder zwölf ganz junge Menschen um mich, in einem sehr kleinen Raum, an verschiedenen kleinen Tischen, in Gruppen, die einander ganz ungleich sind. Von ihnen bedrängt, schreibe ich hartnäckig weiter. Ihren kalten verächtlichen Blicken kann ich nur die Neugier und Wärme meines Alters entgegensetzen. Sie wollen meinen Tisch, sie besetzen ihn allmählich, sie stoßen rhythmisch an ihn, vielleicht nicht einmal, um mich beim Schreiben zu stören, sondern nur, um ihren Rhythmus in jedem Gegenstand zu fühlen, ihn auf alles zu übertragen, der Tisch ist ein solcher Gegenstand und vielleicht auch ich. Sie sprechen über mich hinweg, sie brüllen mir in die Ohren. Ich halte ihnen stand und versuche meine Gereiztheit nicht merken zu lassen.

Sie wundern sich über meine Geduld, für die sie nur Verachtung haben. Die Starrheit eines menschlichen Körpers, an dem nur ein Bleistift sich bewegt, ist ihnen unbegreiflich. Ich könnte versuchen zu singen, aber es wäre nie ihr Gesang. Ich könnte versuchen zu sprechen, meine Worte wären ihnen Chinesisch. Unter keinen Umständen könnte ich ihnen irgend etwas bedeuten. Meine Neugier, die sie vielleicht spüren, weckt ihren Abscheu. Sie würden mir gern ins Gesicht spucken, wenn einer von ihnen es täte, die andern täten's ihm nach.

Ich halte ihnen bloß stand, weil ich sie belausche. Sie ahnen nicht, daß es Vereinzeltes zu belauschen gibt, sie fühlen sich hier als ein Allgemeines. Ihre Mädchen sind ihnen ergeben. Gefällt mir etwa eine von ihnen? Ich weiß es nicht, ich weiß nichts. Ich erlebe, was ich als Meute erdacht habe.

1966

Raubtier der Trauer, Mensch.

Die Halluzinationen schwinden und die Wahrheit, schrecklicher, tritt an ihre Stelle.

Für das Leuchten der Stunden nachts geht er tags unter Menschen. Er bittet sie um nichts. Sie bitten ihn um viel. Ihn quälen ihre Gesichter. Es gibt welche darunter, die ihn gern getötet haben. Doch das stört ihn nicht. Er weiß, daß er ihnen nachts entkommen wird. Wenn sie schlafen, wird er frei von ihnen bei der Lampe atmen können.

Sag: es war umsonst. Aber es war nicht umsonst, solange ich's nicht sage.

Die Erfolgreichen angreifen? Überflüssig. Sie haben den Erfolg als Verwesung im Leib.

Die entsetzlichsten Gedanken faßt man ruhig ins Auge und über viel weniger entsetzliche ist man durch nichts zu beruhigen.

Einen Menschen so lange hassen, bis man ihn liebt.

Es müßte eine Instanz geben, die vom Tode freispricht, wenn man alle ihre Fragen redlich beantwortet.

Faszination durch Schlangen. – Weil sie taub sind? Weil sie ihr Gift sozusagen offen, an *einer* Stelle nämlich haben? Aber es faszinieren auch die, die nicht giftig sind. Weil sie so selten essen? Weil auch sie sich lieben?

Die Geschichte der Schlange, die beim Fang durch Dornen ganz um ihre Haut gebracht wurde: die sich rosig nackt unter lachenden Eingeborenen wand, und die Scheu des Fängers, der ihre Erniedrigung nicht ertrug und sie beiseite schaffte.

Tiere sind schon darum merkwürdiger als wir, weil sie ebenso viel erleben, es aber nicht sagen können. Ein sprechendes Tier wäre nicht mehr als ein Mensch.

Renntier schießt Mann. ›Ein Renntier namens Rudolf, das den Schlitten von drei Jägern zog, schoß einen von ihnen ins Bein. Rudolf verfing sich mit seinen Hörnern in ein Gewehr und zog den Hahn.‹

Wann werden alle Tiere schießen lernen? Wann wird es für jeden Jäger gefährlich werden zu schießen? Wann werden Tiere wie Rebellen Gewehre stehlen, beiseite schaffen und sich im Schießen üben? Horntiere hätten es besonders gut, aber auch mit Zehen und mit Zähnen ließe sich auf Jäger schießen. Und wenn unschuldige Menschen dabei zu Schaden kämen? Aber wieviel unschuldige Tiere . . .!

Die neuen, die eigentlichen Entdeckungen an Tieren sind nur darum möglich, weil uns unser Hochmut als Gottsöberste gründlich vergangen ist. Es stellt sich heraus, daß wir eher die Gottsuntersten, nämlich Gottes Henker in seiner Welt sind.

Gesetzgeber, die es alles genau vormachen müssen.

›Die orientalischen Kirchenväter behaupteten, Christus sei häßlicher als je ein Mensch gewesen. Denn um die Menschheit zu erlösen, habe er alle Sünden Adams und selbst dessen physische Schönheitsmängel auf sich genommen.‹

Herzen als Pokale, aus denen man trinkt. Man kann sie aus der Brust nehmen und den anderen zum Trinken hinhalten. Man kann sein Herz einem anderen verpfänden, indem man es ihm einsetzt. Wer liebt, läuft mit einem fremden Herzen herum. Wer stirbt, nimmt das Herz eines anderen mit ins Grab und sein eigenes lebt in jenem weiter.

Ein- und derselbe Mensch dient Vielen als Überlebter.

Er hat die Wenigen gern und deklamiert immer von den Vielen.

Sag nicht: da war ich. Sag immer: da war ich nie.

Ich bin nicht entstanden. Soviel Worte, soviel Lärm, und ich bin noch immer nicht entstanden.

Es gibt lächerliche Schwätzer. Es gibt auch lächerliche Schweiger.

Die *ungezählten* Tage sind das Glück des Lebens und die gezählten Jahre seine Vernunft.

Wäre das die eigentliche Wirkung von Erbarmen, daß es Schuld in dem, dessen man sich erbarmt, zu Irrtum abwandelt?

Ein nützlicher Beruf allein, wie der eines Arztes, genügt nicht, um einen Dichter vor Selbstüberhebung zu schützen. Denn der Ekel vor dem Erlebten, anfangs fruchtbar, nährt als Gegensatz zu sich eine Art Hoheit der eigenen Person, der es gelingt, ihn zu überstehen. Der Dichter, der dem Ekel widerstanden hat, wird sich zum Selbstzweck.

Es gibt nur auserwählte Völker: alle, die noch bestehen.

Berge als blaue Himmelslinie in der Ferne. Zarter, ungreifbarer Hochmut.

Sie sangen so laut, man hörte sie von weitem. Sie hatten einen Kreis gebildet, dort wo der Verkehr am dichtesten war, standen zwanzig von ihnen in einem großen Kreis und sangen wie aus einem Munde. Manche waren in Uniform, andere in Arbeitskitteln oder Straßenanzügen. Die Frauen unter ihnen sahen wie Männer aus, doch trugen sie keine Hosen. Ihre Stimmen schmetterten wie Trompeten. Jedes Lied hatte mehrere Strophen, und wenn eines zu Ende war, fing gleich ein anderes an, ohne daß sie sich erst darüber besprachen. Alle hatten sehr rote Gesichter. ›Das macht die Anstrengung, oder sind sie so gesund?‹ Die Passanten machten sich eng und drückten sich an ihnen vorbei, die meisten hatten es eilig und mochten sie nicht stören. Aber einige blieben stehen und bewunderten sie. Diesen zuckten die Lippen und sie hätten gern gesungen. ›Warum tun wir es nicht. Warum singen wir nicht mit. Wir können eben nicht so schön singen.‹ Die Wagen, die dicht an ihnen vorbeifuhren, hüteten sich zu hupen. Ein Polizist, der in wenig Meter Entfernung den Verkehr regelte, verlegte seinen Standort und brachte es fertig, den Verkehr an einer anderen Stelle zu regeln. Seine Uniform war nicht die ihre und er war allein. Er hätte sich ihnen nicht ungern angeschlossen. Zwei Hunde an der Leine heulten laut und drängten in den Kreis der Sänger. Ein Herr, eine Herrin hielten sie mit Mühe zurück und verboten ihnen zu heulen.

Jeder der Sänger hatte einen weißen Stock und wenn der Jubel des Gesanges übermächtig wurde, hielt er ihn ekstatisch in die Höhe. Das fuchtelte in der Luft und streckte sich hoch und schlug begeistert ineinander. Es war nicht so geregelt wie der Gesang, es ging in alle Richtungen und holperte ungeschickt gegen ein himmlisches Pflaster. Dann schwoll der Jubel wieder ab, die Stöcke senkten sich und stellten sich bescheiden auf den Boden. Zwischen einem Lied und dem anderen hörte man rasch das Bellen der unstillbaren Hunde. Eine Hupe, die sich vergessen hatte, brach eiligst ab, als der neue Gesang ertönte. Die Worte waren so stark, daß man sie schwer verstand, und nur eines, das häufig wiederkehrte, war gleich erkennbar. Es kam in jeder Strophe vor und bezeichnete das höchste Wesen. Allmählich wurden auch die anderen Worte deutlich. Sie banden sich an das eine, um das es ging und kleideten es in grelle Farben.

Von den Sängern hatten einige die Augen geschlossen und öffneten sie auch in der größten Anstrengung nicht. Andere, die sie weit geöffnet hielten, starrten ausdruckslos in eine immer gleiche Richtung. Doch keiner verwendete die Augen, wie man es von Sängern gewöhnt ist. Sie sangen so stürmisch, weil sie nichts sehen konnten. Sie hörten nie auf, weil sie nirgends hin wollten. Alle waren blind und dankten Gott und sangen von ihren Sünden.

Zu den lästigen Beschwichtigungsworten des englischen Lebens gehört ›Relax!‹ Ich stelle mir dabei jemand vor, der zu Shakespeare ›Relax!‹ sagt.

Es ist der Trieb eines Dichters, die Menschen, die er liebt, um das zu betrügen, was sie von jedem anderen bekämen. Was *er* ihnen gibt, soll nur *er* geben können. Sie aber, auch wenn sie's nicht wissen, sehnen sich nach der Nahrung des gewöhnlichsten Lebens und müssen ihn schließlich für deren Entziehung bitter hassen. Er kann nicht aufhören, sie verzweifelt zu bereden, daß es auf anderes ankommt, und solange *er* bestimmt, was es sein soll, ist er's zufrieden.

Nichts tut er selbst. Er denkt sich aus, was andere tun und läßt sich von ihnen Bericht erstatten.

Askese ohne Gestank, was ist das für eine Askese?

Das Wunder menschlichen Überlebens: noch mehr ein Wunder, da diese armseligen Geschöpfe sich nachts durch Schnarchen Raubtieren verrieten. Die einzigen wildlebenden Tiere, die schnarchen wie wir, sind Menschenaffen.

Darf ein Mensch, der nichts mehr lernt, noch Verantwortung fühlen?

Kirke, die alle Männer in Zeitungen verwandelt.

Der Mensch, das Tier, das sich merkt, was es mordet.

Einmal in jedem Monat sei bei ihnen von der See ein Dämon aus dem Volk der Geister erschienen, der ausgesehen habe wie *ein Schiff voller Lampen*. Als ich hinschaute, sah ich zu meinem Erstaunen etwas wie ein großes Schiff, das anscheinend voller Lampen und Fackeln war. Da sagten sie: ›Dies ist der Dämon . . .‹. (Ibn Battuta auf den Malediven).

Er entlief der Binsen-Gegenwart in jede alte Lüge.

Einer wird durch bestimmte *Worte* älter.

Die Grundbeziehungen *heute* finden, wie jene fünf bei Konfuzius.

Er *zimmert* Gedanken. Sie müssen eckig sein.

Eine Figur, die so lange spricht, bis sie träumt.

Theophrast: So ist doch alles schon bei den Griechen da, selbst die Charaktere der späteren schlechten Lustspiele.

Die Blicksammlerin: sie legt Wert darauf, daß nicht ein einziger Blick, der ihr gilt, ihr entgeht, und für jeden dankt sie. Sie bekommt sehr viele und verwaltet sie über die Wochen und Jahre. Sie legt sie als kleine, separate Kapitalien an, vermischt sie nie, weiß immer, wo neue sicher zu erwarten sind und verzinst sie auf ihre Weise. Ihre Unternehmungen breiten sich allmählich über viele Länder aus, es gibt Blicke, denen sie nachreist.

Sie weigert sich, einen Verwalter anzustellen und macht alles allein.

Eine erfundene Jugend, die im Alter wahr wird.

Ein Schmeichler, der zu seinem Entsetzen erlebt, wie alle Menschen zu dem werden, was er ihnen vormacht.

Spring-Geld, wie Flöhe.

Eine Frau, der es nicht gelingt, den Mann, den sie liebt, eifersüchtig zu machen. Je mehr sie ihn zu verwirren sucht, umso sicherer glaubt er an sie. Sie versucht alles, ihr Bild bei ihm anzuschwärzen, für ihn leuchtet es immer reiner. Sie bestellt Menschen, die ihm die schrecklichsten Dinge über sie erzählen. Er hört es und lacht. Er ist nicht einmal empört. Er hört es, als wäre von jemand anderm die Rede.

Seine Unerschütterlichkeit quält sie mehr und mehr und sie beginnt Dinge zu tun, die ihr zuwider sind, um ihr Bild zu verwüsten.

Sie berät sich mit seinem besten Feind, der ihr eingibt, wo der Geliebte am verletzlichsten wäre. Die Wirkung ist, daß dieser sich mit seinem Feinde versöhnt. Alles, was in ihre Nähe gerät, wird ihm schön und teuer.

Es ist nicht abzusehen, wie die Sache endet.

Ohren zum Weghören, Ohren zum Fliegen, Ohren zum Gehorchen.

Zwerg-Helikopter, die auf Glatzen landen.

Der Richter sitzt am Boden, alle anderen stehen um ihn, die Angeklagten hängen von der Decke herunter. Der Urteilsspruch wird geflüstert. Bei Freispruch wird der Angeklagte von der Decke heruntergelassen und unter die Stehenden aufgenommen. Der Verurteilte aber wird neben den Richter gesetzt und reibt seine Wange an seiner. Dann küßt ihn der Richter auf die Augen, die er nie mehr öffnen darf: seine Strafe.

Die Ergriffenheit aus den Namen zurückholen.

Wofür die unsäglichen Opfer, das Blut der Tiere, die Qual und Schuld, – dafür, daß wir auch sterben?

Elend, der weiß. Wie elend müßte Gott sein, allwissend.

Auch Goethe wurde der Todeskampf nicht erspart. Doch hängt man ihm noch einige ruhige Stunden an, damit es schöner und seinen Gewohnheiten gemäßer wirke.

Ein letzter Wunsch, der um die Erde kreist und sich in Jahrtausenden nicht verändert.

Wolken statt Gedanken, sie bilden sich zu Häupten der Denkenden, der Wind treibt sie fort und sie ergießen sich in gedankenarmen Ländern.

Straßen, die Schmerz empfinden. Man lernt es, ihre Gefühle zu schonen.

Bücher, die ihre Leser aussuchen können und sich den meisten unter ihnen verschließen.

Eine Familie, in der keiner den Namen des andern kennt, eine diskrete Familie.

Die Dichterin sagt: Ich habe jede Zeile entliehen. Alle Leihgeber lieben mich. Ich bin berühmt geworden. Es war ganz leicht. Man darf nur, außer entliehenen Zeilen, nie etwas sagen. Schweigen ist mächtig. Wie die Zeilen den Leihgebern schmeicheln! Nie finden sie mich langweilig. Sie leihen mir ihre Bedeutung. Wer die Großmut der Eitelkeit kennt, geht nie fehl.

Ich war auch an einigen Orten. Es waren ausgesuchte Orte, wie die Leute, von denen ich lieh. Alle diese Orte sind meine Biographie. Zuviele dürfen es nicht sein. Es sind berühmte Orte, jeder merkt sie sich leicht. Ihr Ruhm ist in meinen Namen eingegangen.

Ein Denker. Es beginnt damit, daß er alles beiseite schiebt. Was immer ihm gesagt wird, stimmt nicht.

Jemand stellt sich vor und nennt seinen Namen. »Wie sagen Sie?« – »Soundso.« – »Was wollen Sie damit sagen?« – »Ich heiße so.« – »Aber was heißt das?«

Jemand sagt, woher er kommt. »Das bedeutet nichts.« – »Ich bin dort geboren.« – »Woher wissen Sie das?« – »Ich hab's immer gewußt.« – »Waren Sie dabei?« – »Ich muß wohl dabei gewesen sein!« – »Erinnern Sie sich daran?« – »Nein.« – »Woher wissen Sie dann, daß es wahr ist?«

Jemand nennt seinen Vater. »Wo lebt er?« – »Er ist tot.« – »Dann gibt's ihn nicht.« – »Aber er war doch mein Vater.« – »Die Toten gibt's nicht, also gibt's Ihren Vater nicht, also ist er nicht Ihr Vater.«

Jemand erzählt, wo er gestern war. »Wieso wissen Sie das?« – »Ich war dort.« – »Wann?« – »Gestern.« – »Gestern ist nicht mehr. Es gibt nicht gestern. Also waren Sie nirgends.«

1967

Es ist mehr als je in der Welt vorhanden, das sich sagen möchte.

Wer von Anfang an beginnt, gilt als stolzer Geist. Er ist nur mißtrauischer.

Zu viel Menschen, sagen die, die keinen einzigen kennen; zu wenig, sagt der, der sie zu kennen beginnt.

An der indischen Philosophie peinigt der Hochmut der Erlösung. Wie wagt es ein Mensch, der um andere weiß, an Erlösung für sich zu denken? Selbst wenn es möglich wäre, sie zu erlangen, hätte er dadurch die andern verloren, die die einzige wahre Erlösung wären.

Diese Leute, die lächelnd für den Tod einen Todestrieb ins Treffen führen. Was haben sie damit mehr gesagt, als daß der Widerstand gegen ihn auf alle Fälle zu gering ist?

Den Menschen ganz und gar auslassen: Mathematik. – Die Folgen.

Ein Himmel belebt von Weltraum-Idioten. Gähnen der Sterne.

Als die neuen Götter erscheinen die, denen es gelingt, die Erde zu verlassen. Es sollten die sein, die nicht sterben können.

Schon reichen die Ohren bis zu den Antipoden. Wenn die Finger so weit sind, wird niemand mehr wissen, in wen er sich vernarrt.

Der eine Ehrgeiz, der immer legitim ist, Menschen länger am Leben zu erhalten, hat sich zu einem Beruf spezialisiert, von dem Leute sich nähren: Ärzte. Diese selben Leute sehen die meisten Tode und gewöhnen sich noch mehr daran als andere. An ihren Berufsunfällen wird sogar ihr Ehrgeiz schal. Sie, die von jeher das Meiste gegen die religiöse Ergebenheit in den Tod getan haben, nehmen ihn schließlich als natürlich hin. Man müßte sich Ärzte wünschen, die aus ihrer Tätigkeit eine neue Gesinnung schöpfen: einen unerschütterlichen Trotz gegen den Tod, den sie immer mehr verabscheuen, je öfter sie ihn mitangesehen haben. Ihre Niederlagen wären die Nahrung eines neuen Glaubens.

Ein Schmerz, so groß, daß man ihn nicht mehr auf sich bezieht.

Pascal greift mir bis ins Mark. Die Mathematik im Stande der Unschuld. Und schon büßt sie.

Jeder Alte sieht sich als eine Summe gelungener Listen. Jeder Junge empfindet sich als Ursprung der Welt.

Einen Fluß in seine Bäche zerlegen. Einen Menschen verstehen.

In jeder Familie, die nicht die eigene ist, erstickt man. In der eigenen erstickt man auch, aber man merkt's nicht.

Wie werden diese vielen Menschen sein, wie viel Luft bleibt jedem, werden sie lernen, ohne Nahrung auszukommen? Werden sie die Atmosphäre bewohnen und in vielen Etagen das Innere der Erde? Werden sie auf Bewegung verzichten und nur noch meditieren? Nichts mehr riechen? Flüstern? Leuchten?

Ein unbekannter Gott, im Mars verborgen, wartet schlaflos auf uns, um sich endlich, nach unserer Landung, zur Ruhe zu legen.

Die Besonderheit *Robert Walsers* als Dichter besteht darin, daß er seine Motive nie ausspricht. Er ist der verdeckteste aller Dichter. Immer geht es ihm gut, immer ist er von allem entzückt. Aber seine Schwärmerei ist kalt, da sie einen Teil seiner Person ausläßt, und darum ist sie auch unheimlich. Alles wird ihm zu *äußerer* Natur und das Eigentliche an ihr, das Innerste, die Angst, leugnet er ein ganzes Leben.

Erst später bilden sich die Stimmen heraus, die sich für alles Verheimlichte an ihm rächen.

Seine Dichtung ist ein unablässiger Versuch, die Angst zu verschweigen. Er entkommt überall, bevor zuviel Angst in ihm ist – sein streifendes Leben –, und verwandelt sich, zu seiner Rettung, oft ins Dienende und Kleine. Seine tiefe und instinktive Abneigung vor allem ›Hohen‹, vor allem, was Rang und Anspruch hat, macht ihn zu einem wesentlichen Dichter unserer Zeit, die an Macht erstickt. Man scheut davor zurück, ihn nach dem üblichen Sprachgebrauch einen ›großen‹ Dichter zu nennen, nichts ist ihm so zuwider wie das ›Große‹. Es ist nur der *Glanz* der Größe, dem er sich unterwirft, nicht sein Anspruch. Seine Lust ist die Betrachtung des Glanzes, ohne an ihm Teil zu haben. Man kann ihn nicht lesen, ohne sich für alles zu schämen, was einem im äußeren Leben wichtig war und so ist er ein eigener Heiliger, nicht einer nach überlebten und entleerten Vorschriften.

Seine Erfahrung mit dem ›Kampf ums Dasein‹ führt ihn in die einzige Sphäre, wo dieser nicht mehr besteht, ins Irrenhaus, das Kloster der Moderne.

Jeder Dichter, der es zu einem Namen gebracht hat und ihn behauptet, weiß sehr wohl, daß er's eben darum nicht mehr ist, denn er verwaltet Positionen wie irgendein Bürger. Aber er hat solche gekannt, die so sehr nur Dichter waren, daß ihnen gerade das nicht gelingen konnte. Sie enden erloschen und erstickt und haben die Wahl, allen lästig als Bettler oder im Irrenhaus zu leben. Der Geltende, der weiß, daß sie reiner waren als er, erträgt es schwer, sie für längere Zeit in seiner Nähe zu haben, ist aber gern dazu bereit, sie im Irrenhaus zu verehren. Sie sind seine abgespaltenen Wunden und vegetieren als solche weiter. Es ist erhebend, die Wunden zu betrachten und zu kennen, wenn man sie nur an sich selber nicht mehr fühlt.

Das Peinigende des Erfolgs: er wird immer andern weggenommen, und nur die Ahnungslosen, die Beschränkten, die sich nicht sagen, daß es unter den Beraubten immer Bessere gab als sie selbst, vermögen ihn zu genießen.

Das Ansehen, das die Dichter von ihren Märtyrern beziehen: von Hölderlin, Kleist, Walser. So bilden sie mit all ihrem Anspruch auf Freiheit, Weite und Erfindung, nichts als eine Sekte.

Ich habe es satt, auf dem hohen Roß dieses Dichteranspruchs zu reiten. Ich bin noch nicht einmal ein Mensch.

»Ich kann nur in den untern Regionen atmen.« Dieser Satz von Robert Walser wäre das Losungswort der Dichter. Aber die Höflinge sagen ihn nicht und die Ruhm gewonnen haben, wagen es nicht mehr, ihn zu denken. »Könnten Sie nicht ein wenig vergessen, berühmt zu sein?« sagte er zu Hofmannsthal, und niemand hat das Peinliche an den Oberen kraftvoller bezeichnet.

Ich frage mich, ob es unter denen, die ihr gemächliches, sicheres, schnurgerades akademisches Leben auf das eines Dichters bauen, der in Elend und Verzweiflung gelebt hat, *einen* gibt, der sich schämt.

Jeder Dichter möchte den andern in die Vergangenheit verdrängen und dort bedauern.

Einer, der Menschen bis in ihre Zukunft kennt und darum keinen fürchtet.

Die tödliche Langeweile, die von denen ausgeht, die Recht haben und es wissen. Der wirklich Kluge versteckt sein Recht.

Es vermochte keiner mehr allein zu gehen, die Menschheit bewegte sich kreuz und quer in ungeheuren Schlangen.

Die tanzende Hinterlassenschaft. Der brennende Dornbusch bengalisch.

Hohe Treppenpersönlichkeiten, zu Fenstern hinaus betend.

Er erkannte mich von weitem. Ich hatte ihn lange nicht gesehen. Er sagte: »Du bist unverändert.« Ich sagte: »Du bist nicht zu erkennen.« Er beneidete mich. Ich beneidete ihn. »Dann tauschen wir doch die Rollen«, schlugen wir aus einem Munde vor. Jetzt kenne ich ihn von weitem und er hat mich lange nicht gesehen.

Das Unbegreifliche, das jeder hinnimmt, als könne es eine heimliche Rechtfertigung enthalten.

Er ließ die Erben alles holen, was sie sich wünschten, und blieb am Leben.

Sie heiratete ihn, um ihn immer bei sich zu haben. Er heiratete sie, um sie zu vergessen.

Er will niemand beweinen. Aber wie er beweint werden will!

Ich will sterben, sagte sie, und trank zehn Männer herunter.

Die Witwe, die hier dunkel gekleidet geht, um sich in Spanien in hellen, durchsichtigen Schleiern zu zeigen. Sechs Monate dort und sie kehrt hierher in ihre dunkle Kluft zurück. Sechs Monate hier und sie fährt nach Spanien, sich in ihre Schleier zu entkleiden. Sie braucht beides, sagt sie, sie kann das eine nicht ohne das andre. Ihr Mann war immer so gut zu ihr und hat sich für ihre Schleierzeit vergiftet.

Er hält sich etwas darauf zugute, daß seine Sorge *allen* Menschen gilt, nicht nur den Angehörigen dieses oder jenes Landes. Da der Tod keinen Unterschied zwischen Menschen macht, macht er selbst auch keinen.

Er fragt sich aber, wie ihm zumute wäre, wenn die Erde plötzlich vor einer fremden Invasion stünde. Würde er die Andern, die er nicht kennt, so hassen, wie sich die alten Nationen gehaßt haben, in jener vorsintflutlichen Zeit vor der Atombombe? Würde er sagen: »Vernichtet sie, wie immer sie sind, jedes Mittel ist mir recht, *wir* sind auf alle Fälle die Besten?«

In jeder Erweiterung, über die man frohlockt, ist schon die neue Enge enthalten, an der andere ersticken werden.

Manche Namen trägt man lange mit sich herum und bettet sie in Verehrung. Es kann zwanzig Jahre dauern, bis das, was eigentlich zu ihnen gehört, ihre Substanz, das Werk, sich einem ernsthaft mitteilt. Es geschieht dann in einer Art von Intimität, weil der Name so lange in einem war, man versteht urplötzlich und alles gehört einem zu, es ist kein Widerstand mehr da wie sonst gegen jede größere Erfahrung. Wahrscheinlich ist das Erste, was einem geschieht, immer der Name, aber die unter ihnen, die sich lange aufheben lassen, wirken ganz anders, sie fassen einen *von innen her* zusammen, man kristallisiert sich an ihnen um, sie geben einem Härte und Durchsicht.

Die besten Gedanken, die einem kommen, sind erst fremd und unheimlich, und man muß sie erst vergessen, bevor man auch nur beginnt, sie zu begreifen.

Zum Denken gehört, daß es grausam ist, abgesehen von seinem Inhalt. Es ist der Prozeß selbst, der grausam ist, der Prozeß der Ablösung von allem andern, der Riß, der Ruck, die Schärfe des Schneidens.

Manche erlangen ihre größte Schlechtigkeit im Schweigen.

Die Tobenden nimmt man nie ernst genug. Erst wenn Tausende ihnen nachtoben, horcht man respektvoll auf, aber gerade dann sollte man eisige Kälte für sie haben.

Er sagt nichts, aber wie er es erklärt!

Ein Panoptikum der Paare.

Briefe schreiben für nach dem Tod, auf Jahre hinaus, an alle gerichtet, die man geliebt oder gehaßt hat.

Oder: Eine Art Beichte für nach dem Tod einrichten, ein Geständnis in allmählichen Etappen über Jahre.

Das Ende, wie immer man es beschönigt, ist so sinnlos, daß kein Versuch, die Schöpfung zu erklären, etwas bedeutet, auch nicht die Vorstellung Gottes als eines spielenden Kindes: dem hätte der Spaß schon zu lange gedauert.

In diesen neuen Städten kann man die alten Häuser nur noch in Menschen finden.

Die Dummheit ist weniger interessant geworden, sie verbreitet sich im Nu und ist bei allen dieselbe.

Er will besser werden und übt täglich vorm Frühstück.

Die Fliege, der er kein Haar krümmen könnte, ist inzwischen gestorben.

Ich bin. Ich bin nicht. Das neue Abzählspiel der Menschheit.

Instinktiv fühle ich *Zuneigung* für alle Experimente und ihre Träger. Warum? Weil sie den Trotz haben, sich an einen Anfang zu stellen, als ob nichts vorausgegangen wäre. Weil sie von der Gesinnung getragen sind, daß es wichtig ist, was man selber macht. Weil urplötzlich der einzelne Mensch zählt, irgendeiner, der sich's anmaßt, aber auch auf sich nimmt. Weil sie Eigensinn erfordern und zwei Eigenschaften, die in ihrer Kombination die wichtigsten sind: Widerstand und Geduld.

Instinktiv fühle ich *Mißtrauen* gegen alle Experimentierer. Warum? Weil sie auf Erfolg aus sind und sich durchsetzen wollen. Es zeigt sich oft, daß der Ballast, den sie hinausgeworfen haben, ihnen völlig unbekannt war, sie wollen mit weniger Gepäck, also *leichter* an die Spitze gelangen. Sie akzeptieren jeden Verbündeten, sie zeigen Verständnis für die Machtstruktur der Welt, wie sie sie vorfinden, und benützen wahllos alles, was nicht in die engste Sphäre ihres Experiments reicht, zu dessen Propagierung. Was immer sie ausgelassen haben, um ihr Neues zu gewinnen, ist plötzlich wieder da, als ihre Waffe. Sie leben oft in Cliquen, schaffen Coterien, bedenken, berechnen, verwalten. Der Kontrast zwischen ihrem eigentlichen Anliegen und ihrem Gehaben unter andern ist himmelschreiend. Sie betonen diesen Kontrast, sie müssen ihn betonen, denn jeder ausgleichende Kompromiß zwischen den beiden Aspekten ihrer Existenz würde ihr Experiment als solches aufheben.

Was aber sollen sie tun? Was läßt sich in dieser Welt erwarten? Ihr Experiment will leben, sollen sie verhungern? Zu Märtyrern sind die Wenigsten von ihnen geboren. Ihren Widerstand praktizieren sie auf einem eng begrenzten Gebiet, und es ist sehr wohl möglich, daß der Rest ihrer Person davon in keiner Weise berührt wird. Wenn sie sich mit andern zusammenschließen, so ist es in der

Meinung, daß diese sie verstehen und auf dasselbe aus sind, auch werden sie von ihnen nachgemacht und ihr Widerstand findet darin seine Nahrung.

Was man von ihnen *erwartet*, entspricht einem asketischen Postulat und hat mit dem, was sie Neues versuchen, oft nicht das Geringste zu schaffen. Im Grunde wünscht man sich, daß sie an ihrem Experiment zu Narren werden und schließlich daran scheitern. Später, wenn sie verrückt oder tot sind, also aus dem Wege, mögen dann andre darauf kommen, was sie getan haben und es verwerten. Von diesen Nachahmern braucht man nichts Besonderes zu halten, sie sind Nutznießer des einmal Erdachten, aber das sind wir schließlich alle.

Man wünscht sich also die Reinheit des Experiments, seine Abgetrenntheit und Strenge. Man glaubt ihm nur dann, man will es ohne seine Geschichte. Erfinder und Heilige sind in eine Figur verschmolzen.

Es ist möglich, daß dieses Zwitter-Wunschgebilde ein Monstrum ist, eine Mißgeburt aus der Periode, in der die Religionen zerfallen. Es ist aber auch möglich, daß wir nichts *mehr* brauchen als diese Figur.

Strukturen überall, der Gegentraum gegen die Zerstörung.

Ich habe die Zerstörung nicht in *Rimbaud* gesucht, lächerlich schien es mir, die Zerstörung als literarische Tradition zu züchten, ich fand sie in meiner Zeit, im eigenen Leben, ich habe sie empfunden, geschaut, gewogen, ich habe sie verworfen. Was geht mich die Eitelkeit eines 16jährigen an, wenn die Erde in Stücke birst und meine Menschen sterben?

Als Nietzsche seinen europäischen Geist an Taine in der ›Revue des Deux Mondes‹ nährte, war Rimbaud schon Waffenhändler in Harrar.

Das Wort ›Dichter‹ gefällt mir nicht mehr, ich scheue davor zurück, es zu verwenden.

Weil ich's nicht mehr bin? Das glaube ich nicht wirklich. Weil es nicht mehr alles enthält, was ich von mir verlange? Wahrscheinlich.

Gulliver der Riese wird zu Gulliver dem Zwerg: die Umkehrung als Mittel der Satire.

Der Satiriker ändert die Natur der Strafe. Er bestellt sich selbst zum Richter, aber er hat kein Maß. Sein Gesetz ist Willkür und Übertreibung. Seine Peitsche ist endlos und reicht bis in die entlegensten Mäuselöcher. Da holt er heraus, was ihn nichts angeht, und peitscht, als hätte er sich für eigene Unbill zu rächen. Seine Wirkung liegt in seiner Bedenkenlosigkeit. Er prüft *sich* nie. Sobald er *sich* prüft, ist es um ihn geschehen, seine Arme werden schwach, ihnen entfällt die Peitsche.

Es wäre ganz verfehlt, beim Satiriker Gerechtigkeit zu suchen. Er weiß sehr wohl, was Gerechtigkeit ist, aber er findet sie nie bei anderen, und da er sie nicht findet, usurpiert er sie und handhabt ihre Mittel. Er ist immer ein Tyrann, er muß es sein, sonst degradiert er sich zum Höfling und Schmeichler. Als Tyrann ist er nach Zärtlichkeit ausgehungert und holt sie sich heimlich (Journal to Stella).

Der wahre Satiriker bleibt furchtbar über die Jahrhunderte. Aristophanes, Juvenal, Quevedo, Swift. Seine Funktion ist, die Grenzen des Menschlichen immer wieder zu bezeichnen, indem er sie erbarmungslos überschreitet. Der Schrecken, den er ihnen so einjagt,wirft die Menschen auf ihre Grenzen zurück.

Der Satiriker vergreift sich an Göttern. Wenn es zu gefährlich für ihn ist, den Gott seiner eigenen Gesellschaft zu attackieren, holt er sich andere, ältere Götter eigens zu diesem Zweck herbei. Auf diese schlägt er öffentlich los, aber jeder spürt, wem die Schläge eigentlich gelten.

Welcher Schrecken ist es, der den Satiriker treibt? Fürchtet er die Menschen, die er bessern will? Aber er glaubt nicht, daß er sie bessern kann, und selbst wenn er sich's einredet, wünscht er es nicht, denn ohne seine Peitsche mag er nicht leben.

Es heißt, daß der Satiriker sich haßt, aber das ist eine mißverständliche Meinung. Entscheidend für ihn ist, daß er von sich absieht, und das mag ihm durch körperlicher Deformation erleichtert werden. Sein Blick ist auf andere konzentriert, seine Betätigung kommt ihm wie gerufen. Sie verrät eher Liebe als Haß für sich: die heftige Nötigung, nichts auf eigene Mängel kommen zu lassen, sie hinter den Enormitäten anderer besser zu verbergen.

Es ist ein furchtbarer Gedanke, daß vielleicht niemand besser ist als der andere und jeder Anspruch darauf Täuschung.

Der Feind sagt: »Gut«, und man hat eben noch »Schlecht« gesagt. Große Verwirrung. Schaden. Beschämung.

Ein Dichter, der es weiß, aus lauter fremden Sätzen. Sein Hochmut ist die Summe des Hochmuts aller Bestohlenen. Seine Kraft, daß nichts von ihm ist. Sein Sündenfall, daß er sich plötzlich auf sich verläßt, weil er nichts mehr bei anderen findet.

Der Werbende spricht viel und wird dafür verachtet. Es vergessen die Zeugen, daß auch Homer und Dante für sich geworben haben, und wer waren die Zeugen, das spezifische Gewicht der Werbenden zu messen?

Mit dem Ungewöhnlichen beginnen; es nie erschöpfen; darin atmen, bis das Gewöhnliche selbst dazu geworden ist: alles ungewöhnlich.

Was im Geist nicht lange vorrätig war, was ihn nur heftig und rasch gestreift hat, hält sich am besten gegen die Zeit.

Doch muß es ein Geist sein, der die Mühe gekannt hat, sonst vermag ihn nichts heftig zu streifen.

Die Wortreichen veralten zuerst. Erst verwelken die Adjektive, dann die Verben.

Ein Dichter darf seine Ungerechtigkeiten hüten. Wenn er alles, was ihm zuwider war, immer wieder prüft und seine Abneigungen korrigiert, bleibt nichts mehr von ihm übrig.

Seine ›Moral‹ ist, was er ablehnt: Aber anregen darf ihn alles, solange seine ›Moral‹ intakt ist.

Was an Goethe oft langweilig wirkt: daß er immer *vollständig* ist. Er mißtraut mehr und mehr, je älter er wird, leidenschaftlichen Einseitigkeiten. Aber er ist natürlich so viel, daß er eine andere Balance braucht als andere Menschen. Es sind nicht Stelzen, auf denen er schreitet, sondern er beruht als eine ungeheure Weltkugel des Geistes immer rund auf sich, und man muß, um ihn zu begreifen, sich wie ein Möndchen um ihn drehen, eine demütigende Rolle, doch die einzige, die in seinem Fall angemessen ist.

Er gibt einem die Kraft nicht zur Kühnheit, sondern zur Dauer, und ich kenne keinen anderen großen Dichter, in dessen Nähe sich der Tod einem so lange verhüllt.

Neue unerfüllte Wünsche finden, bis ins hohe Alter.

Überall, zwei Schritte von deinen täglichen Wegen, gibt es eine andere Luft, die dich zweifelnd erwartet.

Unaufhörlich müßte ein Dichter sein Leben erfinden können und wäre so der einzige, der *weiß*, wo er ist.

Es gibt eine Klagemauer der Menschheit, und an dieser stehe ich.

Mein Respekt vor Buddha gründet sich ausschließlich darauf, daß seine Lehre durch den Anblick eines Toten ausgelöst wurde.

Die größte Anstrengung des Lebens ist, sich nicht an den Tod zu gewöhnen.

Ein Philosoph wäre jemand, dem Menschen so wichtig bleiben wie Gedanken.

Alle Bücher, die nur zeigen, wie wir es zu unseren heutigen Ansichten gebracht haben, zu den herrschenden Ansichten über Tier, Mensch, Natur, Welt verursachen mir Mißbehagen. Wohin haben wir's denn gebracht? In den Werken vergangener Denker werden die Sätze zusammengesucht, die nach und nach zu unserer Weltansicht geführt haben. Der größere, irrige Teil ihrer Meinungen wird bedauert. Was kann es Sterileres geben als diese Art von Lektüre? Eben die ›irrigen‹ Meinungen früherer Denker sind es, was mich am meisten an ihnen interessiert. Sie könnten die Keime zu den Dingen enthalten, die wir am notwendigsten brauchen, die uns aus der furchtbaren Sackgasse unserer heutigen Weltansicht herausführen.

Leute, die als Denker gelten, weil sie sich mit unserer Schlechtigkeit brüsten.

Das Ausschließen der Welt, von Zeit zu Zeit so wichtig, ist nur erlaubt, wenn sie mit umso größerer Gewalt wieder zurückflutet.

Zweimal zumindest in der Geschichte der Philosophie waren Massenvorstellungen entscheidend für eine neue Weltauffassung. Das erste Mal bei Demokrit: die Vielzahl der Atome; das zweite Mal bei Giordano Bruno: die Vielzahl der Welten.

Gedanken wie Geröll. Gedanken wie Lava. Gedanken wie Regen.

Seit es sich durch Explosionen erlangen läßt, hat das Nichts seinen Glanz und seine Schönheit verloren.

Es scheint, daß die Menschen mehr Schuldgefühle über Erdbeben empfinden als über die Kriege, die sie selber anzetteln.

Der Vorrat an Gesichtern, den ein Mensch in sich hat, wenn er eine Weile gelebt hat.

Wie groß ist dieser Vorrat und von wann ab vergrößert er sich nicht mehr? Einer operiert, sagen wir mit 500 Gesichtern, die ihm lebendig sind und bezieht alle andern, die er sieht, auf diese. Seine Menschenkenntnis wäre demnach geordnet, aber begrenzt. »Den kenn ich«, sagt er sich, wenn er einen Unbekannten sieht und legt ihn zu einem Bekannten beiseite. Der Neue mag in allem, außer dem Typus seiner Züge, anders sein, für den Menschenkenner ist er dasselbe.

Dies wäre also die tiefste Wurzel aller Fehleinschätzungen. Der Vorrat an Gesichtern ist in jedem Menschen verschieden groß. Wer sich sehr viele angeeignet hat, wirkt wie ein Weltmann und wird dafür gehalten. Er zeichnet sich aber nur durch ein Gedächtnis für Gesichter aus und kann eben daran besonders dumm werden.

Meine eigene Erfahrung ist, daß ich seit etwa zehn Jahren mehr und mehr dazu neige, neue Gesichter auf frühere zu beziehen. Früher gab es selten Gleichheiten, von denen ich unerwartet und plötzlich frappiert war. Ich habe sie nicht gesucht, sie suchten mich. Jetzt suche ich selber nach ihnen und erzwinge sie, wenn auch nicht immer ganz überzeugt. Es könnte sein, daß ich schon nicht mehr imstande bin, neue Gesichter als solche vollkommen aufzufassen.

Zwei Gründe für diese Reaktion wären möglich: Man ist nicht mehr heftig genug, Neues zu ergreifen. Die animalische Kraft der Sinne hat nachgelassen. Oder man ist schon zu sehr bevölkert, und es ist in der inneren Stadt oder Hölle, wie immer man es nennen mag, was man in sich trägt, kein Platz mehr für neue Insassen.

Eine dritte Möglichkeit ist aber nicht ganz auszuschließen: Man *fürchtet* sich nicht mehr so leicht vor neuen ›Tieren‹, man ist schlauer geworden und verläßt sich auf erprobte Abwehr-Reaktionen ohne genauere Prüfung.

Wären es wirklich ganz neue ›Tiere‹, man würde sie genug fürchten, um sie auch aufzufassen.

Ein sehr alter Mann, der keine Nahrung zu sich nimmt. Er lebt von seinen Jahren.

Solange man morgen sagt, meint man *immer*, darum sagt man so gern morgen.

Diese Wärme! sagen alle, denen er sich entzieht.

Jede Gesinnung, wenn sie etwas sein darf, das andere ergreift, ist wie ein Werk, an dem man unaufhörlich weiterschreibt und das sich nie vollendet.

Einer sagt von sich: während meines ganzen Lebens ist kein einziger Mensch gestorben.

Dieser Eine ist es, dieser Einzige ist es, den ich von allen beneide.

Ach daß die Sammlungen so kostbar sind! So wird sie niemand verstören.

Man könnte sie wenigstens durcheinanderbringen, zusammenlegen, vermischen, tauschen, auseinandernehmen. Man könnte Spielregeln für sie finden und verschiedene Spiele.

Es ist zu viel Selbstzufriedenheit an den Sammlungen und Sicherheit der Hüter. Unbegreiflich, daß aus diesem Grunde allein nicht mehr aus ihnen gestohlen wird: bloß um sie zu verändern. Besondere Teufel sollte es geben, die ihrer Sicherheit Tag und Nacht entgegenarbeiten. Die an Bildern so lange fälschen, bis sie als unecht gelten. Die Millionenpreise über Nacht auf beinah nichts reduzieren. Die Namen und Perioden mit Glück vertauschen.

Im Traum viele Treppen heruntergegangen, kam heraus auf den Gipfel des Mont Ventoux.

Er predigt im Schlafe. Wach weiß er nichts davon.

Über den Schlaf wird man noch so viel erfahren, daß niemand mehr Lust haben wird, wach zu sein.

Aristophanes ist voll von Meuten, und das Verführerische daran ist, daß sie gern als Tiere kommen. Sie sind Tiere und Menschen zugleich, Wespen, Vögel, sie *erscheinen* als diese und sprechen wie Menschen. So führen sie die ältesten Verwandlungen vor, das Verwandeln selbst. Die Komödie ist noch nicht auf ihre puren menschlichen Dimensionen reduziert, die Zeit ihrer Langeweile und Einfallslosigkeit hat noch nicht begonnen.

Für jedes Wort eine Briefmarke. Sie lernten sich schweigend unterhalten.

Er erträgt Musik nicht mehr, er ist so voll von unausgenützten Geräuschen.

Es wäre zu beobachten, wieviel die Angst in einem ergreift, wohin sie sich verkriecht, nachdem der erste Angriff abgeschlagen ist.

Es scheint, daß sie gern die alten Kanäle findet.

Schon das Mißtrauen ist eine Abwehr der Angst. Es nimmt das Schlimmste vorweg, als ob es die Angst beschämen möchte. Es postuliert eine Drohung, die die der Angst weit übersteigt. Es gibt einem auf diese Weise Mut, mehr ins Auge zu fassen, als die Angst gewagt hätte. So könnte einen das Mißtrauen stark machen, wenn es einfach, sozusagen bei der Sache bliebe. Das tut es aber nicht, es bezieht mehr und mehr ein und wird schließlich zu einem selbsttätigen Angst-Erzeuger.

Denn so kalt und hart es sich gibt, es wird von der gleichen feindlichen Macht gespeist, gegen die es einen schützen möchte. Zur Angst, die offen und frontal attackiert, kommt die geheime dazu, die sich ins Mißtrauen einschleicht. Der Leib des Mißtrauens hat seine besonderen Adern, das Blut, das in ihnen fließt, ist Angst.

Alle die Funktionen eines Lebens, die ausgefallen sind, und wie sie sich rächen. Der nie Vater war, zieht sich falsche Söhne. Der nie auf Erwerb aus war, berät andere in ihren Spekulationen. Der seine Bücher nie schrieb, erfindet sie für Fremde. Der kein Priester war, zimmert neue Religionen. – Jener Stolz des Sich-Versagens mag groß gewesen sein, aber jedes Versagte rächt sich. Gibt es keinen wirklichen Verzicht?

Ein guter Mensch könnte nur der sein, den man nirgends dafür hält. So kann einer, der schon als Kind immer hören wollte, daß er gut sei, es nie wirklich werden.

Es gibt keine Verkleidung zur Güte und sie erträgt keinen Applaus.

1968

Lichtenberg

Seine Neugier ist durch nichts gebunden, sie springt von überall her, auf alles zu.

Seine Helligkeit: auch das Dunkelste wird hell, indem er es denkt. Er wirft Licht, er will treffen, aber nicht töten, kein mörderischer Geist. Es wird auch nichts zu seinem Leibe, er ist ohne Fett und Schwellung.

Er ist nicht mit sich unzufrieden, weil ihm zuviel einfällt. Ein wimmelnder Geist, aber im Gewimmel ist immer Platz. Daß er nichts abrunden mag, daß er nichts zu Ende führt, ist sein und unser Glück: so hat er das reichste Buch der Weltliteratur geschrieben. Man möchte ihn immerzu für diese Enthaltsamkeit umarmen.

Ich hätte mit niemand lieber gesprochen, aber es ist nicht nötig.

Er weicht Theorien nicht aus, aber jede Theorie ist ihm Anlaß zu Einfällen. Er kann mit Systemen spielen, ohne sich in sie zu verwickeln. Das Schwerste kann er wie ein Stäubchen vom Rock wegflitzen. In seiner Bewegung wird man selber leicht. Man nimmt alles mit ihm ernst, aber nicht zu sehr. Eine Gelehrsamkeit leicht wie Licht.

Er ist zu einzigartig, als daß man ihn beneiden könnte. Das Umständliche auch der größten Geister geht ihm so sehr ab, daß man ihn fast nicht für einen Menschen halten möchte.

Es ist wahr, daß er einen zu Sprüngen verführt. Aber wer ist ihrer fähig? Lichtenberg ist ein Floh mit dem Geist eines Menschen. Er hat diese unvergleichliche Kraft, von sich wegzuspringen, – wohin springt er als Nächstes?

Seine Laune findet sich alle Bücher, die ihn zu Sprüngen reizen. Wenn andere durch das Gewicht von Büchern zu Teufeln werden, nährt er an ihnen seinen scharfen Zartsinn.

Wieviel Lektüre man sich ersparen würde, kennte man die Schreiber früher. *Alle* Lektüre?

Es gibt keine *neuen* Geschichten. Weil es unendlich viel Neues gibt, gibt es keine neuen Geschichten.

Die Reihenfolge, in der man die Dinge erlernt, ist, was schließlich die Individualität des Menschen ausmacht.

Einen Alten finden, der das Zählen verlernt hat.

Wer wird mir Nachricht geben, wenn ich nicht mehr bin, wer wird mir berichten?

Endlich ist mir die Autobiographie von *Cardano* in die Hände gefallen.

Sie ist schlecht geschrieben, nach dem Muster von Sueton in einzelne Gegenstände abgeteilt und besteht darum ganz aus Aufzählungen gleichartiger Dinge. Sie ist trotzdem interessant, schon durch die Träume, die sie enthält, Träume, die oft von Massen erfüllt sind. Sie ergreift einen, weil sie von einem ungeheuren Schmerz getragen ist: Cardano war Zeuge der Hinrichtung seines Sohnes, der seine Frau getötet hatte. Mit viel Geld, das er nicht besaß, hätte er ihn von seinen Anklägern loskaufen können. Er ist davon überzeugt, daß der Sohn zum Tod verurteilt wurde, um ihn zu treffen, und fühlt so eine Schuld auf sich lasten, von der es keine Befreiung gibt. –

Er zählt seine Fehler so gut auf wie seine Vorzüge, aber obwohl er sich vornimmt, nichts zu unterschlagen, kann er einen ermüden wie ein leerer Prahler. Man spürt, wie gefährlich es ist, wenn ein Mensch sich in allem ernst nimmt, selbst in dem, was er an sich auszusetzen hat. Er ist zu feierlich, es fehlt ihm an Spott. Seine spielerischen Neigungen, die stark ausgebildet sind, gehen in Glücksspiele und in Schach auf. Auch die antiken Vorbilder tun ihm nicht gut. Er ist zu nackt auf Unsterblichkeit aus, nämlich ohne zu erkennen, daß man alles und alle um einen *mitnehmen* muß, es ist das Einzige, was diese fragwürdige Leidenschaft rechtfertigt. Es kann keiner für sich allein fortleben, ein Name an sich, was immer einer geleistet haben mag, ist trist, und selbst, wenn einem diese Art von

Unsterblichkeit gelingt, wo wird sie immer etwas Abstoßendes und Artifizielles behalten. – Eine systematische Aufzählung aller persönlichen Eigentümlichkeiten ist im Grund ein Unding, es sei denn, sie diene wie im Fall der Suetonschen Kaiserbiographien der Abschreckung. Bei Plutarch, der Vorbilder hinstellen will, ist die Auswahl der Züge meisterhaft und überlegen, er klebt nie an Einzelheiten um ihrer selber willen.

Vielleicht ist es auch unmöglich, eine Autobiographie erst am Ende eines langen Lebens zu schreiben. Es ist zu viel da und man muß sich in der Hauptsache mit unerleuchteten Aufzählungen begnügen.

Vielleicht ist man durch Kafka für alle offenen oder verborgenen Prahlereien verdorben. Wenn die ›schönen‹ Menschen von früher (und ich denke jetzt nicht an Cardano) ihr Leben so schildern, als käme es ihnen zu, ohne Zweifel, ohne Zögern, ohne Befangenheit über ihre Wirkung (wie auch über den Zustand der Welt), so empfindet man Ungeduld und Unglaube, als ginge es um die Bewohner eines anderen Sterns, über die man nichts Ernstzunehmendes wissen *kann*.

Mit Kafka ist etwas Neues in die Welt gekommen, ein genaueres Gefühl für ihre Fragwürdigkeit, das aber nicht mit Haß, sondern mit Ehrfurcht für das Leben gepaart ist. Die Verbindung dieser beiden Gefühlshaltungen – Ehrfurcht und Fragwürdigkeit zusammen – ist einzigartig, und wenn man sie einmal erlebt hat, ist sie nicht mehr zu missen.

Aus deinem Mißtrauen läßt sich nichts machen. Es ist dir zu sehr vertraut. Du hast zuviel darüber nachgedacht, zuviel darüber aufgeschrieben. Es ist unfruchtbar geworden, du bist der Beamte dieses Mißtrauens und kannst bestenfalls darin avancieren.

Leute, die sich nur noch im Vorbeifahren, von Wagen zu Wagen verlieben.

Ab und zu verschwinden, nie für immer.

Umarme mich nicht, ich bin aus Körnern und zerrinne.

Ich verehre die Schwäche, die sich nicht Selbstzweck ist, die alles durchsichtig macht, die niemand aufgibt, die der Macht mit Zähigkeit begegnet.

Ohne Zähne schreiben. Versuch's!

Wessen schämst du dich so, wenn du Kafka liest? – Du schämst dich deiner Stärke.

Der junge Grieche fragt mich, was das Altsein bedeutet. Es bedeutet, sage ich ihm, daß ich das Leben vieler Menschen, die ich gekannt habe, übersehen kann. Es bedeutet, daß ich ihnen wie mir ein dreihundertjähriges Leben wünsche, um noch mehr zu übersehen, denn jede Spanne mehr, die man kennt, macht es staunenswerter, fragwürdiger, hoffnungsvoller, einsichtiger und unerklärlicher.

Er sieht viele schöne Menschen. Er ist glücklich, weil andere sich an ihnen freuen werden. Er wird ihre Zerstörung nicht erleben. Er wird sie nicht selbst zerstören.

Am wichtigsten ist das Sprechen mit Unbekannten. Man muß es aber so einrichten, das *sie* sprechen, und alles, was man selber dabei tut, ist, *sie* zum Sprechen zu bringen.

Wenn einem das nicht möglich ist, hat der Tod begonnen.

Zu kurz, zu kurz, zu wenig Zeit für die Menschen der Welt. Wenn er sie alle gekannt hätte, wäre es nicht genug und er hätte noch andere kennen wollen.

Es ist leicht, sich davon zu überzeugen, daß der Wille der Menschen auf abscheuliches und dummes Zeug gerichtet ist. Es ist wichtiger, darauf zu achten, was sie *sonst noch* wollen.

Er füttert seine Rehe mit Rosenknospen und flüstert dazu Rilke.

Es gibt nichts, was Mensch und Tier mehr gemeinsam haben als Liebe.

Der Tod ist beim Menschen etwas anderes geworden. Er hat sich des Todes so sehr bemächtigt, daß er ihn nun auch für alle trägt.

Die Verbindung von Tod und Liebe aber ist eine ästhetische. Daß sie auch zur Höherwertung des Todes geführt hat, ist ihre Sünde, eine der schwersten, sie ist durch nichts zu sühnen.

Die eigentliche Versuchung des denkenden Menschen ist die zu verstummen. Der Gedanke erlangt durch Verstummen seine höchste Würde: er bezweckt nichts mehr. Er erklärt nichts, er dehnt sich nicht aus. Der Gedanke, der sich verschweigt, verzichtet auf Berührung.

Vielleicht kann selbst dieser Gedanke töten. Aber er weiß es nicht. Er hat es nicht gewollt. Er besteht nicht darauf zu überleben.

Solange man in der Selbstbeobachtung verharrt, muß man sich hassen, schon um des Mißverhältnisses willen: da gäbe es so viele andere Menschen zu betrachten, *bessere*, die man vernachlässigt.

Kann man durch Genauigkeit ruhig werden? Ist nicht eben Genauigkeit die höchste Unruhe?

Er las so viel über sich, daß er nicht mehr wußte, wer er war und seinen eigenen Namen nicht erkannte.

Große Namen, sobald sie erlangt sind, müßten von ihren Trägern eigenhändig zerbrochen werden.

Er lacht wie tausend kleine Blitze, allen, die dieses Lachen hören, wird heiß und hell.

Er hieb den Tisch entzwei und setzte sich doppelt zum Schreiben nieder.

Die Vorstellung, daß einem das Leben *geschenkt* worden ist, erscheint mir ungeheuerlich.

Das Größte ist, was so klein geworden ist, daß es alle Größe überflüssig macht.

Den ›Ackermann aus Böhmen‹, den ich in meiner Schulzeit las, muß ich wieder lesen. Ich will erfahren, ob der Haß und Trotz gegen den Tod, der dieses Gespräch erfüllt, wahrhaftig ist oder bloß rhetorisch. Wie wenig echten Haß gegen den Tod gibt es schon in der überlieferten Literatur! Dieses Wenige aber muß gefunden, gesammelt und konzentriert werden. Aus einer solchen Bibel gegen den Tod könnten viele Kraft schöpfen, wenn sie daran sind zu erlahmen. Es würde auch dem eigenen Trotz etwas von seiner Überheblichkeit nehmen, denn wie wäre es möglich, daß man der Einzige ist, der den Tod durchschaut? Nicht nach Bundesgenossen suche ich, sondern nach anderen Zeugen. Denn wäre es nicht furchtbar, wenn meine eigene harte, durch nichts zu erschütternde Gesinnung gegen den Tod einmal psychologisch ›wegzuerklären‹ wäre, so als wäre sie nur den besonderen Bedingungen meines eigenen Lebens entsprungen, und darum nur für mich gültig? Wo immer sie sich bei anderen findet, gehört sie zu einem *anderen* Leben, und die Wahrscheinlichkeit, daß sie zu *jedem* Leben gehören müßte, wäre größer.

Nicht warten, bis aus den Einfällen Klagen werden.

Auf vielfachen Wunsch beschloß er, schon wieder dasselbe zu schreiben.

Von der Wirkung eigener Gedanken auf andere halte ich wenig, oder genauer gesagt, ich weiß nicht, was diese Wirkung sein könnte. Meist ist es so, daß man neue Phrasen in die Welt gesetzt hat, aber das ist gar nicht die eigentliche Wirkung, alles, was immer es sei, wird schließlich zur Phrase, und etwas, das es auffallend leicht geworden ist, müßte darum noch nicht schlecht sein.

Die eigentliche Wirkung besteht in plötzlichen Stößen, die andere von einem empfangen, aus unerklärlichen Gründen wird ein Satz, ein Wort zu einer Quelle von Energie. Indem es auf einen anderen trifft, löst es einen Steinschlag aus, den man selber nie hätte voraussagen können, schon weil man das Gelände keines anderen wirklich kennt. Diese Steinschläge können gut oder schlecht sein, wenn sie sehr heftig sind, sind sie meist zerstörend. Aber mit dem, was man eigentlich dachte und wollte, hat das überhaupt nichts zu tun, und so ist alle Wirkung blind. Wüßte man nicht, wie sehr man selber solche Wirkungen gebraucht hat, bevor man sein Eigenes zu denken imstande war, man könnte darüber verzweifeln und ganz und gar verstummen.

Es ist auch etwas, gelebt, gedacht und mit sich gerechtet zu haben, selbst wenn nie ein Mensch davon erführe.

Das Hoffnungsvolle an jedem System: was von ihm ausgeschlossen bleibt.

Eine Maschine erfindet eine Weltsprache. Da niemand sie verstehen kann, wird sie von allen angenommen.

Die Mehrdeutigkeit aller sozialen Erscheinungen ist derart, daß man sie deuten kann, wie man mag. Aber am anfechtbarsten ist der Versuch, sie als Funktionen zu bestimmen und zu erschöpfen.

Es wäre nämlich denkbar, daß die Gesellschaft *kein* Organismus ist, daß sie *keinen* Bau hat, daß sie nur vorläufig oder nur scheinbar funktioniert. Die naheliegendsten Analogien sind *nicht* die besten.

Die Altexperimentenhändler.

Vor einigen Gestalten des Geistes, es sind ganz wenige, setzt mein Selbstgefühl völlig aus. Es sind gar nicht die, die am meisten geleistet haben; diese, im Gegenteil, stacheln einen nur an. Es sind eher die, die hinter ihrer Leistung Wichtigeres gesehen haben, das unerreichbar war, daß sie ihnen daran einschrumpfen mußte, bis sie verschwand.

Zu diesen Gestalten gehört für mich Kafka, und so hat er eine tiefergreifende Wirkung auf mich als etwa Proust, der unvergleichlich mehr vollbracht hat.

Immer sagt man dasselbe, aber daß man es sagen *muß*, ist unheimlich.

Wenn er langsam aß, kam er sich besser vor, als fühlte er Wehmut und Trauer über das Schicksal des Gegessenen.

Eleganter junger Mann mit winzigem Mund. Um zu essen, muß er den Mund mit zwei Fingern an den Winkeln offenhalten.

»Ein Wurm, der ausschließlich unter den Augenlidern eines Flußpferdes lebt, und nährt sich von seinen Tränen.«

Er braucht Gott, um ihm auf die Schulter zu klopfen und ihm zu sagen, wie er's hätte machen sollen.

Wenn man für alle noblen Sätze, die man je geäußert hat, einstehen müßte! Wenn man für *einen einzigen* von ihnen einstehen müßte!

Die Geste des Wissens: man zieht ein Buch heraus, schlägt es rasch hintereinander an verschiedenen Stellen auf und hat zu jeder etwas zu sagen. Der andere, der die Sprünge nicht nachvollziehen kann, staunt und neidet.

Superlative, in schwerem Säbelkampf begriffen.

Malraux, von Nietzsche gefüttert, verrechnet seine ›Gefahren‹. Alles Aufregung, Abenteuer, Kühnheit, und dann Minister.

Er hat den Himmel ausgesaugt und jetzt verachtet er die Leere.

Große Worte sollten plötzlich zu pfeifen beginnen, wie Teekessel, in denen Wasser erhitzt wird, als Warnung.

Hsün-Tse lese ich gern, er betrügt sich nicht über den Menschen, und trotzdem hofft er. Aber ich kann nicht leugnen, daß ich auch Mencius gern lese, weil er sich über den Menschen betrügt.

Von den chinesischen ›Lehrern‹ will ich nie loskommen. Nur die Vorsokratiker beschäftigen mich schon ebensolange wie sie, mein ganzes Leben. An beiden kann ich nie ermüden. Zusammen, aber nur zusammen, enthalten sie alles, was der denkende Mensch als Stachel braucht, – oder nicht ganz alles, etwas Entscheidendes bleibt, was ihnen zuzufügen wäre, es betrifft den Tod, und ich will es hinzufügen.

Über Güte haben die Chinesen mehr gewußt, als die Griechen. Die wunderbare Eitelkeit der Griechen, der man so viel verdankt, hat ihnen die Schlichtheit zur Güte genommen.

Auch sind die Traditionen der Chinesen schon früh von der Massenhaftigkeit des Menschen bestimmt. Selbst die entwickelte griechische Polis, die die Masse genau kennt, wirkt sich bei den Denkern im Grunde nur als ihre Ablehnung aus.

Am ehesten noch hat Empedokles etwas von einem chinesischen Weisen. – Die Atome des Demokrit sind wohl unzählbar, aber sie agieren durcheinander, nicht als wirkliche Masse.

Vielleicht war es das Vorhandensein von Sklaven, was die Griechen daran gehindert hat, zu einer extremen Auffassung der Masse zu gelangen.

Von allen Denkern haben nur die alten Chinesen erträgliche Würde. Ob man das auch so empfände, wenn sie zu einem *sprächen*, statt daß man ihre sehr sparsamen Äußerungen *liest*?

Es gibt so wenig von ihnen, und schon das ist Würde.

An Buddha z.B. stört mich, daß er alles so oft und ausführlich gesagt hat (der Hauptnachteil der Inder).

Die Litaneien der alten Chinesen sind in ihrem Verhalten, nicht in ihren Aussprüchen.

Diese Verbindung von Patriarchalischem und Brüderlichem, die es so nur bei den Chinesen gibt.

Es ist niemand rückständig, den die Sorge um das Schicksal der Menschheit zerfrißt. Rückständig ist, wer sich mit faulenden Phrasen tröstet.

1969

Die Wissenschaften beißen Stücke vom Leben ab und dieses verhüllt sich in Schmerz und Trauer.

Es scheint in der Geschichte nur ein negatives Lernen zu geben. Man merkt sich, was man den andern getan hat, um es ihnen anzukreiden.

Dem bluten die Augen, aber nie das Herz.

Das Ausführliche wird banal, aber das Lapidare ist unverantwortlich. Schwer ist es, sich am richtigen Punkt zwischen den beiden anzusiedeln.

Das Demütigende am Leben: daß man alles, was man mit Kraft und Stolz verabscheut hat, schließlich hinnimmt. So gelangt man wieder an den Punkt, von dem man jung ausging, in die eigene Umgebung von damals verwandelt. – Aber wo ist man nun selbst? Man ist in der Härte, mit der man es sieht und verzeichnet.

Zweierlei Geister solche, die sich in Wunden, und solche, die sich in Häusern niederlassen.

Ernst genug war nicht einmal Pascal.

Unterworfen hat mich keine Religion, aber wie sind sie mir alle widerfahren!

Wären Leute aus Glas besser? Müßten sie auf andere mehr aufpassen? Der Mensch ist nicht zerbrechlich genug. Mit seiner Sterblichkeit ist es nicht getan. Er müßte zerbrechlich sein.

Er buk den Prophet duftend aus Brot, und als es alt und steinhart geworden war, zerbrachen sich alle an ihm die Zähne.

Einen Einzigen, einen Einzigen kennen, der *nach mir* auf die Welt kommt! – Es ist lästig, technische Einzelheiten der Zukunft zu bedenken, wenn man keinen einzigen Menschen aus ihr kennt.

Einer, der nach jeder Todesnachricht mehr *frißt*.

Worte, vollgesogen wie Wanzen.

Er schwitzt Frieden aus jeder Pore. Doch in seinem Munde wimmelt der Krieg.

August Pfizmaier, der Wiener Gelehrte, in seine Übersetzung des Manyoschu vertieft, ahnt ein Jahr lang nichts vom Ausbruch des Deutsch-Französischen Krieges 1870-71. Er erfährt es aus einer japanischen Zeitung, die mit großer Verspätung bei ihm in Wien anlangt.

An der Wirklichkeit kann er nie ermüden, es sei denn, sie sei Kunst.

Alles, was er besaß, vermachte er dem ältesten Mann Europas.

Von niemandem aufschreiben, daß er vom Tod gezeichnet ist. Selbst das Aufschreiben ist Sünde.

»Kerls, wollt ihr ewig leben?« – »Ja!«

Der Atmende sagt: ich habe noch alles zu eratmen. Der Unglückliche sagt: ich habe noch Platz für das Unglück anderer. Der Tote sagt: ich kenne noch nichts, wie kann ich tot sein.

Wenn es ein Jenseits gäbe, möchte er nichts von sich mitnehmen. Er möchte, daß alles hierbleibt.

Ein Buddha heute – undenkbar, selbst ein Christus. Es ist nicht mehr als ein Mohammed möglich.

Das Buch über die ›harmlosen Leute‹, die Buschmänner. Für sie ist die Sonne ein Stück Fleisch, und ohne Melonen müßten sie in der Wüste Durstes sterben.

Unheimlich in der Geschichte der Menschheit ist das Fleisch. Der Sprung vom Fleisch der Beute zum eigenen Fleisch ist das Rätsel aller Rätsel. Mit ihm setzt das Mitleid ein, es entsteht aus einem Gefühl für das eigene Fleisch. Heute erinnern die Metzgerläden vergeblich ans eigene Fleisch.

Nützlich die Geschichten von Menschenfressern. Die Wehleidigkeit, die sie wecken, verwandelt sich in Mitleid.

In einer Stunde sind mehr Menschen auf der Straße vorbeigegangen, als ein Buschmann in seinem ganzen Leben sieht.

Das Viele, das er sieht, sind Tiere, und diese muß er töten.

Sich ganz in Frage stellen und in der Fremde auffangen.

Eine Sprache, in der ein bestimmter Konsonant als lebensgefährlich gilt. Wer ihn ausspricht, fällt tot zusammen. Wer ihn hört, ertaubt.

Alle Erklärungsversuche sind für den Menschen unwiderstehlich. Die Reihenfolge seiner Erklärungsversuche ist sein Schicksal geworden. Wer diese Reihenfolge nur begreifen könnte, wer mehr über sie wüßte. Die zeitliche Vertauschung zweier Erklärungen hätte einen anderen Verlauf der Geschichte bewirkt.

Wäre jetzt noch etwas zu vertauschen? Ist jetzt alles determiniert? Und wenn es so ist, wann hat die Determination eingesetzt, an genau welchem Punkt?

Die schlimmste Zukunftsvorstellung für ihn wäre die Abschaffung des Windes.

Klein ist die Natur geworden, gemessen an unserem größenwahnsinnigen Gehaben, eine Biedermeiernatur unter Monstren, die sich alles mit ihr erlauben.

Schon fühlen die Liebenden sich vom Mond her belauert.

Das Enttäuschendste am Mond, daß es alles stimmt. Alles, was wir ausgerechnet haben, Entfernung, Größe, Schwere stimmt, alles ist wirklich.

Besiedlung des Monds durch Luftkontinente. Kriege um Luft.

Aussätzig der Mond, seit wir ihn berührt haben. Der betastete Mond: mit jedem Bild der Menschenspuren auf ihm wird das peinliche Gefühl stärker, als hätte man sich für eine Übertretung zu rechtfertigen.

Wenn ich an den Mond denke, erscheinen mir alle Menschen plötzlich unter *einer* Farbe.

Nur die Menschen ziehen mich an, das erklärt meine Abneigung gegen den leeren Mond. Auch an den Wüsten der Erde fasziniert mich am meisten die Vorstellung der gezählten Menschen, die in ihnen zueinanderfinden.

Der Mut der Mondfahrer ist groß: er ist nicht größer als der eines Buschmannes, der allein in der Kalahari jagt oder mit einigen Genossen zusammen Löwen von seiner Beute vertreibt. Neu aber ist das Entsetzliche: das alles auf Funkbefehl geschieht und nichts spontan ist.

Unerklärliches Gefühl, daß wir vor ihrer Einigung noch kein Recht auf die Zerstreuung der Menschheit haben. Dieses Gefühl würde sich als trügerisch erweisen, wenn die Zerstreuung sich als Mittel zur Einigung herausstellt.

Musikinstrumente in der Rinde des Mondes, auf die Verbreitung von Erschütterungen in dieser abgestellt.

Das Fehlen jeglichen anderen Geschöpfes dort. Robinson unter Mineralien, als Roboter, der keinen Schritt macht ohne Befehl aus der Ferne. Funktionierende Fernbefehle, furchtbare Vision der Zukunft. Tu das, tu jenes, dazwischen läppische Witze für das Publikum auf Erden.

Merkwürdig, daß ich kein Mitleid für die Mondfahrer fühle, als wären es wirklich Roboter.

Durch die Rückkehr vom Mond ist jede Rückkehr heißer geworden.

Mond-Eremiten als Erd-Anbeter.

Geheimnisse, die auf dem Mond deponiert werden.

Wenn die Sonne herauskommt, sagt er sich verächtlich: auch sie werden wir bald am Gängelband haben.

Der Unterschied heute besteht darin, daß alles fotografiert wird. Es gibt kein Elend mehr, das sich verheimlichen läßt. Alles Elend ist publik geworden.

Aber das bedeutet nur, daß alle sich leichter daran gewöhnen.

Früher konnte ein Mensch sich so stellen, als wüßte er von nichts. Heute kann er sich hilflos stellen, denn er weiß von *zuviel*.

Alle Gespräche, selbst zwischen Freunden, sind heuchlerischer geworden. Die Empörung kann sich über zu Vieles verbreiten. An jedem Tage hat jeder Mehreres erfahren, das furchtbar ist.

Aber auch wer daraus den Schluß zieht, daß nichts ihn etwas angeht, eben weil es so viel ist, *weiß* doch, was geschieht, nicht einmal einem Taubstummen, nicht einmal einem Blinden wäre es gegeben, sich ganz davor zu verschließen: und Grund zu Angst, wenigstens um sich, müßte selbst ein Kretin verspüren.

So ist jeder Augenblick scheinbarer Ruhe abgründige Heuchelei.

Das Schuldgerede, durch das man sein Dasein fristet.

Kann man ohne jede Dunkelheit zu einer Gesinnung gelangen? Dein Ziel.

Versteck dich, sonst erfährst du gar nichts.

Die Notwendigkeit vereinzelter Sätze: sie fallen unter steilerem Winkel ein; treffen und sitzen tiefer; aber nicht ohne vorher aufzuglühen und eine ganze Landschaft zu erleuchten, die nie noch auf diese Weise zusammengefaßt war und sich nie wieder völlig verdunkelt.

Der Augenblick der Empfänglichkeit für einen solchen Satz ist nicht vorher zu bestimmen. Es ergibt sich und es geschieht.

Die Sprache, als System gefaßt, verstummt.

Dichter, die sich um ihren Platz im Schatten raufen. Keifende Butzenscheiben.

Diese voreilige Achtung für Menschen, die immer an *denselben* Anderen hängen. Als ob sie darum besser wären, weil sie leichter zu überschauen sind! – Trägheit des Betrachters, der sich's mit seiner Menschenkenntnis leichter machen möchte.

Er band sich ihre Geschichte um den Hals und trug sie zwinkernd durch die Straße.

In Italien starb gestern mit 93 ein Mann, der seit zwanzig Jahren auf Eisenbahnen lebte. Er stieg unaufhörlich von einem Zug in den anderen und hatte sonst kein Zuhause. Als früherer Abgeordneter besaß er eine Freifahrkarte, sein großes Vermögen war zusammengeschmolzen, als einziges war ihm die Freifahrkarte geblieben. Er starb im Hauptbahnhof von Turin, beim Umsteigen.

Was immer ihre Tätigkeit ist, die Tätigen halten sich für besser.

Jedes Thema als Handschuh betrachten. Umstülpen.

Er redet auf sie ein, damit sie nicht jammert: sie hört nicht zu. Sie jammert, damit er nicht redet: er hört nicht zu.

Einer, der jeden Gedanken der andern errät, ohne seine eigenen zu kennen.

Die Gefangenen bewundern ihre Häscher, um am Leben zu bleiben. Je dankbarer und respektvoller sie von ihnen sprechen, desto mehr Hoffnung haben sie, ihnen zu entkommen.

»Du bist wunderbar! Laß mich los!« sagte die Maus zur Katze und leckte ihr die Krallen.

Wie man Lobhudlern grollt, wenn sie Lob zurückverlangen!

Ein Ruhm, groß wie die Sonne, an dem Genäschige sich knabbernd Lippen und Zunge verbrennen.

Den Hunger in den Kopf verlegen.

Sehr schwer ist es, nicht mehr zu sagen, als man sagen will.

Diese Behauptungen, die man im Laufe eines Lebens besinnungslos von sich gibt! Vielleicht hätte man ebensogut das Gegenteil sagen können. – Alles Eigentliche geschieht später, wenn man sie mit Sinn erfüllt. Erst sind sie wie leere Programme. Die Musik kommt dann. Wie wunderbar ist manchmal die Musik, die man sich für die dümmsten Programme erfindet!

Jede Beobachtung an sich durch hundert an andern aufwiegen. Es ist etwas Zufrieden-Zärtliches auch in der härtesten Beobachtung der eigenen Person.

Hygiene müßte, wenn man nach dem Wesen *Musils* forscht, ein zentraler Begriff sein.

Es ist nicht, wie bei Kafka, die Hygiene eines bedrohten Menschen, eines Sektierers. Die *wahrste* Umgebung, in der er je gelebt hat, war für Kafka Jungbrunn; nichts als seinesgleichen, nichts als Sektierer der Hygiene.

Musils Hygiene ist die eines Menschen, der seinen Körper liebt, der mit ihm zufrieden ist, der ihn schön findet.

Über seinen eigenen Körper versteht er Frauen, die hauptsächlich mit ihrem Körper beschäftigt sind.

Seinen Geist behandelt er wie einen Körper, auf den letzten Endes Verlaß ist.

Das Schreckliche an den Schuldgefühlen: daß nicht einmal *sie* stimmen.

F., der perfekte Heuchler, entschuldigt sich profus für jede seiner schlechten Regungen, um den Eindruck zu erwecken, daß sie rar sind. So kann er die schlechtesten unter ihnen ganz verschweigen, seine Biederkeit verdeckt alle Spuren.

Wer von all seinen Gewohnheiten Kenntnis nähme, wüßte nicht mehr, wer er ist.

Ein stärkeres Wort für Liebe finden, ein Wort, das wie Wind wäre, aber von unter der Erde, ein Wort, das nicht Berge braucht, aber ungeheure Höhlen, in denen es haust, aus denen es über Täler und Ebenen hervorstürzt, wie Gewässer, aber doch kein Wasser, wie Feuer, aber es brennt nicht, es leuchtet durch und durch, wie Kristall, aber es schneidet nicht, es ist durchsichtig und es ist ganz Form, ein Wort wie die Stimmen der Tiere, aber sie verstehen sich, ein Wort wie die Toten, aber sie sind alle wieder da.

Freuden, die uns besser vor dem Schmerz repräsentieren.

In der Zeitung steht es alles. Man muß sie nur mit genug Haß lesen.

Ihr Berge, ihr Berge, seht ihr es alles und seid noch immer nicht auf uns gefallen.

Eine einzige häßliche junge Frau, in ihrer vergeblichen Hoffnung, macht die billig gewordene Liebe wieder kostbar.

Am 17. Januar 1776 wurden Zwillinge in Tyburn zusammen gehängt. ›Als der Karren unter ihren Füßen weggezogen wurde, schlangen sich ihre Hände ineinander. So schwangen sie Seite an Seite für beinahe eine Minute. Dann, als sie das Bewußtsein verloren, lösten sich ihre Hände langsam voneinander.‹

Güte, sagt er. Aber was meint er? Könnte er's nicht etwas genauer sagen? Er meint eine Wachheit, die sich nichts vormachen läßt und sich nichts vormacht. Er meint ein sehr scharfes Mißtrauen gegen alle Verwendung von Menschen zu Zwecken, die ›höher‹ sein sollen, aber nur die anderer sind. Er meint Offenheit und Spontaneität, eine nie ermüdende Neugier für Leute, die sie einbezieht und begreift. Er meint Dankbarkeit für solche, die zwar nichts für einen getan haben, aber sie gehen auf einen zu, sie sehen einen und haben Worte. Er meint Erinnerung, die nichts ausläßt und nichts entläßt. Er meint Hoffnung trotz Verzweiflung, die aber diese nie verschweigt. Er meint auch Tiere, obwohl wir sie essen. Er meint besonders alles, was dümmer ist als man selbst. Er meint die Ohnmacht und nie die Macht. Wer zu dieser gut ist, wer sich ihr beugt oder zu eigenem Schutze schmeichelt, der ist schlecht. Er meint Leidenschaft, die auch die der andern gelten läßt. Er meint Staunen. Aber er meint auch Sorge. Er meint nicht Hoheit, Hochmut, Erhabenheit, Selbstvergötterung, Härte und Ordnung, durch die man andere niederhält. Die Güte, die er meint, ist geistig in Bewegung und bezweifelt alles. Er meint nicht die Güte, die es zu etwas bringt, sondern die, die plötzlich mit leeren Händen dasteht. Er meint Betroffenheit, selbst im höchsten Alter, Zorn und Anklage; aber nur wenn sie dem Zornigen, dem Ankläger keine Macht einbringen. Er meint auch Sprache, er meint bestimmt nicht Schweigen. Er meint Wissen, aber kein Amt, keine Stellung, keine Besoldung. Er meint Sorge für Menschen *hier*, keine Fürbitte für ihre Seelen.

1970

Alle Verantwortung ist verborgen. Verborgen ist sie unzerstörbar.

Er ist nicht Volk, er ist alle Völker.

Die Arrangeure, die Manager, die Stellvertreter wagt man mir entgegenzuhalten, wenn ich der Macht endlich an den Leib rücke.

Dialektik, eine Art von Gebiß.

»Denn auch nicht eines der Geschöpfe darf von der Welt vertilgt werden.«

Wenn man sich sehr gedemütigt fühlt, bleibt einem nur eines übrig, einen anderen Gedemütigten zu trösten und zu erheben.

»Er schließt sich nicht an irgendeine Schule an, und doch weist er keinen Gedanken zurück, weil er von einem andern stammt.«
Dschuang-Tse

Die Wirklichkeit des Phantastischen bei Dschuang-Tse. Es wird nie zu etwas Idealem reduziert. Das Unantastbare ist die Wirklichkeit selbst, und nicht etwas hinter ihr.

Am Taoismus hat mich immer angezogen, daß er die Verwandlung kennt und gutheißt, ohne zur Position des indischen oder europäischen Idealismus zu gelangen.

Der Taoismus legt den größten Wert auf Langlebigkeit und Unsterblichkeit in *diesem* Leben und die vielfältigen Gestalten, zu denen er verhilft, sind hiesige. Er ist die Religion der Dichter, auch wenn sie es nicht wissen.

Die Spannung, die zwischen drei Hauptlehren Chinas, zwischen Mencius, Mo-Tse und Dschuang-Tse besteht, scheint mir eine aktuelle, es ist auch die Spannung im modernen Menschen nicht präziser zu fassen. Die überlieferte europäische Spannung zwischen ›Weltlichem‹ und ›Jenseitigem‹ scheint mir unwahr und künstlich.

Es gibt für einen Menschen heute keine Lektüre, die ihn näher angeht, als die der frühen chinesischen Philosophen. Alles Unwesentliche fällt hier weg. Soweit es möglich ist, erspart man sich hier die Entstellung durch das Begriffliche. Die Definition wird nicht zum Selbstzweck. Es handelt sich immer um die möglichen Haltungen zum *Leben* und nicht um die zu den *Begriffen*.

Der Beweis zerstört. Selbst das Wahrste zerstört der Beweis.

Sätze finden, so einfach, daß sie nie mehr die eigenen sind.

Die Erkennbarkeit verlieren, das Schwerste.

Eine Bemerkung nach 100 Jahren wiederfinden: nun ist sie unvergeßlich.

Er verschließt sich nicht vor der Erfahrung, aber er kommt ihr nicht nach. Noch aus den letzten Splittern des Zerstörten verfolgt ihn ihr *Sinn*.

Die Worte sind nicht zu alt, nur die Menschen sind es, die die selben Worte zu häufig gebrauchen.

Er will weiter, dorthin, wo er noch nicht war, er will seinen Boden wechseln, den er sichergetreten hat, er will ins Unsichere entschlüpfen, sich dorthin retten, wo er noch nie etwas verbunden hat, anderes verbinden, anderes zusammenzwingen, anderes ahnen.

Selbst wenn sich einer fände, der in einer Stunde mehr zu ahnen vermöchte, als andere in einem ganzen Leben, dürfte er sich damit nicht zufriedengeben. Er müßte es lernen, seine Ahnungen, auch die, die er am meisten liebt, zu verwerfen und ganz unerhörte zu finden, die ihn noch *bedrohen*.

Deine Askese wäre, mehr noch als Schweigen: ohne Bewunderung leben.

Napoleon, Wellington und Blücher hoch zu Floh im Zirkus.

Ein Tag in *anderer* Abfolge, ein glücklicher Tag.

Es kommt darauf an, was man von sich *wegräumt*, nicht sosehr, was man tut, als was man von sich *entfernt* hat.

Kann man einer Sprache grollen? Vielleicht, aber nur in dieser Sprache. Jeder Groll gegen eine Sprache, in einer anderen geäußert, ist verdächtig.

Er tummelte sich tollkühn auf der Katastrophe, während sein Bruder träumend am Strand lag und sich sonnte.

Ein Azteke als Koch in Hampstead. ›Quetzalcoatl‹, sage ich zu ihm, er versteht mich nicht. ›Steak au Poivre‹, sage ich, und er grinst übers ganze Gesicht.

Eine Stunde lang beobachtete ich seine Gedanken, sie spielten sich zwischen Nase und Schnurrbart ab wie Hochmut und Ergebung.

Es reizt mich, kein Gehör zu finden.

Dichter erkennen einander an generösen Reden. Mein neuer Freund, der dunkle Weise aus Agra, hält sich in seinem gebrochenen Englisch genau so über Geizige auf, wie ich es täte: seine Visitenkarte.

Der erste Herausgeber von Nestroys Werken (einer der beiden Herausgeber) war Ludwig Ganghofer: er muß Nestroy für einen Wilderer gehalten haben.

Der späte Ruhm *Svevos*: ein Geschenk von Joyce. Der bezahlte Lehrer, der sich gedemütigt fühlte, überschüttet den ›Bürger‹ mit seinem plötzlichen Reichtum: Ruhm.

Manche Romanfiguren sind so stark, daß sie ihren Autor in Gefangenschaft halten und erdrosseln.

Auflösung der Figur in der jüngsten Literatur: die Figuren, die unsere Zeit brauchen würde, sind so monströs, daß niemand mehr die Tollkühnheit aufbringt, sie zu erfinden.

Die alten Kleider ablegen. Erinnern, ja. Aber nicht in den alten Kleidern.

Céline in ›D'un Château l'Autre‹ zeichnet sich erstaunlich wahr: seine Anpassung an die Mächtigen in Sigmaringen; seine paranoische Situation, deren er sich immer bewußt ist, er war wirklich in großer Gefahr. (Der Krieg geht zu Ende. Die Pétain-Regierung und ihr leitendes Personal befinden sich auf der Flucht in Sigmaringen.)

Während er dieses Buch schreibt, über Ereignisse, die gut zwölf Jahre zurückliegen, formiert sich neuer Haß in ihm, gegen die, die ihn zum Schreiben anhalten, seine Verleger; ›Achille‹ ist Gaston Gallimard.

Seine ärztliche Funktion in Sigmaringen bringt ihn mit allen Menschen dort zusammen. Der deutsche Oberarzt in Uniform, den er auf seine Prostata hin untersucht. Die Wirtin, die ihn nackt, er hat ihr eben eine Injektion gegeben, um die Abtretung seiner Frau, einer ›Bariserin‹, zur Liebe bittet. Der SS-Kommandant aus einer Junker-Familie, den er mit besonderer Vorsicht behandelt. Er wird von allen als Arzt ausgesucht, man schickt ihn hin und her, Respekt hat man vor ihm erst, seit sich herausstellt, daß er über Zyankali verfügt.

Alles, was bei Céline geschieht, wird durch ihn zu etwas Massenhaftem. Darin ist er sehr ungenau, wie jeder Paranoiker; aber man bekommt das Gefühl von einem gefährlich wimmelnden Leben, das auch abscheulich ist. Mit ›Juifs‹ ist er in diesem Buch nicht so freigebig wie früher. Aber jeder Deutsche ist ein ›Boche‹ und das Wort enthält bei ihm alle Verachtung, deren er fähig ist.

Das Buch ist das ausführliche Sich-Erinnern eines, der sich meist, eigentlich immer verfolgt fühlt. Darin liegt auch das Geheimnis seiner Lesbarkeit, er findet sich immer in Gefahr und das Gefühl davon überträgt sich auf den Leser. So leicht wie die meisten Leute Kriminalromane lesen, so leicht liest sich Céline. Er scheut keinen peinlichen Ausdruck, das erzeugt den Anschein immerwährender Wahrheit.

Er hat sehr viel gesehen, schon als Arzt und dann durch sein abenteuerliches Schicksal. Man wundert sich, daß nicht alle Ärzte das Leben so wie er empfinden. Es ist ihm keine Schutzschicht gewachsen, wie den anderen Ärzten. Vielleicht hängt das auch damit zusammen, daß er Armenarzt blieb. Das Gefühl von seiner Bedeutung als Schriftsteller, das er bestimmt hat, tritt bei ihm anders in Erscheinung als bei anderen Schriftstellern. Es verleiht ihm das Recht, alles anzugreifen. Aber er hat keine Überheblichkeit wie die anderen, dazu sind ihm alle Lebensphänomene, auch seine eigenen, viel zu fraglich.

Er ist ein arger Verfälscher, schon durch das Massenhafte fast aller Szenen, an die er sich erinnert. Doch gibt es bei ihm komische Berichte von großer Kraft, die etwas von Rabelais haben, Berichte über Gespräche mit einzelnen Menschen: die Szene mit Laval und Brisselonne, oder die andere mit Abetz und Chateaubriant. Er ist ein Erzähler ältesten Schlages, das könnte einen mit Hoffnung fürs Erzählen erfüllen. Er durchbricht seine Erzählung unaufhörlich mit Abschweifungen, durch die er ihr die Trivialität benimmt.

Seine Auffassung von sexuellen Vorgängen ist die eines Arztes und durchaus überzeugend. Frauen haßt er beinahe noch mehr als Männer. Die läppische Selbstverherrlichuung des Geschlechts, die Miller und seine Nachfolger unerträglich macht, geht ihm sosehr ab wie einem mittelalterlichen Theologen.

Er hat sich fast immer schlecht gefühlt, das versöhnt ein wenig mit seiner Gehässigkeit, die wahllos und monströs ist. Er fällt nicht über die Menschen her, die heute in Frankreich verpönt sind; wenn er durch die Art seiner Darstellung sich verteidigt, verteidigt er auch sie. Er hat viel Noblesse, in seinem Medium erstaunlich. Jede Macht und jede Anbetung haßt er.

Die Erinnerung will ungestört und in ihrem eigenen Augenblick kommen und niemand, der *damals* da war, soll sie bei ihrem Vorhaben stören.

Wie wenig du gelesen hast, wie wenig du kennst, aber vom Zufall des Gelesenen hängt es ab, was du bist.

Eine Figur, die es zuwege bringt, alles durch Dauer zu zerstören.

Mythus? Meinst du etwas, so alt, daß es *nicht mehr* langweilig ist?

Statt einer Literaturgeschichte der Einflüsse eine solche der Gegeneinflüsse; sie wäre aufschlußreicher. Gegenbilder, nicht immer offensichtlich, sind oft wichtiger als Vorbilder.

Die Biographie eines Menschen aufbauen aus allem, was ihn abgestoßen hat. Es dringt auf eine ganz andere Weise ein, es steckt verloren, aber wach, unter der Haut. Einmal verworfen, kann es sich vergessen, doch ist diese Vergessenheit scheinbar, und das Abgestoßene als das Verworfene läßt sich ohne Scheu *verwenden*.

Ein scheinbar dicker Mensch, der aus zwölf wohlverpackten Dünnen besteht, die alle zugleich piepsen.

Der *Lobsammler* ärgert sich über das Schweigen der Straßen. Er geht sie unermüdlich ab, um sie zu Lob zu zwingen und ist über ihren Widerstand erbittert. Die Zeitungen sind ihm zu täglich. Die Menschen werfen sie wieder fort, mitsamt seinem Bild. Würde es ihm genügen, wenn jeden Tag etwas Neues über ihn in der Zeitung stünde? Nein! Zwar braucht er die Zeitungen: er hat sie so lange gelesen, bis er darin stand, aber er will viel mehr.

Er will die Ereignisse der Welt verdrängen. Er will, daß man sich mit ihm, nicht mit Erdbeben und Kriegen beschäftigt. Völlig sinnlos findet er die Beschäftigung mit dem Mond. Er grollt dem Mond, weil von ihm so viel die Rede war.

Der Lobsammler füllt ein Haus mit seinem Namen. Jedes kleinste, aber auch jedes größte Stück Papier, auf dem sein Name steht, wird aufgehoben.

Manchmal liest er das ganze Haus durch, immer wieder dasselbe, obwohl es schon alt ist. Aber lieber hat er Neues.

Er erwartet neue Wendungen, Sätze, wie er sie noch nicht gehört hat, eine ganze Sprache des Lobs, für ihn allein erfunden. Tote dürfen manchmal mitgelobt werden, er holt sich ihren Segen.

Der Lobsammler wäre bereit, für jede Schmähung oder auch bloße Kritik die Todesstrafe zu verhängen. Er ist nicht unmenschlich, er bedauert ihre Abschaffung nicht, nur für solche besondere Fälle, wenn es nämlich um ihn selber geht, wäre sie wieder einzuführen.

Der Lobsammler entläßt kein Lob, auch für doppelt, dreifach, vierfach Gesagtes hat er immer Platz. Er wird fett und fetter, aber er trägt es gern. Er findet immer Frauen, die ihn für dieses Fett lieben. Sie lecken an seinem Lob und hoffen etwas davon abzukriegen.

Umkehrungen

Beim Begräbnis ging der Sarg verloren. Man schaufelte die Leidtragenden eilig ins Grab. Der Tote tauchte plötzlich aus dem Hinterhalt auf und warf jedem eine Handvoll Erde in sein Grab nach.

Die Lichter gingen aus, die Stadt war in Dunkelheit gehüllt. Die Verbrecher bekamen Angst und ließen die Polizisten laufen.

Der Hund nahm seinem Herrn den Maulkorb ab, behielt ihn aber an der Leine.

In einer Lichtreklame tauschten die Buchstaben ihre Stelle und warnten vor der angepriesenen Ware.

Die Katze behängte die Maus mit ihren Krallen und entließ sie ins Leben.

Gott tat die Rippe in Adams Seite zurück, blies ihm den Atem aus und verformte ihn wieder zu Lehm.

1971

Jährliches Mordfestival in Sarajewo: Die Bevölkerung wird in die Tierfelle der Opfer Franz Ferdinands verkleidet. Der Thronfolger fährt schießend vom Rathaus ins Mordmuseum. Tausende von Opfern fallen sterbend ins Flüßchen. Ist es schon wieder, ist es noch immer Krieg?

An der Ecke springt der Darsteller Princip vor und trifft den Massenmörder ins Herz.

Er sank dem Gespenst der Menschheit in die Arme.

Tolstois Verkleidung als Käfer auf einem Ball. Ob Kafka, der Tolstoi verehrte, nach der Niederschrift der »Verwandlung« gern davon gelesen hätte?

Der *Lesende*, der nicht aufhören kann, der immer weiter, immer mehr, immer mehr Altes liest, ist eine unverächtliche Figur geworden, eine Art von Vertrauensmann der andern, die sich auf ihn verlassen: er wird, wenn er nur nie aufhört, – so denken sie –, auch das Entscheidende finden.

Das Kynische als eine Massenbewegung unserer Zeit. Ein riesiges Faß des Diogenes, in dem sich hunderttausend beisammenfinden.

Am wahrhaftigen Dichter schätze ich am höchsten, was er aus Stolz verschweigt.

Es interessiert mich nicht, einen Menschen, den ich kenne, präzis zu erfassen. Es interessiert mich nur, ihn präzis zu übertreiben.

Man fragt sich, was Gott gesagt hätte, hätte er Tolstoi zugeschaut. Gebetet wurde genug, aber das kann Gott schwerlich interessieren.

Die Ereignisse hätten Gott schon beschäftigen müssen. Vielleicht hätte Tolstoi seine Eifersucht geweckt. Vielleicht hätte er ihn als Bruder angenommen.

Ich kann sein Bild nicht vergessen, er schwebt mir vor, wie ein Ahne. Welche Kraft muß die Ahnenverehrung Menschen gegeben haben. Was verehren wir? Was können wir verehren?

Es ist zu sagen, daß Tolstoi 82 Jahre alt wurde und Dostojewski nur 59. 23 Jahre sind eine sehr lange Zeit. Wäre Tolstoi wirklich da, wenn er schon 1887 gestorben wäre?

Ganz unmöglich ist es, über die Ungerechtigkeit der Lebensalter hinwegzukommen.

Am ehesten mag ich Gott noch als Tolstoi.

Besser werden kann nur heißen, daß man's besser *weiß*. Es muß aber ein Wissen sein, das einem keine Ruhe gibt, ein hetzendes Wissen. Ein Wissen, das beruhigt, ist tödlich.

Es ist sehr wichtig, daß man manches Wissen ablehnt. Man muß den Augenblick abwarten können, in dem ein Wissen zum Stachel wird: jede Ahnung ihr eigener Schmerz.

Wie jämmerlich, nur *ein* bestimmtes Alter zu haben! Man möchte gleichzeitig zweierlei Alter haben und es wissen. »Wie alt sind Sie?« – »27 und 65.« – »Und Sie?« – »41 und 12.«

Aus diesen Doppelaltern wären neue und verlockende Formen des Lebens abzuleiten.

Unverfrorenheit des Reichen, der Arme *berät.*

Ich weiß ganz genau, was ›bürgerlich‹ ist. Sobald einer das Wort ausspricht, weiß ich es wieder nicht.

Man weiß nie, was daraus wird, wenn die Dinge plötzlich verändert werden. Aber weiß man denn, was draus wird, wenn sie *nicht* verändert werden?

»Ich steige über zwei ganz kleine Knaben, die am Boden liegen und sich wie Affen aneinander klammern. Flüchtlinge sagen, daß ihr Dorf ungefähr eine Woche her niedergebrannt und jedermann darin umgebracht wurde außer diesen beiden. ›Wir haben sie seit drei Tagen hier‹, sagt der Arzt, ›und niemand weiß, wer sie sind. Sie sind so entsetzt über das Gesehene, daß sie außerstande sind zu sprechen. Sie liegen nur so da und klammern sich aneinander. Es ist fast unmöglich, sie zu trennen, auch nur lange genug, um sie zu füttern. Es ist schwer zu sagen, wann sie die Sprache wiederfinden werden.«

Das Geschriebene ist dreifach entsetzlich. Manche können es nicht lesen. Es vergißt sich trotzdem.

Wäre es möglich, daß die Empfindlichkeit derer, die nicht verhärtet sind, weil sie es nicht gesehen haben, – wäre es möglich, daß ihre Empfindlichkeit auf die einwirkt, die dabei waren? Hat das Entsetzen, das sich nicht abfinden konnte, weil es sich nicht abfinden mußte, dieses Amt?

Wenn es so wäre, dann hätte es einen Sinn, daß Menschen nie Töter waren. Aber ihre Zahl ist zu gering und die der Töter oder der Zeugen eine zu große.

Vielleicht ist kein einziger Mensch es *wert*, ein Kind zu haben.

Ob die Übergriffe der Hölle geringer waren, als man noch an sie glaubte? Ob unsere höllischen Naturen erträglicher waren, als sie wußten, wohin sie münden würden?

Wir, stolz auf die Abschaffung der Hölle, verbreiten sie jetzt überall.

Die letzten Menschen werden nicht weinen.

Der Feind meines Feindes ist *nicht* mein Freund.

Auch ich gehöre zu den ›Milden‹, die Verbrechen zu erklären versuchen, und damit halb und halb entschuldigen. Ich hasse die Strafe, die von Sicheren verfügt wird. Ich verabscheue den Zwang. Aber ich kenne auch genau die abgründige Schlechtigkeit des Menschen. Ich kenne sie von mir selbst.

Ist es also Milde für mich, die ich durch diese Erklärungen erlange?

Nein, in meiner eigenen Rechenschaft bin ich hart.

Doch ich bin um Verbrechen herumgekommen und damit um jede öffentliche Strafe. Wie kann ich Strafen gegen andere wollen, die mich selbst nie treffen werden? Müßte man Verbrechen begehen, um Strafen anzuerkennen? Nein, das wäre Mutwille und Heuchelei.

Welchen Weg gibt es, Strafen ihre Billigkeit zuzuerkennen, ohne es sich selber leicht gemacht zu haben?

Ein Land, in dem die Richter sich selber mitbestrafen. Keine Gerechtigkeit, die ihnen nicht ins eigene Fleisch schneidet. Keine Strafe, die sie nicht selber mitbetrifft. Kein Freispruch, der ihnen nicht zugute kommt, nur er kostet sie nichts.

Selbstanklagen machen nichts besser. Je tiefer sie greifen, umso verläßlicher enden sie in Selbstzufriedenheit. »Was bin ich für ein Kerl! Sogar das kann ich mir ungestraft sagen!«

Gewisse Worte, fühlt man, sind für jeden zu schrecklich, außer für einen selber.

Alle Pessimismen der Menschheitsgeschichte zusammengenommen wiegen nichts gegen die Wirklichkeit. Keine der alten Religionen kann genügen, sie entstammen alle idyllischen Perioden.

Den Weg durch das Labyrinth der eigenen Zeit finden, ohne ihr zu erliegen, aber auch ohne herauszuspringen.

Er hätte mehr Zutrauen zu sich, wenn er noch nie etwas von sich gehört hätte.

Wenn sich herausstellen sollte, daß wir, die immerwährenden Zukunftsbüßer, in der besten aller Zeiten gelebt hätten!

Wenn man uns um die Millionen verhungernder Bengalen *beneiden* würde.

Wenn man unsere Unzufriedenheit und unser miserables Gewissen als köstliche Biedermeier-Allüren verlachen würde!

Wenn man immer wieder und tausendfach untersuchen würde, wie wir es fertiggebracht hätten, soviel Freiheit, soviel Luft, soviel Gedanken zu haben!

Wenn man unsere Ahnungslosigkeit zum Gipfel der Menschlichkeit erklären und in unserer Abneigung gegen den Tod eine *harmlose* Mordlust erkennen würde!

Die Blinden, diese Besserwisser.

Der Scharfsinn in allen Lebensbereichen, der sie immer weiter auseinandertreibt, und kein Scharfsinn, die Abgründe zwischen ihnen zu überbrücken.

Soviel Männer im Kopf und was sie gesagt haben! und doch muß man es selber finden und selber sagen.

In der Eitelkeit seiner Dialektik behält er sich jede Entscheidung vor, bis er zu keiner imstande ist, und hält das für Denken.

Er handhabt seine Säge abwechselnd von zwei Seiten. Was er so zerschneidet, besteht nicht mehr.

Sein Sägemehl ist manchmal geistreich.

Viel Wurmgedanken: entzweigeschnitten wachsen sie weiter.

Dieses ganze maßlose Leben, unendlich sich vervielfältigend, – für uns? Das kann nur Gott glauben.

Täglich fielen ihm hundert Strukturen ein, vor Strukturen konnte er nicht mehr schlafen, er sprach und aß und schluckte, er entleerte sich von Strukturen. Wenn ich ihn traf, sang er mir neue Strukturen vor, wenn ich ging, verabschiedete er sich mit Strukturen.

Von einem gewissen Alter der Partner ab gehabt sich jedes artikulierte Gespräch bodenlos und teuflisch, als käme es beiden darauf an, sich mit einem abgezogenen Skalp von Worten zu behängen und davonzumachen.

Nun ist aber nichts windiger als ein Skalp von Worten. Worte bleiben nur dann gehört, wenn sie an ihren Eröffner zurückgeschickt werden. Sie sollen durch ihre Rückkehr verstörte Träume wecken, die sich dem ehrlichen Finder zum Dank anvertrauen.

Ein Traum, der hin und her springt, ist das Höchste, was Menschen voneinander erlangen können.

Die Zeit, zu der ihn etwas interessiert, ist seine eigene. Freiheit vom fremden Stundenplan.

Aber auch Freiheit vom eigenen: die Folgen vertauschen, vorziehen, zurückstellen, erinnern, vergessen.

Das Ungewohnte nicht überschätzen. Das Gewohnte mit Stacheln versehen.

Dank seiner Vergeßlichkeit ist schließlich etwas aus ihm geworden.

Um heute frei zu sein, dient er sämtlichen Herren der Vergangenheit und der Zukunft.

Die russischen Kosmonauten waren tot, als sie auf der Erde landeten. Sie sind glücklich gelandet und an ihrer Landung ohne äußere Verletzung gestorben. Wenn das Herz versagt hat, so waren es alle drei Herzen zugleich. Ein Ende, ergreifender als ein Verschwinden im Weltraum. So sind sie gefunden worden, eine Warnung. Es wäre das Beste, ein Grund für ihren Tod würde sich nie finden lassen.

Doch sehr ernsthaft zu bedenken bleibt die kollektive Trauer der Russen für ihre drei Toten. Wenn solche Aufgaben die Funktion von Kriegen übernehmen könnten, als kollektive Anteilnahme an einer lebensgefährlichen Unternehmung, hätten die Weltraumfahrten trotz allem einen Sinn.

Es ist notwendig, daß Menschen alles zu bedenken versuchen, was *abgesehen von der Technik* da ist. Wie soll man sonst auf die Kräfte stoßen, die uns die Freiheit von der Übermacht der Technik ermöglichen?

Glücklich wäre er, wenn aus unerklärlichen Gründen plötzlich ein ganz anderer Sternhimmel über uns wäre.

Er neigte den Religionen zu, in denen die Götter einander wie den Menschen durch Verwandlungen entschlüpfen.

Ich bin von Mythen genährt. Ich versuche manchmal, ihnen zu entkommen. Vergewaltigen will ich sie nicht.

›Die Seidenraupe aus einem Wurm des geduldigen Hiob.‹

Mit den Göttern der Alten ist so viel verlorengegangen, daß man fürchten könnte, es ginge auch mit unserem eigenen, einfacheren Gotte etwas verloren.

Aber zu dem, der den Tod in die Welt gebracht hat, kann ich nie zurückfinden. Einen Gott des Lebens sehe ich nirgends, nur Blinde, die ihre Untaten mit Gott verbrämen.

Sind es die Erwartungen eines Kindes, die ich noch immer habe, wenn ich einen Riß in der Schale eines Menschen gewahre und plötzlich fühle: es ist noch nicht alles verloren, mit ein wenig Hilfe läßt sich ein stockendes Herz zum Schlagen bringen?

Zwar weiß ich es immer besser, ich habe eine furchtbar genaue Kenntnis von Menschen, aber nicht diese Kenntnis interessiert mich, die jeder haben kann, der eine Weile gelebt hat. Mich interessiert, was diese Kenntnis widerlegt, was sie aufhebt. Aus einem Wucherer würde ich gern einen Wohltäter, aus einem Buchhalter einen Dichter machen. Mich interessiert der Sprung, die überraschende Verwandlung.

Nie habe ich die Hoffnung aufgegeben, oft suche ich mich für sie zu bestrafen und verhöhne sie grausam. Aber sie lebt unantastbar in mir weiter.

Sie mag so lächerlich sein, wie jene andere, viel größere, jene ungeheure Hoffnung, daß ein Toter plötzlich vor mir stehen könnte und es wäre kein Traum.

Wer verstanden wird, ist falsch verstanden worden. Alles wirkt nur in Mißverständnissen weiter. Es bleibt trotzdem entscheidend, daß man dafür lebt, wirklich verstanden zu werden.

Erstes Gespräch mit Menschen, die er seit zehn Jahren vom Sehen kennt, die er täglich fragend angesehen hat und sie fragend ihn.

Viele solche Menschen soll einer haben und dann, nach Jahren, das Wort an sie richten.

Der Mann aus Asien, in Afrika niedergelassen, nach England verjagt, hier nie angekommen.

Wieviel Gesichter kann ein Mensch sich merken? Gibt es eine obere Grenze dafür? Und wird sie nur von Leuten wie Napoleon erreicht, die sich Menschen merken, damit sie für sie sterben?

Er mag Sätze einzeln, Sätze für sich, man kann sie in der Hand herumdrehen, man kann sie beuteln, man kann sie würgen.

Chinesische Namen haben etwas von der Endsprache, in die alle Sprachen der Menschen münden.

Werden die ungelesenen Bücher sich rächen? Werden sie, vernachlässigt, sich weigern, ihm das letzte Geleit zu geben? Werden sie sich auf die satten, die vielfach gelesenen Bücher stürzen und sie zerfetzen?

Musil bewundere ich schon darum, weil er das Durchschaute nicht verläßt. Er verbleibt vierzig Jahre in ihm angesiedelt und stirbt noch in ihm verhaftet.

Ich lese, als wäre es zum ersten Male, die Metamorphosen des Ovid. Es sind nicht die Reden und Gefühle der Figuren, was mich beeindruckt: sie sind zu kunstvoll, ihre Rhetorik ist in die europäische Literatur von Anfang an eingegangen und von Späteren zu besserer Wahrheit gereinigt worden. Aber die Inspiration des Gedichts, sein Gegenstand, sind die Metamorphosen und in diesen hat Ovid vorweggenommen, was Dichter bis zum heutigen Tage am heftigsten interessiert. Er begnügt sich nicht damit, Verwandlungen zu *benennen*, er spürt ihnen nach, er beschreibt sie, sie werden zu anschaulichen Prozessen. Damit löst er das Eigentlichste des Mythus aus seinem gewohnten Zusammenhang und verleiht ihm eine Auffälligkeit, die es nie wieder verliert. Es geht ihm um *alle* Verwandlungen, nicht nur um diese oder jene, er sammelt sie, er reiht sie aneinander, jeder einzelnen von ihnen geht er in ihre Verzweigungen nach und selbst dort, wo sie ihrer Natur nach gemeinsame Züge tragen, wirken sie jedesmal als frische, glaubhaft ergriffene Wunder.

Oft sind es Fluchtverwandlungen, aber sie sind einmalig, oft sind es solche des Schmerzes. Ihre Endgültigkeit macht ihren Ernst aus. Wenn es Rettungen sind, so sind sie teuer erkauft, die Freiheit des Verwandelten ist für immer verloren. Aber durch die Abwechslung und den Reichtum aneinandergereihter Verwandlungen ist die Fluidität des Mythus insgesamt bewahrt.

Es ist unschätzbar, was er damit für die christliche Welt gerettet hat: eben das, was ihrem Bewußtsein am meisten verlorengegangen war. Ihrer hierarchisch erstarrenden Lehre, ihrem schwerfälligen System von Tugenden und Lastern hauchte er den älteren, befreienden Atem der Verwandlung ein. Er ist der Vater einer Moderne, die es zu jeder Zeit gab, ihre Spuren wären auch heute unschwer nachzuweisen.

Man muß aufhören, bevor man alles gesagt hat. Manche haben alles gesagt, bevor sie beginnen.

Nichts mehr zu finden, keine unbekannte Art Mensch. Jetzt ist die Zeit der Verfilzung alles Bekannten.

Er hat die Mythen alle ausgezupft wie Gräser.

Augen, die nur den inneren Leib sehen, aber diesen blutig und genau. Ein Auge nach innen, ein Auge nach außen. Mit diesem doppelten Blick behaftet, – wie wären Menschen?

Die meisten Mystiker empfindet man nicht als Dichter, wohl aber die der Perser.

Es ist bei diesen mehr von Tieren die Rede und auch von Knaben. Ihre Schrift ist verschlungener, ihr Überschwang irdischer, ihre Gleichnisse haben etwas Heißes wie von Liebesatem, und zugleich etwas Umgrenztes wie vom täglichen Leben.

Es fehlt ihnen das Lammhafte klösterlichen Daseins. Man fühlt, daß sie gewandert sind und viel geschwiegen und plötzlich nach langem Schweigen mit Leidenschaft gesprochen haben.

Sie sind weise, doch ihre Diktion ist heftig. Sie lallen und sprechen wunderbar. Sie haben etwas von Akrobaten.

Er sucht nach dem einzigen Satz. Hunderttausend Sätze denkt er, um den einzigen zu finden.

In welcher Sprache wäre der einzige Satz zu finden? Sind die Worte des einzigen Satzes Weltkörper? Herzen? Tode? Tiere?

Der einzige Satz ist der, den er selbst nicht nachspricht, niemand.

Die Zerbrecher der Sprache suchen nach einer neuen Gerechtigkeit unter den Wörtern. Es gibt sie nicht. Wörter sind ungleich und ungerecht.

Die Munterkeit des Ariost ist in Stendhal eingegangen, die Raschheit, die Lust an der Verwandlung und die Willkür.

Stendhal hat viel mehr von Ariost als von Shakespeare aufgenommen.

Stendhals gemäßigte Haltung zum Tod, trotz dem frühen Verlust der Mutter und dem Ekel über Gott, ›von dem es kam‹, ist nur durch die französische Revolution zu erklären: sein Glücksgefühl über die Exekution des Königs. Ein Tod, der seinen verhaßten Vater so traf, erschien ihm als Glück und er wurde dem Tod dadurch etwas schuldig.

Stendhals dreifaches Vorbild in seiner Kindheit: der skeptische Großvater, der sich immer etwas *dachte*; die stolze Tante mit ihrer spanischen Noblesse; der Genießer Romain Gagnon, sein Onkel, ein Frauen- und Augenblicksmensch. Aber stärker noch sind die *Gegenbilder* seiner Jugend: der berechnende Vater, die keifende andere Tante, die ihn mit Haß verfolgt, und der ›Jesuit‹ Raillane, sein Lehrer. Diese Aufspaltung in Liebe und Haß, in Vor- und Gegenbilder, ist deutlicher und erregter dargestellt als in jeder anderen Autobiographie.

Der theoretische Wert des Henri Brulard liegt für mich besonders darin. Aber es gibt beinahe nichts im Brulard, das nicht unermeßlich wertvoll wäre. Da sind alle frühen Erlebnisse des Todes, von solcher Wahrheit und Kraft, daß sie einen selbst verfolgen. Da ist das hartnäckige Gefühl für Lokalitäten, nur manchmal gestaltet, aber immer präzis verzeichnet. Da ist ein moralischer Freimut, der keine Niedrigkeit verschweigt und sich doch immer augenblicklich auf die Seite der Großmut stellt. Da ist seine Neugier für jeden Menschen und die immerwährende Empfindlichkeit für den Reiz von Frauen. Seine Sensibilität für Bilder später ist anders nicht zu begreifen.

Stendhal verdanke ich die Überzeugung, daß jeder Mensch, – wenn es ihm gelänge, sich vollständig aufzuschreiben –, erregend und staunenswürdig und auch unersetzlich wäre.

Es ist die Spontaneität seines Denkens und Fühlens, was ich an ihm selber liebe, die Offenheit und glückliche Gereiztheit seiner Natur, das Rasche, das doch nicht vergißt, die unablässige Bewegung, die sich nie verliert, die Noblesse, die nie großmäulig ist, die Dankbarkeit, die genau weiß, wofür sie dankbar ist, das Unverschönte (außer es geht um Bilder), die erfüllte Bodenlosigkeit, in der es aber immer hell ist. Licht ist bei ihm überall, sein Denken selbst ist Licht. Aber es ist kein religiöses oder mystisches Licht, das blieb ihm immer verdächtig, es ist das der Lebensprozesse selbst, die sich in jeder konkreten Einzelheit bedenken.

Schwer ist es, sich die Grausamkeit zu bewahren, die zur unbestechlichen Beobachtung unerläßlich ist. Die Wärme der Erinnerung breitet sich überall aus, und einmal, wenn man ganz zu ihr geworden ist, wird man niemand mehr mit den harten Augen der Wirklichkeit sehen können.

Welchem Menschen wird es erlaubt, seinen Weg zu gehen, welcher Mensch wird nicht unaufhörlich hin und her gestoßen, in die Wüste hinaus, wo er nichts mehr von sich findet und verdorren muß, ein Hilfe-Stotterer, ein in Salz Versinkender, Blatt- und Blütenloser, Versengter, Verfluchter?

Kein Mensch kennt die volle Bitterkeit, die auf ihn wartet, und wenn sie plötzlich erscheinen würde wie ein Traum, würde er sie bestreiten und die Augen von ihr abwenden.

Hoffnung heißt das.

Es gibt keinen Schmerz, der nicht zu übertreffen wäre, das einzig Unendliche ist der Schmerz.

Die Philosophen, die einem den Tod *mitgeben* möchten, als wäre er von Anfang an in einem da.

Sie ertragen es nicht, ihn erst am Ende zu sehen, sie verlängern ihn lieber bis an den Anfang zurück, sie bestimmen ihn zum intimsten Begleiter des ganzen Lebens, und so, in dieser Verdünntheit und Vertrautheit wird er ihnen erträglich.

Sie begreifen nicht, daß sie ihm damit mehr Macht gegeben haben, als ihm zukommt. »Es tut nichts, daß du stirbst«, scheinen sie zu sagen, »du bist ohnehin schon immerwährend gestorben.« Sie spüren nicht, daß sie sich eines schnöden und feigen Tricks schuldig machen, denn sie lähmen so die Kraft derer, die sich gegen den Tod zur Wehr setzen könnten. Sie verhindern den einzigen Kampf, der es wert wäre, gekämpft zu werden. Sie erklären zur Weisheit, was Kapitulation ist. Sie überreden jeden zu ihrer eigenen Feigheit.

Die unter ihnen, die sich für Christen halten, vergiften damit den eigentlichen Kern ihres Glaubens, der aus der Überwindung des Todes seine Kraft bezog. Jede Wiederbelebung, die Christus in den Evangelien gelang, wäre, wenn es nach ihnen ginge, sinnlos.

»Tod, wo ist dein Stachel?« Er sei kein Stachel, sagen sie, denn er ist schon immer da, dem Leben eingewachsen, sein siamesischer Zwilling.

Sie liefern den Menschen dem Tode aus wie einem unsichtbaren Blut, das unablässig durch seine Adern pulsiert, soll man es das Blut der Ergebung nennen, den geheimen Schatten des wahren Blutes, das sich unaufhörlich erneuert, um zu leben.

Freuds Todestrieb ist ein Abkömmling alter und finsterer philosophischer Lehren, aber noch gefährlicher als diese, weil er sich in biologische Termini kleidet, die das Ansehen der Moderne haben.

Diese Psychologie, die keine Philosophie ist, lebt von deren schlechtestem Erbe.

Die Sprachphilosophen, die den Tod auslassen, als wäre er etwas ›Metaphysisches‹. Aber daß der Tod in die Metaphysik geraten ist, ändert nichts daran, daß er das älteste Faktum ist, älter und einschneidender als jede Sprache.

Die Stoiker überwinden den Tod durch den Tod. Der Tod, den man sich selbst versetzt, habe einem nichts mehr an, so brauche man ihn nicht zu fürchten.

Wer sich den Kopf abgeschnitten hat, fühlt keine Schmerzen.

Man weiß nichts gleich; was man gleich zu wissen glaubt, hat man lange vorher erfahren.

Es zählt nur das Wissen, das geheim in einem geruht hat.

Der Eitle will Gott nicht zu früh um Beistand bitten. Er spiegelt sich erst in der Kraft, die er nicht hat, sieht zu, wie sein fälschlich

Beanspruchtes schwindet, freut sich seiner Schwäche und sagt plötzlich in stupender Unverfrorenheit: Gott, als wäre dieser heimlich immer schon für ihn da gewesen.

Eine Zunge, die bis in die Hölle reicht.

Alle stellten sich als Monumente hin und verharrten reglos. Bis zur nächsten Mode, dann fingen sie wieder an zu zucken und zu zappeln.

Pause bis zur Wiederauffindung der Ewigkeit.

Eine Welt, die nicht die Leidenschaft dessen weckt, in den sie eingeht, ist keine. Mit bloßem Einsickern ist es nicht getan. Der Mensch, der wie ein Karst ist, muß seine unterirdischen Flüsse bilden und sie sollen ungeheuer und unerwartet ans Tageslicht treten.

Ein Gewitter, das eine volle Woche dauert. Finsternis überall. Lesen nur, wenn es blitzt. Das in Blitzen Gelesene erinnern und verbinden.

Wieviel Schmeichelworte braucht der Mensch, um besser zu werden? Man sagt ihm, wie er *wäre*, und er findet Gefallen an sich.

Es gibt keinen Kopf, der nicht interessant wäre. Man muß sich nur hineinversetzen.

Es fragt sich, ob es sträflich ist, sich im Alter mit Absicht zusammenzufassen. Denn es wäre denkbar, daß man sich unter dem Druck des Heraufgeholten nach außen verschließt, nichts mehr aufnehmen will und nichts mehr aufnimmt.

Vielleicht ist der Wert von spät Aufgenommenem zweifelhaft. Es dringt nicht überall ein, es rieselt an der Oberfläche ab, man trägt einen undurchlässigen Mantel gegen Neues.

Die Offenheit nach *innen*, im Gegensatz dazu, wächst so sehr an, daß man ihr nachgeben *muß*, wenn ihr Ertrag es auch nur halbwegs rechtfertigt. Die Schwierigkeit ist, daß ein Glanz sich auf alles Frühere legt, bloß weil es früher war, insbesondere ist es ein Glanz von den Toten. Es ist einem nicht gegeben, diesem Glanz zu mißtrauen, denn er enthält die Dankbarkeit für das Gelebte. Es *kann* nur das Selbstgelebte sein, das Eigene, und die Schuld, die man zuweilen fühlen mag, weil es nicht das Gelebte aller anderen ist, weil es sie sozusagen ausschließt, ist eine anmaßende Schuld, denn wie hätte man das Leben aller führen können?

Erinnerung ist gut, weil sie das Maß des Erkennbaren vergrößert. Aber es ist besonders zu achten darauf, daß sie nie das Furchtbare ausschließt.

Sie mag es anders fassen, als es in seiner schrecklichen Gegenwart erschien, anders, aber nicht weniger grausam, nicht erträglicher, nicht weniger sinnlos, schneidend, bitter, und nicht zufrieden, weil es vorüber ist, nichts ist je vorüber.

Der eigentliche Wert der Erinnerung besteht in dieser Einsicht, daß nichts vorüber ist.

Man kann sich nicht streng genug sehen. Es muß aber eine *ausführliche* Strenge sein, sobald sie vereinfacht ist, wird sie zur wertlosen Pose des Verdammens, das fälschlich Lust bereitet.

Aufatmen unter Tieren: sie wissen nicht, was ihnen bevorsteht.

Lange vor der Erschaffung der Welt gab es Philosophen. Sie lauerten auf sie, um sagen zu können, daß alles gut sei. Denn hatten sie's nicht gedacht? Und wie konnte etwas, das sie sich gedacht hatten, nicht gut sein?

Als ihren Gedanken brachten sie das zwielichtige Gebilde hervor und kicherten über die Richtigkeit ihrer Vorhersage.

Die Schuld als Karma – unsäglicher Hochmut des Menschen: an den Tieren, in denen sie Aufenthalt nehme, bestrafe sich die Niedertracht seiner Seele.

Wie wagt er es, Tiere mit seiner Seele zu bestrafen? Haben sie sie denn etwa eingeladen? Kann es ihnen erwünscht sein, durch sie herabgesetzt zu werden? Sie wollen die Seele des Menschen nicht, sie verabscheuen sie, sie ist ihnen zu gedunsen und zu häßlich. Sie ziehen ihre anmutige Armut vor und weit lieber als von Menschen lassen sie sich von Tieren fressen.

1972

Tasso bietet sich aus Angst vor ihr der *Verfolgung* an. Er kommt ihr zuvor, er fordert ihre Strenge. Sie will ihn nicht, er rennt ihr entgegen. Er fleht sie um Beachtung an, sie weicht ihm aus. Er beschuldigt sich, sie beschwichtigt ihn. Dich will ich nicht, sagt sie, er wirft sich ihr zu Füßen.

Zwischen den Großen der Erde und der geistlichen Verfolgung schwankt er hin und her. Wenn er vor den Großen flieht, rettet er sich zur Verfolgung. Aber es ist nur die Verfolgung der Kirche, die er anerkennt, die der Großen bestreitet er, und wenn diese ihm an den Leib rückt, entflieht er zu jener der Kirche.

Niemand ermißt das Maß der Demütigung des Dichters unter Großen. Er sucht nach den Mächten, die stärker sind als sie und bietet sich ihnen an als Beute. Der Dichter, der sich seiner Größe bewußt ist, muß unter den Großen der Welt dem Irrsinn verfallen. War er von Jugend auf unter ihnen, so gibt es eine einzige Rettung für ihn: daß sie ihn als ihresgleichen anerkennen. –

Die Geldnöte Tassos erinnern an die Baudelaires. Der Satanismus Baudelaires war auch in Tasso. Aber Tasso hatte in Frankreich die Verfolgung der Kirche mitangesehen; nicht lange vor der Bartholomäusnacht, in der Atmosphäre unmittelbar zuvor, war er in Paris und erfuhr von Massakern in anderen Städten. So wuchs sein Schrecken vor dieser Verfolgung, und was für einen Menschen des 19. Jahrhunderts ein halb frivoles Spiel war, war für Tasso der tödlichste Ernst. An die Hölle, die er manchmal bezweifelt hatte, glaubte er wieder und fühlte sie als akute Gefahr. Vor dieser, wie vor der Verfolgung der Mächtigen, sollte ihn die Strafe der Kirche retten.

Einen Menschen, der so ›modern‹ war wie Tasso, hat es vielleicht in der ganzen Renaissance nicht gegeben. Denn für uns sind die kollektiven Mächte wieder dringlich da, es ist undenkbar, daß ein geistiger Mensch sich nicht auch auf sie bezieht. Ihrer Macht, sosehr er sich bemühen mag, ihr auszuweichen, gibt etwas in ihm Recht. Er fühlt sich für seinen Widerstand schuldig, so schuldig wie damals ein gläubiger Sohn der Kirche.

Für die unter den Dichtern, deren Angst nicht einschläft, die sie selber bleiben, gibt es keine Rettung. Sie können sich für eine Weile einer der großen kollektiven Einheiten ergeben, aber sie können ihr nicht ohne Pein ergeben bleiben, wenn sie in ihrem Bereiche leben.

Jede Feigheit, jede Zurückhaltung ist für den Schriftsteller Sünde. Seine Kühnheit liegt im Aussprechen. *Obwohl* er Verantwortung dafür trägt, muß er es sagen.

Selbst wenn es eine einzige unbestrittene Weltreligion gäbe, hätte er das Recht, von ihr abzusehen und sich nicht zu ihr zu äußern. Doch dieses Recht hätte er nur, wenn er etwas Dringliches zu sagen hätte, das nur er sagen kann.

Aber was ist dringlich? Was er in anderen fühlt und erkennt, das sie nicht sagen können. Er muß es erst selbst gefühlt und erkannt und dann in anderen wiedergefunden haben. Die Übereinstimmung schafft die Dringlichkeit. Er muß zu zweierlei fähig sein: selbst stark fühlen und denken; und in einer nie ablassenden Passion die anderen *hören* und ernstnehmen. Der Eindruck der Übereinstimmung muß redlich sein, von keiner Eitelkeit getrübt.

Aber er muß es auch sagen können: unzulänglich gesagt, verliert es seine Dringlichkeit und er macht sich einer Vergeudung dieser Übereinstimmung schuldig. Sie ist das Kostbarste, aber auch das Unheimlichste, das ein Mensch erleben kann. Er muß sie aufrechterhalten können, wenn sie zu zerbröckeln droht, er muß sie durch neue Erfahrung und Mühe unaufhörlich nähren.

Er bemüht sich, nicht zuviel Vorurteile auf einmal zu verlieren. Vorsicht, langsam, sonst bleibt nichts von ihm übrig.

Der Name ›Moralist‹ klingt wie eine Perversion, man wäre nicht verwundert, sie bei Krafft-Ebing plötzlich vorzufinden.

Er stellt sich vor, daß er die Moral wie einen Sargdeckel von sich abwirft. Was für eine kreuzlebendige Leiche käme da zum Vorschein!

Er schüttelte allen Toten die Hand und stellte sich unter ihnen auf als Letzter.

Ihn jucken seine verhaßten und verschwiegenen Figuren.

Er steckte alle mit seiner Düsternis an und entkam ihnen.

Der Bittere muß sprühen, vertrocknet dient er zu nichts. Seine Funken müssen die Hoffnung enthalten, die er selbst nicht mehr duldet.

Es gibt etwas wie einen leiblichen Ekel vor jedem Menschen, der nicht man selbst ist.

Wieviel Bewußtsein der eigenen Person gehört dazu? Ob man diesen Ekel auch empfände, wenn man selbst, anders verkleidet und nicht auf der Stelle erkennbar, auf sich zukäme?

Mit Absagen behängt auf die Straße gehen und nichts als Nein Nein Nein um sich verbreiten.

Der Selbsthasser liebt sich *mehr*. Er schlottert vorm Tod und sagt: ›Er ist das Beste, was wir haben.‹

Lang, lang ist's her, daß er im Haß geborgen lebte.

Das Alter wurde ihm aberkannt.

Alles, woran sich die 75jährige Maus erinnert, ist falsch. Aber niemand spricht zu ihr, wenn sie sich nicht erinnert. So redet sie und behauptet sie, und wenn manche Namen nur stimmen, erlaubt man ihr, älter zu werden und weniger und weniger und weniger zu wissen.

Schließlich ist sie auch für das letzte Loch zu klein und verdunstet.

Die Philosophen versammeln sich, um ihre unverächtliche Zahl zu beweisen. Sie ordnen sich in Schulen an, die besondere Uniformen tragen.
Überläufer werfen ihre Uniformen ab und rennen nackt und zitternd zu den andern hinüber. Da werden sie mit Jubel empfangen und eingekleidet.

Manche Schulen schrumpfen auf einen einzigen Anhänger zusammen. Dieser darf seinen Ort nie verlassen, sonst ist es mit der Schule zu Ende. Es kommt vor, daß eine ganze, sehr zahlreiche Schule von einer Seuche dahingerafft wird, für die alle anderen immun sind.

Es bilden sich aber auch plötzlich neue Schulen, wie aus dem Nichts, mit Namen, die aufhorchen machen. Sie werden von Herolden ausgerufen, die keine Philosophen sind und nicht verstehen sollen, was sie sagen.

Besonders schöne Herolde dürfen mehrere neue Schulen gleich hintereinander ausrufen. Aber auch bucklige oder verkrüppelte Herolde sind beliebt. Sie bekommen einen Fixierwein zu trinken, der ihre Gestalt für immer festlegt, sie, das Beständigste in der Philosophen Flucht.

Nicht vernünftiger sein, als man ist. Nichts zudecken mit der Vernunft. Mit der Vernunft nicht vorausrennen. Die Vernunft gegen seine eingeborene Böswilligkeit einsetzen, aber nicht zur Verstellung von Erkenntnis.

Es gibt Sätze, die nur in einer *anderen* Sprache etwas bedeuten. Wie auf eine Hebamme warten sie auf ihren Übersetzer.

Einer läßt die Armen zu sich kommen und schenkt ihnen Reiche.

Der Bettler gab ihm das Goldstück zurück, schüttelte den Kopf und sagte: Kupfer!

Eine Gruppe schläft, während die andere wacht und arbeitet. Erst wenn diese einschlafen, wachen jene auf. Nun gehen sie umher, ihrem Tageslauf nach. Sie beachten die Schlafenden nicht, höchstens, indem sie einen Bogen um sie machen, um sie nicht zu stören. Dann legen sie sich wieder schlafen, und es ist die Reihe der andern.

So sprechen die beiden Gruppen nie zueinander, so kennen sie einander nie wach.

Aber heimlich rätseln sie den Schlafenden nach, von denen sie nicht sprechen sollen, es verstößt gegen die Sitte. Sie kennen sich zwar an ihren Werken, sind aber nie zugegen, wenn sie vollbracht werden.

Unglückliche Liebe richtet sich auf Schlafende. Eine jenseitige, entfernte Welt ist überflüssig, man hat sie in den Schlafenden immer vor Augen. Das Jenseits ist immer da, es schläft. Wie wäre es, wenn es erwacht? Dieser Kerngedanke ist der Inhalt ihrer Metaphysik. Im Traum begegnen sie einander. Aber sie leben unbekannt am selben Ort.

Pferde, die kein Futter brauchen: sie nähren sich von ihren Hufschlägen.

Forellen, die auf Schwalben Jagd machen.

Das Schwanken der Pfauen, ihr Schrei: keifende Ballerinen.

Dort sind Männer Sklaven. Befehle kommen nur von Frauen. Auch Kriege werden von Sklaven durchgeführt, während Frauen erhöht sitzend zuschauen und gähnen.

Keine Frau hat je getötet, darauf ist ihr Standesgefühl gegründet. Männer sind dort Sklaven, weil sie sich durch Töten beflekken.

Wie kann einem Manne zumute sein, der aus dem Gefängnis nach Hause zurückkehrt und für ihn, nur für ihn sind eine Million Menschen getötet worden?

Er hat es überlebt, aber mit genauer Not. Ist es eher erträglich, ein Überlebender zu sein, wenn man nur mit genauer Not überlebt hat?

Rache? Rache? Alles kommt von selber zurück, auf das Genaueste, und Rache verwirrt es.

Schlechte Bücher in ihrer Hölle werden von witzigen Teufeln bedient.

Jetzt werden die Dichter wieder vergessen müssen, was nackt ist.

Es ist sehr wichtig, was einer zum Schluß noch vorhat. Es gibt das Maß des Unrechts seines Todes.

Lenz, auf einer Moskauer Straße erfrierend, schickt Goethe seinen letzten Traum.

Der Alterstrunkene.

Es wurde so gefährlich, daß auf der ganzen Oberfläche der Erde kein lebendes Wesen mehr sich zu zeigen wagte. Unten ging es noch lebhaft zu. Die Kruste war öde wie die des Monds. Selbst Rauchwölkchen waren gefährlich. Die Schrecken, wenn man tief unten irgendwo aufeinanderstieß. Die ganze Menschheit eine Nation von Bergarbeitern, Stollen über Stollen und genaueste Kenntnis gefährlicher Gase. Die Mächtigen zutiefst mit ihren Schätzen an Luft. Gegen die Oberfläche hin halb ersticktes Gesindel, mit dem ewigen Bau von Dämmen gegen oben beschäftigt. Was chinesische Mauer! Die ganze Oberfläche eine gut zementierte Rinde des Schutzes, in unaufhörlicher Reparatur begriffen, geflickt und ausgebessert und nochmals geflickt. Gebückt die Sklaven. Auf Thronen von komprimierter Luft die Mächtigen, die sich nie erheben, keinen Augenblick lang sich von ihren Schätzen entfernen.

Das ›Tiefste‹, es war das Feigste. Es soll die Wand nicht weggedacht werden, gegen die wir anrennen.

Die unerträgliche Schwere auf sich nehmen. Nichts wegleugnen. Nicht davontänzeln.

Nicht die Einsamkeit, nicht die Gebrechen, nicht der Jammer der Alten, nichts vermag es, dich zu bekehren. Deine Gesinnung ist leise und unabwendbar wie ein Tiger. Ist es Selbstzufriedenheit? Kannst du zum winzigsten Stück der Geschichte ja sagen? Aber es soll nicht enden.

Wie kann es nach dieser Geschichte anders werden? Läßt sie sich verbergen, verleugnen, abändern? Hast du ein Rezept dafür?

Es ist aber möglich, daß wir eine *falsche* Geschichte sehen. Vielleicht kann sich die richtige erst offenbaren, wenn der Tod geschlagen ist.

Aus der Bemühung Einzelner, den Tod von sich abzuwenden, ist die ungeheuerliche Struktur der Macht entstanden.

Unzählige Tode wurden für das Fortleben eines Einzelnen gefordert. Die Verwirrung, die daraus entstand, heißt Geschichte.

Hier hätte die wahre Aufklärung zu beginnen, die das Recht *jedes* Einzelnen auf Fortleben begründet.

Wenn man weiß, wie falsch es alles ist, wenn man imstande ist, das Maß des Falschen zu ermessen, dann, aber nur dann, ist Eigensinn das Beste: unaufhörliche Gänge des Tigers an den Gitterstäben entlang, um den einzigen winzigen Augenblick zur Rettung nicht zu versäumen.

Es mag nicht immer wichtig sein, was man täglich denkt. Aber ungeheuer wichtig ist, was man täglich nicht gedacht hat.

Dort sind alle Menschen dazu verpflichtet, einander nach fünfzig Jahren wiederzusehen. Sehr viel Anstrengung geht bei ihnen ins Wiederfinden. Der Prozeß des Wiederfindens wird zum Inhalt eines neuen Lebens. Sie müssen einander suchen, wiederfinden und anhören. Die schrecklichsten Exemplare müssen sie mit sich vergleichen; aber sie stoßen auch auf bessere, als sie selber waren und rechnen schweigend ab. Sie sind zu keinem Vorwurf und zu keinem Ekel berechtigt. Es darf der Wiedergefundene nie erfahren, wie man über ihn denkt. Es geht um Einsicht, um Erkenntnis und Scham. Es geht um die Vielfalt der Wege, die nicht die eigenen waren.

Der Geringste hat einen Anspruch darauf, wiedergefunden und angehört zu werden. Der Glücklichste muß sich dem Unglücklichsten stellen. Die Zeit für solche Konfrontationen gilt als wichtiger als jede berufliche oder familiäre Inanspruchnahme.

Auch wer ausgewandert ist und seine frühe Sprache verloren hat, ist zu einem ernsthaften, anstrengenden Versuch einer Verständigung verpflichtet.

Sehr schwere Strafen liegen auf dem Mißbrauch durch Delegierte. Man kann um Erlaubnis ansuchen, schon vor dem Ablauf von fünfzig Jahren mit dem Prozeß des Wiederfindens zu beginnen.

Inhalt

Vorbemerkung 7
Aufzeichnungen
1942 9
1943 31
1944 71
1945 78
1946 100
1947 121
1948 141
1949 148
1950 159
1951 163
1952 172
1953 179
1954 185
1955 192
1956 201
1957 212
1958 224
1959 231
1960 236
1961 249
1962 255
1963 261
1964 266
1965 271
1966 277
1967 287
1968 304
1969 314
1970 325
1971 333
1972 350